イスラムの宗教思想

ガザーリーとその周辺

イスラムの宗教思想

ガザーリーとその周辺

中村廣治郎

岩波書店

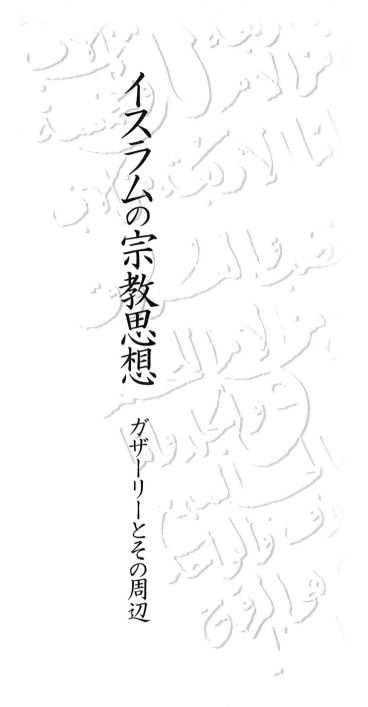

序　ガザーリーの生涯について

イスラム史上最も偉大な聖法学者・神学者・神秘思想家の一人であるアブー＝ハーミド・ガザーリーは、一〇五八年(イスラム暦四五〇年)にイラン東北部の町、トゥースで生まれた。郷里やゴルガーン、ニーシャープールで諸学を学ぶ。やがて時のセルジューク朝スルターンのワジール(宰相)、ニザーム＝ムルクにその才能を認められ、三〇代初めにして当時の最高学府、帝都バグダードのニザーミーヤ学院の教授に任ぜられる(一〇九一年)。そこでイスラム最高の「博士」として、昼間は法学の講義や聖法上の裁決に、夜はイスマーイール派やイスラム哲学(イスラム化された古代哲学の伝統)などの異端・異説の批判にと、超人的な活躍をする。しかし、四年後の一〇九五年、精神的危機に陥り、その地位も名誉も家族も棄てて、一介のスーフィー(イスラムの神秘家)としての放浪の旅に出る。その間メッカ巡礼をすませ、二年足らずで郷里に帰る。その後、強い要請を受けて一時ニーシャープールのニザーミーヤ学院で教鞭をとったほかは、少数の弟子と共に郷里でスーフィーの修行を続けるかたわら、著述に専念し、一一一一年(イスラム暦五〇五年)にその生涯を閉じる。

ガザーリーが最高の「博士」の地位を放棄してスーフィズムに転向したのは、「自伝」と目される『誤りから救うもの』(*al-Munqidh min al-Ḍalāl*)によれば、彼が必死の努力によって求めていた信仰の確信は、スーフィズムの中でしか得られないことを悟ったからである。このことは、イスラムの伝統的な信仰のあり方と全学問体系が危機的状況にあったということを示している。そして個人史的には、それは彼の哲学批判とも密接な関係があると思われる。

彼のイスラム哲学批判は単なる神学の立場からの批判、あるいは批判のための批判ではない。彼にとって哲学(ファルサファ)は、学ぶべき多くのもの(例えば、論理学や自然学)をもった、しかし同時に毒もある危険な存在であった。彼の批判は、哲学を十分にマスターし、その毒を中和(イスラム化)し、排除して、有用な部分を取り込むためであった。その特色は、哲学者たちの形而上学的議論は厳密な論理的検証に耐え得ないということを、哲学的理性的に証明したことである。最高度の理性的営みである哲学に対するこのような批判は、同時に彼自身が神学によって必死に求めていた啓示的真理に対する確信が、理性によっては得られないということの証明でもあった。なぜなら、神学はこの啓示を前提とし、後者は理性を超えた領域のものであることを知ったからである。彼がこの失われた啓示的真理の確信に最終的に到達したのは、後のスーフィーの神秘体験(ファナー)においてであった。自己のこの宗教体験から彼は、スーフィズムの基礎に立って宗教諸学を再構築することによって、イスラムの信仰と諸学を復興させ、他方、哲学の影響の下にスーフィズムに理論的基盤を与えようと努力した。こうして彼は、当時ややもすれば異端視されていたスーフィズムに市民権を得させ、その後のイスラム思想史の展開に大きな影響を与えたのである。

このようなガザーリーの生涯の軌跡は、従来とかく彼個人の心理的な出来事として解釈される傾向にあったが、最近では広く共同体的文脈の中で捉えようとする試みが出てきた。しかし、それが多くの場合、ガザーリーの思想と行動を単純に経済や政治といった非宗教的要因に還元して説明するという結果に終わっていた。しかし、「自伝」の中の彼の告白とその誠実性を認める限り、究極的にはやはり宗教的要因によってそれは説明されなければならない。

そこで筆者の仮説は次のようになる。ガザーリーのスーフィズムへの転向は、聖法(シャリーア)の遵守によって地上に「神の国」を建設し、そのような努力の中で神と交わり、救いに至る伝統的な信仰のあり方(共同体型イスラム、古典イスラム)が、共同体内の政治的・社会的混乱と信仰の形式主義化、内面の空洞化の中で、実際的意味をもち得なくなったこと、そこで自己の内面により多く目を向け、心を浄化し、スーフィー的神秘体験の中に神を見出し、神と直接的に交わり、そこに救いを見出すような信仰のあり方(個人型イスラム、中世イスラム)が現実性をもつようになってきたことの現われであり、それを象徴していたということである。ガザーリーはその時代的変化を自らの体験を通して知り、それに対応できるようにイスラム諸学の再構築をしようとしていたのである。

以上のことをわれわれは最初の二つの章でみてみたい。すなわち最初の章で、シャリーアを通して神と交わろうとする古典イスラムの本来のあり方と、その変質に対するガザーリーの批判、および新しい(スーフィー的)イスラムにおいてシャリーアがもつ意味の変化が論じられる。続いて第二章では、新しいイスラムを代表するスーフィズムの展開とその中でのガザーリーの神秘思想と彼の史的役割が明らかにされる。

いま一つ、ガザーリーの研究者を悩ませてきた問題がある。それは彼と哲学の関係である。彼は確かに哲学(ファルサファ)を批判した。しかし、前述のように、それは哲学を全否定したのではなく、イスラムの正統的立場に反する部分はこれを批判し否定したが、そうでない有益な部分は採るということであった。しかも、彼の哲学に対する関心には並々ならぬものがあった。例えば、彼は自分でわざわざ哲学の概説書『哲学者の意図』(*Maqāsid al-Falāsifah*)を書いている。もちろん、その序文と跋文で、彼自身の意図は、次に執筆予定の著書、『哲学者の自己矛盾』(*Tahāfut al-Falāsifah*)においてそれを批判するためであると記している。さらに、自分の哲学に対する批判はそれについての無理解によるものではないことを示すため、とも述べている。しかし、それがはたして彼の本当の意図であったのだろうか。批判のためとはいえ、わざわざそのような大部な著作を書くものだろうか。ちなみに、彼の『意図』はヨーロッパ中世においていち早くラテン語に訳され、広く哲学の概説書として用いられたが、皮肉なことに、写本が流布する過程でその序文と跋文が欠落し、本文の内容がガザーリー自身の思想と誤解され、彼はファーラービーやイブン＝シーナー(アヴィセンナ)と並ぶ哲学者としてほぼ通用していたのである。特に哲学の一部を構成する論理学については、一般の否定的評価に抗してガザーリーはこれを積極的に評価し、それに関する著書も数点残している。さらに『自己矛盾』の理解のためと称して、論理学・認識論に関する哲学用語を解説する著書も書いている(『知識の試金石』*Mi'yār al-'Ilm*,『論理学における論証の基準』*Miḥakk al-Naẓar fi'l-Manṭiq*)。このように見てくると、ガザーリーの哲学に対する態度は実際のところ愛憎半ばし、アンビバレントであったと言えよう。

ガザーリーの哲学批判は、ほぼ一〇〇年後、イブン＝ルシュド(アヴェロエス)によって反批判されたことはよく知られている(『自己矛盾の自己矛盾』*Tahāfut al-Tahāfut*)。この他に、哲学者たちは、ガザーリーが哲学説を批判しながら、別の箇所ではこっそりとそれを「秘説」として認めていることを挙げ、相手に応じてその主張を変えているとして、その不誠実を非難している。

いずれにしても、ヨーロッパ中世における「哲学者アルガゼル」(ガザーリーのラテン名)の虚像は一九世紀の中頃、サロモン・ミュンクの研究によって打破された(S. Munk, *Mélanges de philosophie juive et arab*)。しかし、それによって誤解が一掃されたわけではない。一九世紀末頃からアラビア語の写本が印刷によって刊行されだすと、ガザーリーの名を冠した偽作の著書も出回るようになる。しかも、それらの著作の内容はおおむね神秘主義的・哲学的なものであり、それらが無批判に用いられることで、ガザーリーには「秘説」があった、彼は晩年に哲学に転向した、あるいは彼は表面的には正統神学者であったが、内面は哲学者であった、など彼と哲学との関係の認識が再び混乱してきた。

しかし、二〇世紀の中頃から、著作の真偽の問題がしばしば議論されるようになり、ガザーリーの真作として広く認められている著作を基に研究が進められるようになった。その結果、ガザーリーは正統的アシュアリー派神学の立場に立っていたとみなされるようになった。

ところが、九〇年代以降、そのようなガザーリー像が再び揺らぎ始めたのである。すなわち、ガザーリーの著作として広く認められてきたものの中に、伝統的なアシュアリー派神学に対立する思想を見出したり、あるいはそれらの中に哲学的思想を読み取ろうとし、哲学の影響を強調する傾向が出てきたのである。例えば、神はイスラム哲学でいう流出論的第一原因であるとガザーリーが端的に見ていたかどうかはさておき、非物質的知性が相互から流出し、天球の諸霊魂が知性から流出すると彼は理解していた、と主張するデヴィドソン（H. A. Davidson, *Alfarabi, Avicenna, & Averroes, on Intellect*, 1992）、創造された宇宙は二次的原因の閉じた決定論的なシステムであり、それらの運動は最高天球と関係づけられている第一の被造物、つまり天使（知性）によって支配されており、これら二次的原因の働きには神は介入できない、とガザーリーは見ていたとするフランク（R. M. Frank, *Creation and the Cosmic System : Al-Ghazali & Avicenna*, 1992 ; Do., *Al-Ghazali and the Ash'arite School*, 1994）などがその代表例である。

このようにガザーリーの思想を限りなく哲学に引きつけて理解しようとすることは極端としても、彼の神学的立場は古典的なアシュアリー派から大きくはみ出していることは事実として認めないわけにはいかない。だとすれば、ガザーリーがそれでもなおアシュアリー派、正統神学の枠に留まっていたとするならば、それはいかなる点においてであろうか。

この問題に関連するのが第三章、および終章である。すなわち第三章では、イスラム神学の中でのアシュアリー派神学、そして後者の中でのガザーリーの神学思想、さらに彼が対決したイブン＝シーナーの哲学思想やそれに対するガザーリーの批判、彼の論理学思想などが明らかにされる。終章では、スーフィズムと哲学の影響の中で、ガザーリーとアシュアリー派神学との距離が論じられ、結局、彼は基本的には哲学の流出論ではなく、創造論の立場に踏み留まっていたことが明らかにされる。

本書の副題が「ガザーリーとその周辺」となっているのは、以上のようにガザーリーの宗教的役割をその周辺のコンテクストに位置づけてトータルに理解しようとしたことに由来する。

イスラムの宗教思想◈目次

目　次

目　次

ガザーリーの著作 略記法

『誤りから救うもの』→『誤り』
al-Munqidh min al-Ḍalāl. Ed. by J. Ṣalībā & K. ʻIyād. Damascus: Maktab al-ʻArabī, 1939^3.
『哲学者の意図』→『意図』
Maqāṣid al-Falāsifah. Ed. by S. Dunyā. Cairo: Dār al-Maʻārif, 1961.
『論理学における論証の基準』→『基準』
Miḥakk al-Naẓar fi'l-Manṭiq. Ed. by M. Badr al-Dīn al-Nuʻmānī. Beirut: Dār al-Nahḍah al-Ḥadīthah, 1966.
『行為の秤』→『行為』
Mīzān al-ʻAmal. Ed. by S. Dunyā. Cairo: Dār al-Maʻārif, 1964.
『「再興」の問題点についての口述』→『口述』
Kitāb al-Imlā' fī Ishkālāt al-Iḥyā', in *Iḥyā',* I, pp. 55-203 [margin].
『宗教諸学の再興』→『再興』
Iḥyā' ʻUlūm al-Dīn. 4 vols. Cairo: ʻĪsā al-Bābī al-Ḥalabī, n. d.
『最も美しい神名の解明における最高の目的』→『最高の目的』
al-Maqṣad al-Asnā fī Sharḥ Maʻānī *Asmā' Allāh al-Ḥusnā.* Ed. by F. A. Shehadi. Beirut: Dār al-Mashriq, 1971.
『論理学における知識の試金石』→『試金石』
Miʻyār al-ʻIlm fī Fann al-Manṭiq. Ed. by S. Dunyā. Cairo: Dār al-Maʻārif, 1961.
『哲学者の自己矛盾』→『自己矛盾』
Tahāfut al-Falāsifah. Ed. by S. Dunyā. Cairo: Dār al-Maʻārif, 1966.
『コーランの珠玉』→『珠玉』
Jawāhir al-Qur'ān. Beirut: Dār al-Āfāq al-Jadīdah, 1973.
『神学に関する四〇の書』→『四〇の書』
Kitāb al-Arbaʻīn fī Uṣūl al-Dīn. Cairo: al-Maktabah al-Tijārīyah al-Kubrā, 1925.
『小秘説』→『小秘説』
al-Maḍnūn al-Ṣaghīr, in *Quṣūr al-ʻAwāli* [Cairo: Maktabah al-Jundī, n. d.], pp. 347-62.
『神学綱要』→『神学綱要』
al-Iqtiṣād fi'l-Iʻtiqād. Ed. by I. A. Çubukçu & H. Atay. Ankara: Nur Matbaası, 1962.
『法理論精要』→『精要』
al-Mustaṣfā min ʻIlm al-Uṣūl. 2 vols. Cairo: al-Maṭbaʻah al-Amīrīyah, 1322-24 AH.
『正しい秤』→『秤』
al-Qisṭās al-Mustaqīm. Ed. by V. Chelhot. Beirut: Catholic Press, 1959.
『バーティニー派の破廉恥』→『破廉恥』
Faḍā'iḥ al-Bāṭinīyah. Ed. by ʻAbd al-Raḥmān Badawī. Cairo: al-Dār al-Qawmīyah, 1964.
『光の壁龕』→『壁龕』
Mishkāt al-Anwār. Ed. by Abū al-ʻAlā. ʻAffīfī. Cairo: al-Dār al-Qawmīyah, 1964.
『イスラムと不信仰の弁別の基準』→『弁別の基準』
Fayṣal al-Tafriqah bayn al-Islām wa'l-Zandaqah. Ed. by S. Dunyā. Cairo: ʻĪsā al-Bābī al-Ḥalabī, 1961.
『民衆を神学から遠ざけるべきことの書』→『民衆』
Iljām al-'Awāmm 'an 'Ilm al-Kalām, in *Quṣūr al-ʻAwālī* [Cairo, n. d.], pp. 239-301.
『幸福の錬金術』→『錬金術』
Kīmiyā-yi Saʻādat. Tehran: Kitābkhānah wa-Chapkhānah-yi Markazī, 1334^3 Sh. H.

イスラムの宗教思想

第一章　シャリーアとガザーリー

第1節　イスラム共同体の思想

はじめに

イスラム教には教会がない――これはムスリム・非ムスリム双方によってしばしば言われることである。[1] 確かに、「教会」の語を特殊キリスト教的な意味に理解するならば、イスラム教にはそのような制度はない。しかし、それを広く一般的な意味に――つまり、神学的意味にではなく、(宗教)社会学的概念として――解するならば、イスラム教にも(いやどのような宗教にも)「教会」はある。とすれば、イスラム「教会」を、他の歴史的諸要因と密接に絡み合いながらも、なおかつ独自の論理に従って展開する宗教集団としてとらえ、その一般的性格や特性を明らかにすることが、イスラム教の歴史を正しく理解する上で最も必要なことではなかろうか。

1 「聖なる共同体」としてのウンマ

「未開」宗教であると「高等」宗教であるとを問わず、どのような宗教にも信仰を同じくする者が同一の理想や理念の下に集まってつくる人間集団が存在する。それは村落、血縁集団、カースト、民族、国家などと重なり合う形で存在するかもしれない。(2) あるいは仏教やキリスト教のように、そのような「自然集団」を超えた、純粋に信仰のみによる結合体として存在するかもしれない。(3)

いずれにしても、このような信仰集団はその宗教の聖なる超越的理想を具体的に体現する地上的存在であり、他の集合体とは一応異なった特有の宗教的価値を付与された「聖なる共同体」(4)(holy community)である。信仰の目からみれば、それは〈神〉の意志・宇宙的秩序・真理・超越的理想を象徴ないし反映し、たとえ不完全ではあってもそれを具現するものである。このようにそれは、〈神〉・究極的価値(実在)と特殊な関係をもつ一種の神秘体として、まさに聖なる共同体なのである。

このような側面は主観的なものとして、従来とかく無視され切り捨てられ、宗教集団の動きは直接的に政治・経済・社会的要因に関連づけて理解されてきた。しかし、ここでは、両者の間にあえて「主観的要素」を介在させることによって、宗教の社会的理解をより人間化(人格化)(5)しようとするものである。

そこでまず考えるべきことは、この「聖なる共同体」には、「目に見える」(visible)面と、「目に見えない」(invisible)面の二つの側面があるということである。まず後者について言えば、それは人間存在の本来的在り方を示すものであり、成員はすべてこの理想を〈神〉が与えた、あるいは覚者が悟った、宇宙の神聖なる根本真理として受け入れ、(6) それを共同体の中で実現しようとするものである。この限りにおいてそれは、〈聖なるもの〉との密接な関わりの中で、固有の意味をもった聖なる共同体である。少なくとも、主観的にはそのように理解されている。これが他の俗なる人間集団と異なる点である。

他方、「聖なる共同体」は聖なる価値を体現するものではあっても、「目に見える」存在としては、けっして理想通りのものではない。現実の生身の人間が構成する集団として、それは歴史的制約、人間的な弱さや欠陥から免れ得ないし、その意味では、他の世俗的人間集団と共通する不完全な共同体である。

「聖なる共同体」がもつこの二つの側面、別言すればそのあるべき姿とそれが現実にある姿はけっして完全には一致するものではない。それは静的な意味でそうなのではない。具体的歴史の中にあり、またその中にしか存在しない「聖なる共同体」は、たえずさまざまの歴史的・人間的要因によってそのあるべき姿から遠ざかり俗化する作用を受ける。(7) これに対して、成員の信仰は、常にある姿をあるべき姿へと引き上げ、聖化するように作用する。現実の「聖なる共同体」はこのような常に相反する二つのベクトルの相克・緊張の中にあり、その均衡の結果が実は「目に見える」あるがままの姿であるとも言えるのである。したがって、宗教共同体を正しく理解するには、それがもつ以上のような二つの側面のいずれをも無視することはできないのである。(8)

このような「聖なる共同体」としてはむろんキリスト教の「教会」があるが、それに対応するものとして仏教の「僧伽」(サンガ)、イスラム教のウンマなどがある。

とはいえ、宗教の社会的次元をどの程度重視するのか、またそれをどの程度に、どのように意識化し、理論化するかは、宗教によってさまざまである。その点で、諸宗教の中でも、キリスト教とイスラム教は特異であると言えよう。しかし、宗教の社会的次元を強調するこのイスラム教でも、このウンマがそれ自体として議論されることはなかったのである。

2　ムハンマド以前のウンマ

コーランでは、ウンマ(ummah)の語は、その複数形「ウマム」(umam)を含めて、合計六四回使用されている。この語は元来、アラビア語根ʾmmから派生したものではなく、「部族、民族」を意味するヘブライ語ummā(あるいはアラム語ummᵉthā)からの借用語であり、これはさらにアッカド語にまで辿り得るものだと言われる。(9)コーランにおけるこの語の用法は多岐にわたり、その意味を一義的に確定することは容易でない。

人類はかつて一つのウンマであったが、その後〔人びとが互いに争い始めたので〕神は預言者を遣わして喜びの音信を伝えさせ、あるいは警告させ、人びとの紛争を裁定するために、真理の啓典を預言者と共に下し給うた。ところが、これをいただいた人びとは明らかな御徴が彼らに下されているのに、かえって互いの不正のために相争った。ただ神は、彼らが相争った真理へ信仰深い者だけを特別のお許しをもって導き給うた。神は欲する者を正しい道に導き給う。

(2:213＝コーラン二章二一三節、以下、上の形に略記)(10)

ここには天地創造以来の人間の歴史が簡潔に述べられている。人類はもともと、争いや不正のない平和な一つのウンマであった。ところが、やがて人びとは対立し相争って多くのウンマに分裂してしまった。(11)そこで神は、人びととの争いを裁決し、彼らを正しい道に連れ戻すために、その各々のウンマに対して、それから選び出した神の使徒(預言者)を遣わし、彼らに啓示して正しい信仰と行為規範、終末に対する警告を伝えさせた。

このようにして神は、アダムを初めとしてノア、アブラハム、イサク、ロト、ヨセフ、モーセ、ダヴィデ、ソロモン、ザカリヤ、バプテスマのヨハネ、イエスなど、すでに聖書で親しい人びとをそれぞれのウンマに、またフード、サーリフ、シュアイブなどをそれぞれアード族、サムード族、ミデヤン人などに遣わして、警告と福音を伝えさせたのである。ムハンマドが「町々の母」(メッカ)とその周辺の人々」(6：92)に遣わされたのも、そのような神の使徒の一人としてであった。ウンマとはまず、このように使徒たちが選び出され、遣わされるその単位集団なのである。

このようなウンマのあるもの(あるいはその一部)は使徒の警告を受け入れ、神に帰依する正しい集団となったが、やがてまた相争っていくつもの分派(ヒズブ)に分かれてしまい(23：50-53参照)、それらに対してさらに神の使徒が遣わされるということがくり返されてきた。

他方、ウンマの中には初めから警告を頑なに拒み、使徒を迫害し、殺害するものさえあった。このようなウンマのあるものは、神罰として地上で神に滅ぼされてしまった。ノアのウンマ、フードのウンマ(アード族)、シュアイブのウンマ(ミデヤン人)などがそれである。他のものは、しばらくの間地上の繁栄を謳歌し続けたが、やがて消滅した。「各ウンマにはそれぞれ一定の寿命(アジャル)があり」(10：49)、どのウンマがいつ滅びるかはすべて神の予定によるからである。いずれにしても、最後の審判では、ウンマ毎に神の前に引き出され(45：27-28)、「あらゆるウンマから各々一人ずつ証人が選び出され」(4：41)、使徒の立ち会いの下で審判が行われ、各ウンマの信仰者と不信仰者とが分けられる。

このように神は、人間の反抗とその失敗の歴史にもかかわらず、いやそれだからこそ、次々と使徒を派して彼らに正しい道を歩ませようとした。特に「イスラエルの子ら」には神の特別な恩恵として数多くの使徒が遣わされ、中でもモーセには「律法」(タウラー)、ダヴィデには「詩篇」(ザブール)、イエスには「福音書」(インジール)が授けられた。モーセの民、イエスの民は今日「ユダヤ教徒」「キリスト教徒」として知られている。だがこれらは

「啓典の民」(アフル・キターブ)でありながら互いに対立し(2:113など)、さらに与えられた啓典を隠蔽したり、改竄したり(2:75-79など)、あるいは使徒を神格化する過ちを犯してしまった(5:72-75, 4:171)。そして彼らは、ムハンマドの使徒性を認めようとしないだけでなく、彼の活動を妨害しようとさえしたのである。

もっとも、「啓典の民の中にはまじめなウンマもあり、夜もすがらひれ伏して神の御徴を読み、神の終末の日を信じ、競って善行に励んでいる」(3:113)と言われ、また「モーセの民(カウム)の中にも、真理をもって〔人を〕導き、また自らもそれによって正しく身を持しているウンマもある」(7:159)。

このようなウンマに対して、邦訳コーランはしばしば「民族」の訳語を当てている。確かに、数多くの使徒を遣わされたウンマとしてのユダヤ人の場合のように、その結合範囲においてウンマが「民族」と一致する場合が多い[12]。もっとも「民族」とはいえ、それは言語的・文化的結合体として今日考えられているような意味での「民族」ではなく、例えば、「イスラエルの子ら」(Banū Isrā'īl)という言い方からわかるように、血縁的結合体としての性格が強い。事実、「われらはこれ(イスラエルの民)を一二の部族(asbāṭ < sibṭ)、すなわちウンマに分けた」(7:160)とあるように、それは「部族」を意味する。

しかし、たとえウンマの結合範囲が「民族、部族」と重なり合う場合でも、必ずしもウンマ=「民族、部族」ではない。ウンマがしばしば「民族、部族」とは無関係に用いられていることは、先の引例(7:159)からもわかる[13]。

このようにウンマがコーランにおいて意味をもつのは、「民族、部族」そのものとしてではなく、神が人類救済というその経綸に従って使徒を遣わし、人間に呼びかけるその単位集団としてであり、またそれへの応答の仕方によって生じる人間集団としてである[14]。その本質は、人間の生き方、信仰に関わりをもつものであることは、次の例からわかる。

各々のウンマが現にとり行っている祭祀は皆われらが定めたものである。それ故、このことについては汝は他の人びとからことあげされることはない。汝は主に祈れ。汝は正しい導きに従っている。(22:67)

ただその宗教的性格は、「われらの創造した者の中には、真理をもって人を導き、またそれによって正義を担うウンマがある」(7:181)とあるように、神の目から見てよしとされる場合もあれば、よくない場合もある。

ウンマの用例を時期的にみれば、メッカ中・後期、メディナ初期に限定され、しかもその圧倒的多数がメッカ後期に集中している。[15] メッカ期に関する限り大きな変化はみられないが、[16] メディナ期になると、ウンマはもっぱら「ムハンマドのウンマ」として語られ、同時にウンマの宗教的性格は積極的なものとなる。さらに時代が下ると、もはやウンマの語は用いられず、もっぱら「汝ら」という呼びかけで、神が直接語りかける形をとってくる。[17]

3　「ムハンマドのウンマ」

イスラム教において一般にウンマと言えば、それは「ムハンマドのウンマ」(al-Ummah al-Muḥammadīyah)、つまりイスラム共同体に限定されて用いられる。ところで、前述のように、ウンマとは元来、神の使徒が遣わされる単位集団、共同体、そしてそのような神の呼びかけに対する人間の側の応答の違いによって生まれた集団を指す言葉として用いられていた。したがって、それは人間の信仰や生き方に関わりをもつ共同体ではあるが、イスラム的にみて(神の目からみて)必ずしもよしとされる集団であるとは限らなかった。事実、多くのウンマはその不信仰の故に、神の怒りを被って滅ぼされてしまった。

ムハンマドが遣わされたのも、「まだ啓典というものを知らない人びと(ummīyīn)」(62:2)、「「町々の母」とその周辺の人々」(6:92など)に警告を与えるためであった。とはいえ、彼の警告はけっしてメッカおよびその周辺の人々に限定されるものではなかった。彼のもたらした啓典は、それ以前のものを否定するものではなく、むしろそれらを確証するもの(6:92など)である以上、本質的にはその内容は普遍的なものであった。

事実、すでにメッカ末期の啓示として、ムハンマドが遣わされたのは「あらゆる人びとに対して喜びの音信と警告を与えるためであった」(34:28)と述べられている。したがって、キリスト教徒、ユダヤ教徒といった「啓典の民」は、当然ムハンマドを使徒として受け入れるはずであった。(18)

ムハンマドは以前の警告者と同様に故郷で容れられず、迫害され、メディナに移って(ヒジュラ)、そこにウンマをつくったが、「啓典の民」と直接関係をもつようになるのは主にその頃からである。だが、彼らはムハンマドの使徒性を認めなかった。それはコーランの内容が、彼らの聖典のそれと食い違っていたからであるが、「啓典の民」が前述のように、邪悪な心にとりつかれて道を誤っていたから、とされたのである。そこでコーランは、これら「啓典の民」にも、しばしば呼びかけるのである。

> 啓典の民よ、こうしてわれらの使徒が使徒の〔遣わされる〕一定の合間をおいて、汝らのところにも遣わされてきて、いろいろなことを説き明かしてくれる。(5:19)

> 汝ら、啓典の民よ、われらの遣わした使徒がこうして汝らのところに来て、汝らが従来「聖書」について秘密にしてきたことを明るみに出し……。(5:15)

このようにしてムハンマドの啓典が純正なものであること、したがってイスラム教は他の諸々の宗教に優越する

ものであることが説かれる。(19)

彼(神)こそは、たとえ多神教徒が嫌っても、お導きと真実の宗教をもたせ、これがあらゆる宗教に勝ることを宣言するために、使徒を遣わし給うたお方である。(9:33)

そして、ムハンマドが神の啓示を正しく地上に根づかせ、しかもその啓典の中で神が言い残したものは何一つない以上(6:38)、新たな使徒は必要とされない。彼は「最後の預言者」(33:40)であることが表明される。もはや「ムハンマドのウンマ」以外のウンマは考えられない。

このウンマこそ神の下した啓典＝真理を地上に正しく具現し、「すべての人びとの間の問題は公正に裁かれ、誰も不当な目に遭うことのない」(10:47)、正義の行われる理想社会の実現を目指し、神のよしとする祝福された共同体であるとして、その全人類的使命が強調される。これはヒジュラ後の啓示に見られる傾向である。

汝ら全部が一つのウンマとして、人びとを善に誘い、正しいことを勧め、邪悪なことを止めさせるように努めなければならない。そういう人たちは栄達の道を行く。(3:104)

汝らは人類のために出現した最上のウンマである。汝らは正しいことを勧め、邪悪なことを止めさせようとし、神を信仰する。もし啓典の民も本当に信じていたならば、自分のためにどんなにかよかったであろうに。彼らの中には本当の信仰者もいたが、大多数は邪悪の徒である。(3:110)

> このようにして、われわれは汝らを真ん中のウンマとした。それは汝らをしてすべての人びとの証人とし、使徒をして汝らの証人とするためである。
> （2：143）

このウンマが神の命令に忠実であり、その使命を遂行している限り、それは神と特別な関係にあり、共同体の真の指導者である神の加護の下にある。例えば、ヒジュラ後二年のバドルの戦いの勝利に言及して、コーランは次のように述べている。

> 彼らを殺したのは汝らではない。神が彼らを殺し給うたのである。これは、神がよい試練として信仰者を試み給うためであった。まことに神はあまねく聞き、よく知り給うお方である。……神は信仰者と共にいますことを知るがよい。
> （8：17-19）

このようにムスリムは信仰し、自己の共同体に対してそのような誇りと使命感を意識するのである。

しかし、このような「ムハンマドのウンマ」と神との関係、それに対する神の加護はけっして無条件的なものではない。それは一種の契約に基づいている。人間の方で公然と神の命令に背き、その使命を放棄して契約を破棄するならば、神はまた別のウンマを選び出すこともできるのである。

> 信仰者たちよ、汝らがもし自分の宗教を棄てるようなことをすれば、神は必ず〔汝らの代わりに〕別の集団（カウム）を連れて来給うであろう。すなわち、神に愛され、神を愛し、信仰者たちには心低く、不信仰者たちには力をもって臨み、神の道のために戦い、いかなる者の非難をも恐れない人たちを。これこそ御心にかなう者

に授け給う神の恩恵である。(5:54)

このことはきわめて重要な点である。すなわち、ウンマは神のよしとする〝選ばれた〟共同体であるが、それだけにその成員は、一方では、その共同体をよりいっそうイスラム的にし(神の定めた正義の理想に少しでも近づけ)、他方では、それを外に向かって宣揚し、拡大するように努力する義務があるということを意味する。

ところで、この「イスラム教会」、ウンマの真の指導者としての神は、使徒ムハンマドの存命中は彼を通して、その共同体の直面する問題に対して、一貫した形ではなかったが、必要に応じてアド・ホックな形で直接に指針を与えてきた。そしてムハンマドは神の手足、「道具」として、それを実践する「政治家」として、共同体を指導してきた。この共同体の存在理由そのものであり、その基礎をなすものとして神が与えた指針は、善悪・正邪についての人間の最高の価値判断の基準であると同時に、日常生活上の具体的な行為規範でもある。その内容は、神、宇宙、来世などについての根本的真理を初めとして、礼拝、断食、喜捨、巡礼のような宗教儀礼に関するもののみならず、食物禁忌、礼儀作法から売買、婚姻、離婚、相続、裁判、刑罰、戦争など社会生活全般に関わるものでもある[20]。このことは、当時、部族社会からウンマ的社会へと、社会が大きく変わりつつあったことを意味する。

イスラム共同体とは、ただ個人の良心に基づいて、すなわち内面的動機において神の命令に忠実に生きようとする――したがって、具体的な行為形態においては多様な現れ方が可能である――人間の「霊的」集団であるだけではない。それは、日常生活に関して神が直接・間接に提示した行為規範を、神への内的信仰の具体的表現の仕方として受け入れ(islām)、そのような規範によって結合した共同体である。イスラム教では、共同体の現世的秩序や社会正義、およびそれを実現するための具体的方法の問題は、宗教が直接関与しない「俗」なる領域ではなく、むしろ共同体のこの側面こそまさに神への信仰の外的表現として等しく宗教的に重要であり、当然神の定める規範の中に入れるべきものと考えられる。[21]

ウンマとは、イスラム的教義や儀礼、イスラム的倫理のみならず、イスラム的結婚・離婚、イスラム的相続等々、要するにトータルな形でのイスラム的生き方・生活様式(もっとも、ムスリム主体に即して言えば、「神の定めた正しい教義や儀礼、正しい倫理のみならず、……正しい生き方・生活様式」と言うべきだろう。ムスリムにとって、それ以外に正義はないからである)を受け入れた人びとが結合してつくっている共同体のことである。その中に神の定めた正義をよりいっそう実現し、その福祉を向上させ、さらにその地上的拡大を図るよう努力すること(ジハード)がその構成員たるムスリムの宗教的義務とされたのである。[22]

このようにイスラム教では、宗教集団(「教会」)は一般(俗的)社会から区別され、離れて存在するものではなく、むしろそれに積極的に働きかけ、それをイスラム化しようとするものである。つまり、ウンマは宗教集団であると同時に、生活共同体でもあるところにその大きな特徴がある。少なくとも、これまでのイスラム教はそうだったのである。その意味で、伝統的なイスラム社会は、旧共産圏におけるように、きわめてイデオロギー性の強い社会であったと言える。

4　ウンマの現実態

これまでウンマの理念、その「目に見えない」側面について述べてきた。だが、現実のウンマ、その「目に見える」姿はけっして理想的な在り方と一致するものではない。ムハンマド自らの指導する最初期のウンマでは、その現実の姿はかなり理想に近いものであったにしても(少なくとも、ムスリムはそう考えている)、その後の歴史においては、その理想と現実の間には大きな隔たりがあるのが常であった。そしてそれは、特に政治の次元において顕著であった。

しかし、このような理想と現実の乖離は、前述のようにけっして異常なことではない。宗教的理想が信仰者を駆り立て、彼をして現実を少しでも理想に近づけるよう努力せしめるものであれば、そのような乖離は宗教的にはむしろ正常である。超越的真理というものは、実際には「真空」の中にではなくて、人間の具体的歴史の中でしか存在し得ない。それが人間社会の中で現実化されるということは、必然的に歴史化され、歴史的制約を受けることを意味する。[23]言い換えれば、超越的真理はけっして完全には現実化されないし、現実化されたものは必然的に不完全たらざるを得ない(したがって、もしある特定の現実態を理想そのものと考えるなら、それは歴史的・地上的な制度や教義を絶対化する一種の偶像崇拝であり、危険な独善を生むことになる)。

もっとも、その不完全さがあまりにも顕わになってくると、それを正常の姿に戻そうとする自浄作用が現れてくる。[24]われわれはそのよい例を、古代イスラエルにおける預言者たちの活動の中に見ることができよう。

イスラム教の場合で言えば、ウンマは本来、地縁、血縁および民族の枠を超えた、信仰による結合体である。しかし、その理念は無色透明な、真空の社会の中にではなく、アラブ部族社会という一定の色をもつ社会の中に現実化され歴史化されたものである以上、必然的に部族的伝統の影響を受けることになる。このような部族的伝統の多くはイスラム教によって否定されてきたが、そのすべてが反イスラム的というわけではない。しかし、ある一定の歴史的状況の中で、本来否定された、あるいは否定されるべき反イスラム的(と判断される)側面が残存し、顕在化することがある。

ウンマの内部構造自体も変化する。当初、それは小さい親密な共同体であった。それが徐々に大きくなり、やがて一つの国家としての体裁を取ってくる。そしてついには巨大な帝国となる。この統一帝国はやがて分裂し、今日ではウンマは国民国家の集合体となっている。

ところで、ウンマは信仰共同体として出発したとはいえ、その中で部族的結合原理ないしはさまざまな党派意識や対立が消滅したわけではない。特に北部部族と南部部族の伝統的対立は後々までも引き継がれたし、ムハンマドの死後間もなく表面化した、ムハージルーン（メッカからの「移住者たち」）とアンサール（メディナの「援助者たち」）との対立も、部族的連帯意識（アサビーヤ）と無関係ではなかった。さらに、メッカ、メディナの周辺諸部族の入信に際しては、部族組織はそのまま残され、大征服時代の軍の編成、給与や年金の支給などもすべて部族単位でなされてきたのが実状であり、ウンマ自体が一つの部族としての性格をさえもっていた。(25)

さらに、初期イスラムの大征服によるウンマの地上的発展を支えたのがこれらアラブ部族である。コーランにくり返し説かれているように、「神の道」に身命を捧げて努力すること（ジハード）はまさに信仰の証であった。これらアラブ戦士たちは、無事生還すれば、膨大な戦利品の分配に与ることができたし、戦死すれば「殉教者」（シャヒード）として天国を約束された（2: 190-94 ; 3: 169-70 など）。彼らは征服地において土着化することを禁止され、イスラムの戦士（ムカーティラ）として、また前衛として、自分たちこそムスリム中のムスリムと考えていた。

このようなアラブ・ムスリムの特権意識を支えた今一つの要因として、コーランの言葉が自分たちの言語であるアラビア語であるという共通の誇りがあった。これが逆に「アラビア語を知らない者」（アジャミー）に対する蔑視となって現れた。

このようなことから、改宗によってますます増加した非アラブ・ムスリムは、信仰を同じくしながら、元来アラブ部族社会において「解放奴隷」を指す言葉である「マワーリー」の名で呼ばれ、アラブ・ムスリムと対等の市民とはみなされなかった。(26) このような「社会的・経済的」不公正は、ウンマという信仰共同体の中では、けっして宗教と無関係のものとはみなされない。それは何よりも宗教的罪悪なのである。したがって、それを矯正することは当然宗教的義務であった。この問題に過激な形で関心を示したのがシーア派の人びと、それも特にムフタールの反乱への参加者であった(27)。

このシーア派の運動の対極にあって、それと同じく過激な形で展開していったのがハーリジー(ハワーリジュ)派の運動であるが、それも基本的には第三代カリフ、ウスマーン以後の「社会的・政治的」不正に対する宗教的革命運動であったと言える(28)。

このように現実のウンマには、さまざまな不正や欠陥がある。だが、この不正がある程度増大すると、それに対する自浄作用が働き始める。ただ「不正」のとらえ方が多様であるのと同様に、それに対する「改革」の試みも多様であるが、そのような試みを動機づけ意味づけるものは、ウンマの理念(信仰)にあることを見落としてはならない。

第2節　シャリーアと救済

はじめに

「イスラム法はイスラム思想を要約するものであり、イスラム的生き方の最も典型的な表現であり、イスラム教の中心にして核そのものである」――これは、かつて西欧におけるイスラム法研究をリードしてきたJ・シャハトの言葉である。[1] この評言がシャリーア研究者の単なる我田引水でないことは、イスラム研究の泰斗と言われたH・A・R・ギブがその名著『イスラム教』の、シャリーアに関する章の冒頭で述べた次の言葉からもわかる――「イスラム共同体の最初期の活動およびその最も高度に展開した表現が、神学ではなくてむしろ法学(law)であるということは、イスラム共同体とその思想の実践的性格を特徴づけるものである」と。[2] このようにシャリーアは、イスラム宗教の中心的部分として、これまでムスリムの生活の中で重要な役割を果たしてきたし、またおそらくこれからも――たとえ従来とは違った形ではあっても――そうしていくことであろう。[3] その意味で、シャリーアの真の意味の理解なくして、真のイスラム理解もないと言っても過言ではない。

このようなわけでシャリーアについての研究は多いが、[4] 従来の研究について言えることは、概してイスラム法としてのシャリーア研究であり、法の下位概念としてのイスラム法の構造的・歴史的研究であったという点である。[5] シャリーアが実定法としての側面をもち、法としても機能している以上、その面からの研究は重要であり、必要不可欠であることは言うまでもない。しかし、シャリーアは単なる法ではない。それは、先の引用文にも見られるように、まずイスラム宗教の核心部分であり、ムスリムの信仰の中心的表現である。換言すれば、他の宗教におけると同様、イスラム教においても、神と人間の内的関係である信仰は、教義、儀礼、法、芸術、政治、神秘的直観など、さまざまな形で表現されるが、シャリーアはそのような信仰の表現の一つ――しかも主要な表現――と考えることができるのである。むしろ、そこにこそシャリーアの本来的性格があると言えよう。少なくとも、筆者はそう考える。このことは、シャリーアが(比較)法学・法史学の対象であるだけではなく、何よりもまずムスリムの宗教的営みの所産として、宗教学の対象でなければならないことを意味する。

シャリーア研究の専門家ではない筆者がここで意図することは、シャリーアの法学的・歴史的研究に何ほどか寄与しようというものではない。むしろ、それらの成果を踏まえ、シャリーアをムスリムの信仰の所産とする見方から、その本質的性格を明らかにすることであり、[6] それによってイスラム宗教の全体的理解に一歩近づこうとするものである。

1　「シャリーア」の変遷

シャリーア(sharīʿah. 複数形 sharāʾiʿ)という語は、「水場に至る(そして水を飲む)」「水場に至る道をはっきり示す」という意味の動詞 sharaʿa から派生した名詞である。そこから「シャリーア」は元来、「水場に至る道」を意味するようになったと言われる。[7] モンスーン地帯に位置し、豊かな水資源に恵まれた日本では想像に難いことであるが、砂漠の乾燥地帯においては、一滴の水の有無が現実に人間の生命を左右する。そこでは水は生命と不可分に考えられ、「水(場)」とはまさに生命の根源そのものである。その意味で「シャリーア」とは、砂漠に迷える者がようやくにして見出す「水場に至る道」であり、「生命に至る道」[8]「救いに至る道」であったと言える。

コーランには、語根sh—r—ʿの動詞形、名詞形合わせて僅か四例が見られるだけである。(9)

(1) そこでわれらは汝を御命《みこと》の道(sharīʿah min al-amr)においた。されば汝はそれに従って行くがよい。何も知らない人びとの思惑(ahwāʾ)に従ってはならない(強調は引用者。以下同様)。 (45:18)

(2) そしてわれらは真理をもって汝に啓典を下し、それに先立つ啓典を確証し、それを不動のものたらしめた。されば神が下し給うたものに従って彼らの間を裁くがよい。汝に下された真理を離れて彼らの思惑に従ってはならない。われらは汝らの各々に〔行くべき〕道(shirʿah)と〔踏むべき〕大道(minhāj)を設けた。 (5:48)

(3) 神はノアに告げ給うたのと同じ宗教(dīn)を汝らにもお定めになった(sharaʿa)。 (42:13)

(4) それとも、彼らには神の赦し給わぬ宗教を定める(sharaʿū)仲間があるとでも言うのだろうか。 (42:21)

これら四例から言えることは、第一に、当然ながらコーランにおける「シャリーア」には後のテクニカルな意味はなく、普通名詞的な「道」として用いられていることである。したがって、それは(2)に見られるように、minhāj(道)と同義的に用いられているし、また同じく「道」を意味する他の類似の語——例えば、sirāt, sabīl, tarīqなど(10)——とも代替可能な用法であると言える。第二に、この「道」は神の「御命」「啓示」「啓典」「真理」などの言葉と関係づけられ、(何も知らない)人間の「思惑」と対置されて用いられていることである(つまり、神の定める「道」は救いに至り、人間の「思惑」に従う者は滅びに至ることを意味する)(11)。第三に、動詞「定める」(sharaʿa, sharaʿū)は二例とも「宗教」(dīn)を目的語としていることである。したがって、第四に、動詞「定める」の主語は、文法的には誰でも可能であるが、(4)に見られるように、正しくは神だけがその主語でなければならないということである。これを要するに、人間には従うべき道がある。それは人間の個人的思惑や思いつきとは異なり、神が啓示して定めた命令であり、真理である。人間はただそれを受け入れ、それに服従すべきものだ(これが本来の dīn の意味である)ということである。ただコーランでは、この「道」は sharī'ah という語で一義的に表現されていたわけではない。

以上のように、コーランにおける sharī'ah の用例は、動詞形も含めて僅かに四つである。これは dīn(服従、宗教)、īmān(信仰)、islām(帰依)の語の用例に比べれば、はるかに少ない頻度であると言えるし(12)、その後のイスラム教の歴史においても、sharī'ah の語はしばらくはあまり用いられず、dīn や fiqh の語がその代わりをしていた(13)。これは、今日、ムスリム・非ムスリムを問わず、誰もが当然のこととしてシャリーアについて語っていることを思えば意外なことと言える。

それはなぜであろうか。思うに、初期のムスリムにとって最大の関心は、シャリーアとは何か、という第三者が考えるような一般的・抽象的でアカデミックな問題ではなく、神が己にいま何を望んでいるのか、その具体的命令を知ることであり、そしてそれに従うことにあったのである。換言すれば、「コーランの衝撃が新鮮で生き生きとしている間は、ムスリムは神の導きに己を捧げ服従しようという自己の努力をより多く強調しがちであった(14)」からであろう。

このことは、dīn や fiqh の本来的意味から示唆されることである。Fiqh(フィクフ)は今日では「(イスラム)法学」「法学の成果、具体的内容」を意味するが、元来は神が定めたこと・命令したこと('ilm)を人間が「理解すること」「知ること」、つまり「特定の学問や客観的な体系ではなく、理解し演繹する一つのプロセスないしは活動(15)」(強調は原文)を意味したのである。したがって、「神が定めたこと」すべてが fiqh の対象であったが(16)、神学的思弁が一つの学問として独立するに及んで、fiqh の内容も後のように、法学的・実践的なものに限定されてきたのである。

同様に、dīn は今日では一般に「宗教」、あるいはムスリムの実際的行為に関わる「イスラム法」(sharī'ah, shar')とは区別された「信条」――したがって、uṣūl al-dīn(宗教の基礎)と言えば「神学」を指す[17]――を意味する。だが、dīn には元来「従うこと」「服従」、つまり神が定めた(shara'a)命令に人間が「従うこと」を意味したのである[18]。ところが、「神が定めたこと」も人間が服従すべきこと(dīn)も、その具体的内容に関する限り同じであり、しかも初期のムスリムの主たる関心が、神が人間に命じることをただ理解し(fiqh)、それに従うこと(dīn)にあり、そのようにして神と人間との生き生きとした人格的交わりをもつことにあったことから、そのような人間の活動を dīn ないし fiqh と呼んだのであろう[19]。

では、なぜ sharī'ah が後に dīn や fiqh にとって代わったのであろうか。これについても今後の詳しい研究に待たねばならないが、これまでの記述から予想されることは、dīn や fiqh という語に本来示された神と人間との直接的・人格的関係が非人格化され、「神の意志への服従」から「法の遵守」へ、人格的な神そのものから客観的な「道」へと、ムスリムの意識と関心が移行していった結果だと言えよう[20]。同時に、それと平行して現れたのが前述の学問の分化であり、それに対応する dīn と fiqh の含意の変化である。すなわち、本来一つであったムスリムの宗教的活動が神学的思弁と法学的研究に分化し、前者が dīn と結びつけられ、後者がもっぱら fiqh の語で呼ばれるようになり、そして fiqh の具体的内容、法学の成果を表す言葉として sharī'ah が用いられるようになってきたと思われる。

2　シャリーアと「イスラーム」

今日、シャリーアと言えば、それは通常ムスリムの生活全般――少なくとも理論的には――を具体的に規制する法（イスラム法）と考えられている。それは、礼拝、喜捨、断食、巡礼のようないわゆる儀礼的規範（イバーダート）から、婚姻、離婚、親子関係、相続と相続分、奴隷と自由人、契約とリバー（利子）の禁止、誓言と誓願、ワクフ、訴訟手続、非ムスリムの権利と義務、犯罪と刑罰、といった法的規範（ムアーマラート）を含む包括的な行為規範として集大成された法体系である。それが現実にどの程度遵守されていたかはともかく、少なくとも、ムスリムにとってそれは理想の生き方、生活規範として受け入れられてきたのである。

このように、シャリーアは人間相互間の具体的関係をも規制する優れて法的性格の強い規範ではあるが、けっしていわゆる法（実定法）ではない（後述）。たとえ人間間の具体的関係に関わる規範であっても、神の命令である以上、それは神と人間との究極的な内的交わりの外的表現として、イスラム教の信仰の中に位置づけて理解されなければならないものなのである。[21]

さて、ここで聖書学者R・ブルトマンの言葉を引用するのはいささか唐突の感があるが、彼はその著『歴史と終末論』の中で、[22]旧約聖書における神と人間の関係について、次のように述べている。

旧約聖書の人間は法則によって支配され、合理的な思想の用語によって理解し得るような自然の秩序については何も知らなかった。しかし、彼は世界を創造し、それを住まいと働きの場所として人間に委託した神を信じたのである。人間は神を、自分の計画にしたがって歴史の歩みを目標に向けて行く、歴史の支配者として理解した。それ故に神は、理性をもって理解できるものではないが、とにかくあらゆる出来事の中には一つの秩序があるということを確信していた。たしかに人間の生は弱く、そしてはかない。しかし神の言葉はゆらぐことなく立ち、人間はそれにたよることができる。神は疑う余地のない権威であって、人間は従順でなければならない。しかして、外ならぬこの従順によって彼は全く安全で、不安がなく、己れの「真の実存」を獲得するのである。

この引用文中、冒頭の「旧約聖書」を「コーラン」と置き換えるならば、それはそのままイスラム教における神と人間の関係の在り方を示す、きわめて適切な言葉として通用する。すなわち、イスラム教においては、神は唯一絶対にして全知全能の人格神であり、宇宙の創造主、人間の運命の絶対的支配者であり、同時にまた人間にとって「慈悲深き、慈愛あまねき」(23)存在でもある。したがって、人間はひたすらこの神に従順であり、そして積極的に神の意にかなうように行動し生活すること――そこに人間の安全があり救いがあり、そして「真の実存」がある。そこには、神も人間も含めて、現象界の背後にあり、それを支えている普遍的な合理的秩序というギリシア的な観念はない。神には人間の理性の尺度は通用しない。あるのはただ神の言葉であり、それがすべてを決定する。人間が依り得るのは、ただそれだけである。したがって、いかなる理由であれ、この神の言葉(命令)に背き、その怒りを招くような行為は罪であり悪であり不義であるのみならず、愚かである。だが人間は、そうと知りつつも、人間本来の弱さから神の命令に背いてきたし、またそうせざるを得ないのかもしれない。重要なことは、その場合、何よりもまず神の前に己が罪を懺悔し、罪の償いをし、神の赦しを請い求めて神と和解することである。真の懺悔(タウバ)とは、己れの罪を認めることである。己れの罪を認めることは、神の言葉の真実性を認めることであり、同時に己れの弱さ(ウブーディーヤ)と、神の主たること(ルブービーヤ)を認めることにほかならない。その意味で、懺悔とは信仰(イーマーン)の表白を意味する。そのように人間と神との関係は人格的でなければならないし、また本来直接的・絶対的・無条件的なものである。その間に他の思惑や動機が入り込む余地があってはならない。「イスラーム」とは、まさにこのような人間の神への帰依の関係を表す言葉であった。(24)

では、人間は具体的にどのように神に「イスラーム」(絶対帰依)すればよいのであろうか。それは神が預言者を通して下した言葉(啓示、啓典)の中に示されている。神は、人間に対する限りない慈愛と憐憫の心から、人間を迷いの中に放置することを望まず、天地創造以来、人類に預言者を遣わし、彼らに啓示してその意志・命令を伝えさせ、人間が従うべき指針、「道」(シャリーア)を明らかにしてきた。しかし、人間はその傲慢と弱さからそのような神の企図を理解せず、神の言葉を拒み、その命に背き、啓示を正しく具体的生活の中に生かすことを怠ってきた。そのような人類の永い失敗の歴史にもかかわらず、いやそれだからこそ神は、最後の預言者としてムハンマドを選び出し、彼に最終的かつ完全な形で啓示を伝えさせたのである(この啓示の記録がコーランである)。そしてムハンマドの活動と努力によって、神の言葉を生活の規範としてそれを現実に生かす、あるいは生かそうとする人間集団が初めて地上の歴史の中に出現したのである。これがウンマ、すなわちイスラム共同体(イスラムの「教会」)である。

ムハンマドの在世中であれば、ムスリムはただ神の言葉の伝達者であり、その最高の解釈者、代弁者である預言者・使徒に従っていればよく、個々の現実場面において人間が従うべき神の意志は何かについて、それほど思い煩う必要はなかった。しかしながら、ムハンマドの死によって、ムスリムは神からの直接的啓示の道を断たれ、神の言葉に対する至上の解釈者を失った。確かにムスリムの手には、神の言葉を集録した啓典コーランが残された。そしてそれは歴史を超越して妥当する普遍的真理ではある。しかし、この真理は一般的な道徳規範に留まらず、個々の人間の具体的活動にも関わりをもってくるものと考えられたにしても、その具体的内容は歴史的にも空間的にも限られている。ところが、その後の歴史の流れ、状況の変化は急激であり、留まるところを知らなかった。そこで問題は、日々新たに生じてくるさまざまな具体的問題に対して、人間のもてる能力の限りを尽くし、最善の努力(イジュティハード)によって、従うべき当面の神の意志・命令は何であるかを、伝えられた神の言葉からどのようにして直接・間接に探り出すかであった。これが、ムスリムがまず直面した最大の宗教的・現実的課題であった。

やがてそのような「法」的な問題に専門的な関心を示す者が現れて、火急の解決を要する現実の問題のみならず、将来起こり得るあらゆる問題を想定し、その場合の神のよしとする行為は何であるか、を探索し始めたのである。このようにして、ムスリムの生活全般にわたる具体的行為規範が徐々に体系化されていった。これがいわゆるシャリーアである。つまり、シャリーアは、人間がコーランを基礎にし、預言者のスンナ(範例)に依りつつ[25]、個々の具体的な生活場面における神の意志は何か、という問題の解決を求めての、人間の創造的解釈行為[26]の結果を体系化したものである。事実、今日われわれがシャリーアとして具体的な形で目にすることができるのは、数世紀にわたるそのような神の意志探求のプロセスの結果として成立したものである。

この場合、「人間の解釈」とは、もちろん恣意的・主観的な解釈を意味するものではない。それは、一定の厳正な手続・法源(uṣūl al-fiqh)[27]に従い、与えられた具体的事例に適用されるべき神の意志を論理的演繹的に引き出す作業であって、その推論の過程で神の権威以外の要素が——少なくとも論理的には——入り込むことがあってはならないのである(その場合、人間の理性を神の権威の下にどの程度認めるかは常にオープンである)。そして、このようにして見出された神の意志は、たとえ人間が探り出したものであっても、神の意志であることには変わりはないし、それに従うことはまさに神そのものへの服従であり、したがってその服従は神への服従として直接的・絶対的なものでなければならない。このように、シャリーアは神が定めた規範として絶対的な性格をもつ。神の意志の具体的な現れとして、シャリーアは、人間が合理性、経済性、近代性、個人的思惑といったような神の権威によらないさまざまな便宜的理由によって自由に改変することのできない超越的規範だということである[28]。神の意志としてのシャリーアは、まさに人間の究極的判断の基準そのものだからである。

他方、シャリーアは、人間の創造的解釈の産物であるという意味で、可変的であり歴史的である。有限なる人間が解釈するものである以上、出てくる結論は、必然的に一定の歴史的・社会的・文化的制約の下にあることは言うまでもない。例えば、まったく同一の状況にあっても、二人の人間の解釈が異なることは十分にあり得ることであるし、ましてや社会的環境や歴史的状況が異なってくれば、解釈も異なってくるのは当然と言えよう。現にスンニー派では異なった四つの法学派(マズハブ)が認められているし、また現代の多くのムスリム諸国において、シャリーアは大きな変容の過程にある。[29] さらにまた、人間である以上解釈の過程で誤りをおかすかもしれない。[30] だが、そのような人間の「努力」(イジュティハード)において重要なことは、その人の動機であり、主観的意図であるとされる。[31] したがって、原理主義者の言うように、シャリーアの現実形態を絶対化し、固定視することは誤りである。なぜなら、理念としてのシャリーアそのものを否定することはできないにしても、人間が神の権威の下にシャリーアの現実態を改変することはあり得ることだからである。それは神の命令を変えることではなく、あくまでも神の命令に対する――以前の、または他の――人間の古い、現実状況に適合しなくなった解釈を変えることである。人間の究極的拠り所、判断の究極的基準は具体的なシャリーアではなく、神そのものなのである。[32]

人間がシャリーアに則って生きるということは、そのような神との生きた人格的関係にあることを指すのであって、法としてのシャリーアの形式的遵守を意味するものではない。このように常に新たに見出される神の意志としてのシャリーアに則って生きるならば、あるいはそれを自己の理想の生き方として努力する限り、人間は現世および来世において平安と救いが約束される。人間およびその共同体がシャリーアを理想の生き方としている限り――シャリーアが人間と共にある限り――、その人間および共同体は神と特殊な関係にあり、神の導きと加護の下にある。この意味で、シャリーアはまさに神と人間を結ぶ絆であると言えよう。[33]

3 シャリーアと法

前項でわれわれは、ムスリムの信仰の表現としてのシャリーアについて論じた。そこで本項では、シャリーアがイスラム法として、どのような特徴を持つものであるかを、法との比較によって明らかにしたい[34]。もとより専門学者の間で一致した法の定義があるわけではない[35]。そこで、ここでは法の特徴とされているものをいくつか取り出して、それをシャリーアと対比するという方法をとりたい。ちなみに、ここで「法」と言う場合、特別な限定がない限り、それは、現実に作用している法、つまり実定法(positive law)を意味する。

法は、社会の諸々の目的活動が円滑に遂行されるように、秩序を維持することを目的とする。その際、この秩序を攪乱し、破壊するような行動に対しては、法は強制的手段をもって臨むのである。ところで、法が有効に行われるためには、何が法であるかを定め、それを現実に適用・執行するための組織がなければならない。こうして、法の定立・適用・執行に関わる組織・機構を定めるのもまた法である。つまり、法とは、社会の秩序を維持するための強制規範(裁判規範)であると同時に、またそれを定立し強制するための手続きを定めた組織規範でもある[36]。

しかし、同時に、そのような秩序を維持し、組織を定める法は「正しい法」でなければならない。つまり、法の理念は正義である。法は社会生活を営む人間の行動の正邪を審査する基準であるが、この基準はまたその社会に生活する人びとによって、それ自身正しいか正しくないかの審査を受けなければならない。故に、法についての実践生活は、予め定立された法規範に従って行われ、これを実際的行為の上に解釈・適用する働きであると同時に、既存の法規範に批判を加え、それを改廃して新たな法規範を創造していく活動をも意味する[37]。

人間の行為の正邪を審査する基準を強制規範とし、この強制規範の正邪を判断する基準を社会規範と呼ぶならば、強制規範に先行する社会規範そのものには強制の要素は含まれない。故に、強制をもって法の根本特質とする以上、強制規範から切り離して考察された社会規範は法規範ではない。

社会規範の主要形態は、むしろ道徳的規範である。「他人の生命財産を尊重せよ」「偽るなかれ」「姦淫するなかれ」「契約を遵守すべし」「各人に彼のものを与えよ」等々の社会規範は、いずれも人間社会における人倫の要求であって、形式上も内容上も道徳規範とみなされるべきものである。しかし、これらの道徳規範は、ある一定の行為をなすべきこと、またはなすべきでないことを定めているだけであって、人がその規定に背いた場合、これに対していかなる処置を加えるべきかについては何も定めていない。したがって、単なる道徳規範だけでは無力であることは免れない。そこで社会の秩序を維持するために、道徳規範と並んで強制規範が必要になってくる。

これらの強制規範は、数多くの道徳規範のうち、社会生活を営む上で人びとが最小限なさねばならないものを選び、それに反する行為を「不法要件」として、これに強制効果を帰属せしめる。殺す者、盗む者、欺く者には、刑罰を科すべきことが定められ、契約による報奨の要求が破られた場合には、強制的に利害の平均を求めるべきことが規定されるのである。(38)

このように、法の本質は強制にあるが、しかしそれは同時に、それに先行しそれを正当化する道徳的規範(社会規範)と不可分に結合している。(39)この意味で、法は社会規範と強制規範の二つの規範的要求を合わせもつものと言える。

今これを段階的にみれば、まず頂点に社会規範があり、それが下降するに連れて徐々に具体的規範となる。例えば、社会規範(40)↓憲法↓法律↓命令↓裁判判決・行政処分、というように、一つのピラミッド型の体系をなす。これは静的にみれば、上位の法規範が下位の法規にその妥当性の根拠を与えることを意味するし、動的にみれば、上位から下位へと法が創設されていく関係を示す。

このように考えることができるとすれば、実定法の妥当性の究極的な根拠は、社会規範(道徳)ということになる。ただ、この根拠が超歴史的に妥当するものであるか否かについて、自然法論者と純粋法学者の間で意見が分かれるが、それが理性的なものでなければならないということは、共通に認められる。そして、それから具体的に法を創設するのは、民意を代表する立法府である。[41]したがって、そのようにして定立された法が時間の変化と共に、正義を十分に体現し得なくなれば、それはいつでも変えられる。

ところが、シャリーアは具体化された神の意志である。伝統的イスラムにおいては、これまで神の意志は普遍的であり、かつ直接的であり、それ以外に本来人間の行為規範の根拠となるものは何もないとされてきた。したがって、理論上は神以外に独立した法の定立者・創設者はないことになる。人間ができることは、直接・間接に示された神の意志を「類推」(キヤース)という演繹的方法によって、具体的事例に適用していくことであった。そのような具体的事例の中に、神の意志を見出して適用するのが「法学者」(ファキーフ)であり、「裁判官」(カーディー)である。そして、それを執行するのが政府である。そこには法を創設する機関としての立法府の存在する余地は、理論的にはあり得なかったのである。[42]

実定法においては、法の理念は正義である。すべての実定法は法の理念たる正義を何ほどか具現しようとするものである(「法内在的正義」)。「各人に彼のものを」という一般的な社会規範としての正義に関しては問題はないにしても、それを具体的現実の中にどのように実現していくかとなると、人により時代により異なる。そこで、一般的合意を得た民意に従って、立法措置がとられる。しかし、時代が変わって、そのような法体系では正義の実現が困難であると判断されれば、また新たな正義の理念(「法超越的正義」)に従って新たな立法措置がとられる。

このように実定法とは、正義という万人の認める一般的原則を、民意に従って具体的社会状況の中に実現していこうとする試みである。これに対して、シャリーアの理念は神の意志である。イスラム教では、まず正義という一般的社会規範や道徳規範があって、その原則に従ってシャリーアが創設されるのではなくて、神の具体的な意志であり、命令であるシャリーアそのものが正邪の基準なのである。神はある行為が正しいからそれを命じるのではなく、神が命じるからその行為は正しいとされるのである。したがって、この命令を受け入れるのは理性的判断の問題ではなく、信仰の問題なのである。[44]

このようにみると、実定法は民意を代表する立法府において自由に定立されるのに対して、シャリーアは神の不変なる意志の表現として、固定的に考えられがちである。ところが、理論的にみても、また歴史的にみても、イスラム法理論の成立過程はいうに及ばず、シャリーア確立以後においても、「イジュマー」(合意)という形で、つまりイスラム共同体が一致して認めたことは神意を表すものとして、シャリーアの中に「民意」が事実上反映されていたのであり、それがシャリーアの漸次的変化を生み出していたのである。むろん共同体の「合意」とはいえ、それはあくまでも各人がコーランやスンナ(ハディース)によって神意を探求していく過程における「合意」であって、無限定のそれではない、ということになってはいるが。[45]

次に、シャリーアと実定法の違いとして考えられることは、規範に対する人間の態度、規範と人間との関係である。まず法は、社会の秩序を維持するために最小限必要なものとして、強制力を付与された規範である。「最小限の道徳」(イェリネック)としてではあれ、法は道徳と不可分の関係にあるが、法の本質は強制にある——この点が法と道徳との違いである——とすれば、その強制は当然外的行為・形式に求められる。

「内面的なもの」としての道徳と対比して、これまでしばしば法の外面性が強調されてきた。

法は人と人との関係の規律であり、専ら外面にあらわれた行動を義務づける。したがって、法的義務は強制によって履行せしめられ得る。これに反して、道徳は人間の良心の規律であり、内心の平安をもってその目的とする。それ故に、道徳は強制され得ず、また強制さるべき性質のものではない(トマジウス)。[46]

われわれはまた、カントが法と道徳をそれぞれ「外面性」と「内面性」、「合法性」(Legalität)と「道徳性」(Moralität)によって区別したことを知っている。

法の外面性、道徳の内面性が言われるとしても、もちろん法において内面性が、道徳において外面性がまったく問題にされないということではない。ただ、その「関心の方向」(ラートブルフ)が異なるのである。つまり、法において内面性が問題にされる場合、そこでの関心はそれから予想される将来の外的行為にある。同様に、道徳の場合でも外的行為が問題にされるのは、それを通じて示される内的心情に関心が向けられているのである。[47]

このように、法において内面性がまったく無視されるわけではないにしても、そこで特徴的なことは形式的遵守であって、その限りでは行為者の動機にまで立ち入って問題にすることはない(もしあるとすれば、それは道徳的にであって、法的にではない)。

ところが、シャリーアにおいて本来最も重要な点は、まさにこの行為の動機、主観的意図なのである。形式的にいかにシャリーアを遵守しても、それが邪悪な意図によるものであるならば、たとえ人間社会においてその行為が有効であっても、神の目よりすれば無効である。なぜならば、神の絶対的意志の具体的表現である(と人間が理解した)シャリーアは、同時にまた神と人間との内的・人格的交わり、人間の神への帰依(信仰)の外的表現にほかならず、したがってシャリーアの遵守は、神の命令への服従として無条件的かつ全人格的なものでなければならないからである。人間が自由に改変することのできる法とは異なり、シャリーアは神が定めたものとして絶対的であり、人間が自由に改変できるものではない。それは、人間の根本的な拠り所を表明したものだからである。人間は自己の良心の命じるところに従って、あえて法を犯したり、それを改変しようとする場合があるが、シャリーアの命令はまさにそのような良心の命令なのであり、法に従うか否かを決定する最終的基準に相当するものである。

次に、事実性の問題についてみると、法は、社会生活を営む上で最小限必要とされ、したがって強制によってでも遵守されなければならない社会規範である。その意味で、法は通常の人間が通常の状態で実行可能なものでなければならない。現実に守られない法は、法としての意味がない。それ以外の多くの領域は個人の私的判断(良心・良識)に委ねられるのである。これに対して、シャリーアは包括的であり、少なくとも理論的には、人間生活の全領域を含む。すなわち、法、礼儀作法、道徳などの領域をすべてカバーする。これは、人間は直接的であれ間接的であれ、神の意志にかなうような生き方をした方が最も安全である、という考え方に基づくものである。

このことを最もよく示すのが、イスラム法解釈上の「五範疇」である。すなわち、これは、法規範をこれらのいずれかに当てはめて解釈しようとするものである。すなわち、(1)ワージブ(あるいは、ファルド)。この範疇に属する規定は、全(成人)ムスリムの義務行為であって、怠れば処罰されるものである。(2)マンドゥーブ(あるいは、ムスタハッブ)。これは、義務ではないが、行うことが望ましい行為の範疇を意味する。したがって、それを怠っても罰せられることはない。(3)ムバーフ。その実行は個人の判断に委ねられている行為の範疇。行っても行わなくてもよい行為を指す。(4)マクルーフ。これは、行わない方が望ましいが、かりに行っても処罰されるほどのものではない行為を指す。(5)ハラーム。禁止された行為で、もし行えば処罰されるものを指す。

この「五範疇」はシャリーアの性格をよく示している。まず、(1)ワージブと(5)ハラームは(十)と(一)で対応し、同じく(2)マンドゥーブと(4)マクルーフとが(十)と(一)で対応する。(3)はそれらのいずれにも含まれないものである。ところで、通常の実定法において規定されていることは「義務」か「禁止」であり、違反者には相応の処罰が規定されている。これは「五範疇」ではまさに(1)と(5)に対応するものである。ところが、シャリーアには、法的規範のみならず、むしろ道徳規範に属すると思われる(2)と(4)、さらには是非を問われることのない(3)までも含まれている。

つまり、シャリーアには実際には強制されない道徳規範が多く含まれているということである。これは実定法では考えられないことである。

このことは、シャリーアの成立過程をみれば理解できることである。実定法では、「各人に彼のものを」という正義の理念は、民意に従って合理的に実現可能な形で具体化されるのに対して、シャリーアは、神意を表わす法源、つまりコーラン、スンナ、イジュマーおよび前二者からの類推という論理的方法によって、一応事実性とは無関係に体系化された理念的行為規範である。したがって、シャリーアでは事実性がまったく無視されることはないにしても、それよりも神意との連続性(妥当性)が強調される。

法があくまでも現実に起こり得ることを想定して、それにどう対処するかを規定するのに対して、シャリーアは、コーランに典型的にみられるように、きわめて理想主義的である。まず第一に、シャリーアは、信仰者であるならば当然行うであろうし、また行うべき行為規範、ムスリムがなすべき理想を述べた道徳的義務論であって、法のように違反を想定し、その場合のために予め具体的罰則を定めておくというようなものではない。したがって、現世的処罰による強制がなくても、来世における神罰の警告で十分だったのである。第二に、シャリーアは道徳規範として、その完全な実行は不可能だということである。というよりも、その方がむしろ人間的なのである。なぜなら、それは常に個々の人間の行為、共同体の現実の諸制度を裁く高い理想、超越的規範として意味があるものだからである。(48)

このように、シャリーアは本来的に法とは異なる。法が最小限の道徳であるとすれば、シャリーアは最大限の道徳、いやそれ以上のものである。しかし、他方では、シャリーアは個人の内的行為に関わるだけではなく、人間の現実的・具体的――つまり、法的――関係に関わり、それを道徳的に規制する規範でもある(この点が、一般的原則を抽象的に述べるだけの自然法とシャリーアが異なる一つの点である)。ところがシャリーアは、現実のイスラム共同体において社会秩序を維持するものとして、政治権力によって強制されてきた。イスラム教において、政府・国家とはまさにこのシャリーアを現実に適用する機関であり、そのようなものとして意味づけられてきた。

　このようにシャリーアは、たとえその一部であれ、権力によって強制される以上、現実にはそれは法として機能したのである。しかも、シャリーアを執行するのは人間であり、人間は他人の内面を窺い知ることができない以上、行為の外的・形式的側面で判断せざるを得ない。そこから、法として現実に問題にされるのはシャリーアの形式的遵守であり、行為の内的側面は個々人と神との直接的関係の問題とされる。だが、このように人間の目からみてよしとされること（「合法性」）と、神の目からみてよしとされることは本来別であるのに、往々にして両者が混同されてくる。そして形式だけを整えようとする。そこに、シャリーアの形式化――いわゆる律法主義化――、イスラム教の内面からの世俗化の危機が潜んでいるのである。それは、基本的には、権力と宗教、強制と信仰という水と油を結合しようとする矛盾に由来する。この矛盾を解消しようとしたのが、スーフィズムであり、近代主義イスラムであったが、今日また原理主義者たちは「シャリーアの再導入」「国家のイスラム化」を叫んでいる。

第3節　ガザーリーの法学観

はじめに

ガザーリーが当時、スンニー・イスラム世界の最高学府であったバグダードのニザーミーヤ学院の教授の地位を投げうって、一介のスーフィーとして放浪の旅に出たことは、あまりにもよく知られている。この事件は、彼の自伝とも言われる『誤りから救うもの』をみる限り、宗教的確信を追求していく過程で、イスラムの伝統的諸学問(その中心が法学である)に絶望し、スーフィズムに転向した結果であった。しかし、広くイスラム史的にみれば、それは単にガザーリー個人の出来事に留まらず、これまで本章の第1、第2節で述べてきたような、シャリーアを通して神と交わる古典的イスラム(共同体型イスラム)から、自己の内奥に神を見出し、それと直接的に交わろうとする中世的スーフィー的イスラム(個人型イスラム)への転換を象徴するものであった。そしてガザーリーは、そのような自己の体験を踏まえて、イスラム諸学に新しい方向づけを与え、それらを再活性化しようとしたのである。彼の大部な主著が『宗教諸学の再興』(*Iḥyā' 'Ulūm al-Dīn*)と名づけられたのは、そのような意味においてである。本節では、このような筆者の見方との関連で、ガザーリーが法学ないしは法学者について、どのように考えていたのか、そこにはどのような新しい変化が見られるのか、を明らかにしたい。

1　知識の分類

ガザーリーは学問・知識(ʿilm)の分類をいくつか試みている。まず、知識の起源を中心としてみた分類がある。[1]

- (1) 啓示的(sharʿīyah)
- (2) 理性的(ʿaqlīyah)
  - (a) 必然的(ḍarūrīyah)
  - (b) 獲得的(muktasabah)
    - ① 現世的(dunyawīyah)
    - ② 来世的(ukhrawīyah)

「啓示的」知識とは、霊感(ilhām)や啓示(waḥy)によって得られる知識であり、「理性的」知識とは、信仰や伝聞によらずに理性的能力(gharīzah al-ʿaql)によって得られる知識である。

後者のうち「必然的」知識とは、「どこから来るのか、またどのように来るのかわからない」知識、つまり直観的に自明の理として受け入れられる知識のこと。例えば、同一の人間が同時に二つの場所に存在し得ないこと、同一のものが同時に存在し、かつ非存在であることはあり得ないこと、などの論理的諸原理のような知識のことである。「獲得的」知識とは、学習や推論によって得られる知識のこと。

後者のうち「現世的」知識とは、医学、数学、幾何学、天文学などの、現世において有益な実用的知識のこと。「来世的」知識とは、人間の心の性質や状態、心に有害な行為や、神の本質・属性・行為に関するもので、来世の幸福に有益な知識のことである。この分類の中で法学がどこに位置づけられているのかについては、ガザーリーは何も述べていない。

そこで、次の分類をみよう(ガザーリー『宗教諸学の再興』III, p. 15. 以下『再興』と略記)。

(1) 啓示的
- (a) 基本的——コーラン、スンナ、イジュマー、教友の伝承についての学問
- (b) 派生的
  - ① 現世の福利に有益——法学
  - ② 来世の福利に有益——心の状態の学、性格学など
- (c) 予備的——語義学、文法学
- (d) 補完的——コーラン注釈学、読誦学、法理論

(2) 非啓示的
- (a) 賞賛すべき学問
  - ① 集団的義務として必要なもの——医学、数学、基本的技術
  - ② 余分なもの——社会に必要な学問であっても、必要以上に深く究めるべきでないもの
- (b) 非難すべき学問——呪術、護符学、手品
- (c) 許容すべき学問——詩学、歴史

これによると、法学は「啓示的」学問の中の「派生的」学問、すなわちコーラン、スンナ、イジュマー、教友の伝承などを基に、それからの推論によって引き出される法判断に関する学問で、現世の福利を実現することを目的としている。

今一つガザーリーは、巡礼に喩えて学問を次のように分類している(『再興』I. pp. 53-54)。

(1) 糧食・乗物などの調達——医学、法学(現世での身体的生存に関わる学問)
(2) 砂漠を横断し、山道を通って進むこと——倫理学(内面を悪しき性格から浄めること)
(3) 巡礼の儀礼——神の本質・属性・行為、天使などの知識(これは開示学と呼ばれる)

また、次のような分類もある(『再興』I, pp. 20-22)。

(1) 来世の学(来世の学者)
　(a) 修行論(ʻilm al-muʻāmalah)
　(b) 開示学(ʻilm al-mukāshafah)
(2) 現世の学——法学

これらの分類法は、最初のものを除けば、学問の目的を中心にしたもので、イスラムの伝統の中ではかなり特異なものである。[2] これでみる限り、法学は何よりも現世における人間の福利に関わる手段の学問だということになる。

2　法学の位置

ガザーリーは法学の目的を医学との対比で、次のように説明している[3](『再興』I, pp. 54-55)。すなわち、体は心の乗物である。肉体は巡礼者にとってのラクダと同じであり、肉体が必要とする水を貯える革袋と同じである。すべて肉体の健康のための学問は、乗物と同じ役目をする。紛れもなく医学がそうである。なぜなら、それは肉体の健康保持のために必要とされるものだからである。ところが、法学は医学と違って、もし人間が一人であれば不要である。

もっとも、人間は一人では生きられないように創られているので、法学の必要性はなくならない。人びとは衣食住を確保するために、相互に協力し合う必要がある。人びとが混じり合い、欲望が増大して対立し合うと、争いや殺し合いが生まれる。ちょうど肉体の体液が対立し合うと、体調が壊れるようなものである。後者を直すのが医者であり、人間同士の対立を是正し、社会の秩序を回復するのが統治(siyāsah)と正義である。これは法学による。これらは各々、肉体と社会を守るためのものである。したがって、医学や法学にのみ専念していて修行をしない者は、食料や乗物の研究ばかりしていて巡礼に行かない人と同じである。

このように、法学と医学は共通する面もあれば、違う面もある。ガザーリーは別の所では、両者の違いとして、次の三点をあげている(『再興』I, p. 20)。

(1) 法学は啓示による知識であるが、医学はそうではない[4]。

(2) 来世の道を歩む人には、法学は健康人にも病人にも不可欠である。他方、医学を必要とするのは病人だけであり、それは少数である。

(3) 法学は来世の学と隣り合っている。というのは、それは身体の行為についての議論であるが、身体の行為は心の性質と関係しており、よき行為は来世の救いを導くよき性質から出る。こうして身体の行為と心の性質は関連し合っている。

以上のことから言えることは、医学が個人の病気に関わり、それを癒して人間の現世における福祉に資するものであるように、法学は人間の集団生活に関わるもので、それに規範を与えて秩序を確保すると同時に、人間同士の協力を可能にし、個人ではできない現世的福利を実現させるということである。このように法学の直接的役割は現世の福利であるが、現世は来世のための準備をするところであり、現世の生活に資するということは、その意味で「来世の学と隣り合っている」、つまり間接的に来世に役立つ学問ということになる。古典イスラムにおいては、前節でみたごとく、シャリーアの遵守が即、神への帰依(イスラーム)であり、したがってそのようなシャリーアを具体化する学問としての法学が、来世における救いと直結していたのに比べると、大きな違いである。
それは、次のようなガザーリーの言葉に明確に表明されている。

法学者(faqīh)は統治の法についての学者であり、欲望の故に人びとが相争う時、彼らの間を仲裁する道に携わる学者である。こうして法学者は、スルターンの教師、人民の統治と拘束における彼の導師である。彼はこうして、人びとが正しい道を歩むことによって、現世における人びとの状態が秩序あるものとなるようにするのである。確かに、法学者は宗教に関係しているが、それは直接的にではなく、現世を介してである。というのは、「現世は来世の畑である」からである。宗教(dīn)は現世によってのみ完成する。「王権(mulk)と宗教は双生児である」。宗教が基本であり、スルターンは護衛である。基本のないものは破滅であり、護衛のないものは喪失である。王権も司法もスルターンなしではあり得ない。司法の道は、政府が法学に基づいて決定する。権力(salṭanah)による人民の統治は、第一義的には宗教の学問(ʻilm al-dīn)ではない。しかし、法学は宗教の完成に不可欠なものに奉仕するのである。それは統治の学についても同じである。周知のように、巡礼は道中のアラブ遊牧民の襲撃を防いでくれる人によって実現される。しかし、巡礼そのものと巡礼に至る道を行くこととは別であり、巡礼が実現するよう守護することとも別である。また、巡礼者を守護する方法や技術についての学問や規範とも別である。法学の狙いは、統治と守護の方法についての学である。(5)

(『再興』I, p. 18)

3　法学の自立

法学が現世の学問であると言うことは、それが人間の外的行為にのみ関わり、人間の内面や動機の問題に立ち入らないということである。ガザーリーはそれについて、こう言っている。

法学者は帰依(イスラーム)が〔法的に〕有効であるか否か、その条件は何であるか、について語ることはできる。彼が関心をもつのは舌だけであって、心(カルブ)については法学者の領域外のことである。それは、預言者が次のように言って、権力者や支配者がそのようなことに立ち入らないようにしたからである。すなわち、ある人を、剣を恐れた口先だけの入信であるとして殺害した者に対して、次のように諌めたのである、「汝はその人の心を切り開いてみたのか」と。法学者は剣を突きつけられての改宗であっても、剣は本人の意図を明らかにしないし、心から無知と当惑の覆いをとりさるものではなく、剣の主に〔そのことを〕暗示するにすぎないことを知っているが故に、その帰依(イスラーム)を有効とする。ひとたび信仰の言葉を告白すれば、それはその人の生命と財産を保障する。なぜなら、剣はその人の頸にしか、手はその人の財にしか及ばないからである。それは現世のことである。……来世においては、財は無益である。心の光と秘密、その誠実さだけが有益である。しかし、法学者はこれとは無関係である。もっとも法学者がこれに関心をもってもいいが、それは医学や神学と同じく、法学とは関係ないことである。

(『再興』I, p. 19)

さらに、次のように続けている。

礼拝について法学者は、表面的に条件を充たし、形式が整っていれば、タクビール(「神は至大なり」と唱えること)の時を除いて、たとえ初めから終りまで、スークでの商売の決算のことに気を取られていても、これを有効と判断する。しかし、この礼拝は来世では無効である。ちょうど口先だけの改宗が無益であるように。しかし、法学者はそれを有効とする。……来世の行為である恭順や心の集中といったことには法学者は関係しない。かりにしたとしても、それは法学とは無関係なことである。(I. p.19)

ここでガザーリーは、アブー＝ハニーファとその弟子のアブー＝ユースフについての逸話を紹介する。すなわち、アブー＝ユースフは毎年末、妻に自分の財産を与え、後にそれを返してもらうやり方で、ザカート税を免れていた。このことが師のアブー＝ハニーファに伝えられると、次のように言ったとされる、「それは彼の法学のやり方であり、それはそれで正しい。なぜなら、それが現世の法学なのだから。しかし、それが来世においてもつ害は、どんな罪よりも重い」と(『再興』I. p. 19)。

法学は元来、現世の福利を実現し、それによって来世の学に奉仕するものであった。ところが、やがてそれは現世にだけ奉仕する好ましからざる学問になってしまった。ガザーリーによれば、法学の目的は取引によって財を保ち、その財によって体を保ち、財のための争いや罪を防ぐことであった。財は神の道のための道具であり、肉体はそのための乗物である。枢要な学問とは、道を歩むための学問、悪しき性質である心の障害を切断するための学問のことである。このような悪しき性質は人と神を隔てる障害となるものである。それに汚染されたままで死ねば、神から遠ざけられる。そのような人は、巡礼をしようとして革袋を作ったり、鞍を整えることにのみ熱中しているような人である。法学でも比較法学、論争術などにのみ関心をもつ者、相手を論破することにだけ情熱を傾けている者は、それに役立たないものはいっさい無視する。法学における論争の細部については、すべてサラフの人たちの知らなかったビドア(異端)である(『再興』III. p. 382)。

こうして法学は、徐々に特殊な意味に限定されてくる。すなわち、ファトワー(法的質問に対する回答)における未知の派生的問題、それらの理由づけの微妙な点の理解、それに関する論述についての学問となったのである。このような問題について最も深くかつ長いキャリアをもつ人が、「最も優れた法学者」と言われる。しかし、最初期においては、法学は「来世の道の学問」、心の病についての知識、悪しき行為、現世の無価値性、来世の恵みに対する期待などについての学問の意に用いられていた。人に用心や恐れの心を起こさせるもの、それが法学であり、離婚や奴隷の解放、賃貸借、先物売買、といった細目についての学問ではなかった。このような学問からは、地獄の恐怖も警戒も起きない。このようなことばかりに専念していると、心は固くなる。元来、fiqh とは、「理解すること」(fahm)であった。もっとも、fiqh の語が外的判断についてのファトワーの意に用いられなかったというのではない。しかし、それはあくまでも一般的、ないしは従属的にであり、来世の学に適用される方が多かった。このような特殊化のために、それに専念することは来世の学、心の規範の学から身を引くことになったのである(『再興』I, pp. 32-33)。

同様のことは、ʿilm の語の特殊化に関連しても述べられる。

「知識」(ʿilm)とは、元来、神とその徴(āyāt)、その被造物と人間の中での神の行為に関する知識の意に用いられていた。ウマル(第二代正統カリフ)が死んだ時、イブン＝マスウードが「知識の一〇分の九が失われた」と言ったのは、そのような知識のことである。……しかし、この語も特殊化をへて、多くの場合、法学、その他の問題について敵対者との議論に従事する人を「知識人・学者」(ʿālim)と呼ぶようになった。……知識や学者の徳について言われることの大半は、神とその判断、行為、属性についての知識であったのが、今や聖法の学問については何も知らなくても、〔学派間の〕「相違」の問題についての議論の形式だけを知っている者に限定されて用いられ、コーラン注釈、伝承、学派の学問などには無知であっても、大学者と考えられるようになった。

(『再興』I, p. 33)

4　法学批判

ガザーリーは、法学のこのような特殊化の過程を四期に分けて、次のように説明している。

(1)　「正統カリフ」たち(六三二―六六一年)は「神の知者・学者」(ʻulamāʼ bi-Allāh)であり、また自ら法判断のできる法学者(fuqahāʼ)であった。彼らは稀にしか他の法学者の助言を必要としなかった。学者たちはもっぱら神と来世のことに専念していて、現世のことに従事することを避けていた。

(2)　その後、権利もなく、また自ら法判断も出せない者がカリフになり、そのために法学者の助けをすべてにわたって求めた。しかし、この時代の「後継世代(教友に次ぐ世代)の人びと」(tābiʻūna)の中にも、教友たちと同様、為政者に求められれば逃げる学者もいた。この時代の人びとはウラマーの偉大さと、為政者の求めを知っていたので、ウラマーになって名声を得ようとした。こうして法学者は、求められる者から求める者へと変わった。そして法判断の学問の必要性とそれについての探究が増大した。

(3)　次に、人びとの基本的信条についての説を聞き、論証の必要を感じる者が出た。こうして人びとは神学に熱中し、それについての著作をするようになる。彼らは以前に、法学者たちがファトワーに従事することも宗教であるといったように、神学に従事して教義の正統性を守ることも宗教であると主張した。

(4)　最後に、法学者同士の論争が生じ、それについての研究の必要が生まれた。こうして法学派間の対立が比較法学を生み出す。その目的は、聖法の微細な点の研究と法判断の原理の研究である。これがガザーリーの時代まで続く状態である。

(『再興』I, pp. 42-43)

この見方によれば、元来、法学は来世の福祉に奉仕する学問であった。共同体の指導者たちは自ら法学者であったし、他の法学者たちの助言を必要とはしなかった。やがてそのような有能な指導者がいなくなり、法学者たちの助言を求める必要が出てくると、学問の専業化が始まり、権力との癒着が生まれ、法学が現世の福利追求の道具となる。そうなれば相互に優劣を競い、自派の存在を誇示するために論争が生まれ、法学本来の目的と無関係な学派間の「相違」(比較法学)に関心が向けられ、それが法学であると解されるようになる。そこに見られるのは、「来世の学」から「現世の学」への変化である。[6]

「来世の学者」(‘ulamā’ al-ākhirah)とは、法学だけに専心しているのではなく、心の学にも従事し、心を監視している学者のことである。シャーフィイー、マーリク・イブン＝アナス、アフマド・イブン＝ハンバル、アブー＝ハニーファ、スフヤーン・サウリーといった人びとは、いずれも信仰篤い人(‘ābid)・禁欲家(zāhid)であり、来世の学問についての学者(‘ālim)であり、現世における人びとの利益のための法学者(faqīh)であり、その法学によって神の御顔を求める人であった。ところが、今日の学者は、これらの五つの特性のうち僅か一つにおいて彼らをまねているにすぎない。それは、法学の細部の点に詳しいことである。というのは、他はいずれも来世に関することだからである(『再興』I, pp. 24-25)。

そこから、法学者を初めとするウラマーに対する、ガザーリーの批判が出てくる。

……誓って言うが、汝が相も変わらず傲慢でいられるのは、ただ多くの人びと、否、すべての人びとを冒している疾病のためである。この疾病の原因は、この事態の深い意味を見極めることができず、状況は深刻であり、終末は近づきつつあるのに、この世ははかなく過ぎゆき、一生は短く、旅路は長く、糧食は少なく、危険は大きく、道は険しいということを認識できないことにある。批判的な目をもち、見通しが利き、知識と実践において、神に己れを捧げている人以外は失敗する。導師も伴侶もなく、多くの障害の中で来世の道を歩むことは、困難で骨の折れることである。その道の導師こそ、預言者たちの後継者であるウラマーである。ところが、時代の流れはすでに彼らの手から離れ去り、形式ばかりの者が残り、しかもその大部分はサタンの支配するところとなり、不義にとりつかれ、各々が現世の享楽に血道を上げ、正義と不正を混同し、ついには地上の至る所から宗教の知識は消滅し、導きの灯火は消えるままに放置されるほどになった。すでにウラマーは、知識とは、人びとの間に争いが生じた時に、それを解決するためにカーディー（裁判官）が法廷で出すファトワーのことか、あるいは立身出世を望む野心家が身につけて、他人を驚かし圧倒する弁論術であるか、さもなければ説教師が民衆に説教をするのに用いる美文のことだと思わせるまでになった。なぜなら、これら三つ以外に彼は不当な利得を漁ったり、現世の富を取得する方法を知らないからである。

（『再興』I, p. 3）

5　イスラム諸学の再構築

このようなガザーリーの見方は、客観的にみてどうであろうか。F・ラフマンによれば[7]、もともと、fiqh の語は、ガザーリーの言うように、「理解」(understanding, comprehension)、つまり神が与えた客観的知識（ʿilm）に対する人間の側からの主観的理解一般を指し、けっして法学に限定されたものではなかった。しかし、イスラム宗教自体の倫理的性格と初期イスラム共同体の最大の関心が法的な問題であったことから、その語はやがて法的規範に対する「理解」に限定されて用いられ、ついには法学を意味するようになった。こうして、神との全人格的な関わりの中での、いわば未分化の「理解」から、徐々に法学、神学、伝承学、コーラン学などの学問が独立・分化し、それぞれに専門家が出てくる。その背景には、社会構造の複雑多様化に伴い、もはや一人の人間がすべての問題を扱い得なくなったという事情がある。

だが、これらの学問は、それぞれの仕方で来世の救いに役立つ手段であったが、やがてその本来の目的から切り離され、各々が自己目的化してくる。すなわち、学問の独立・分化は必然的に対象の限定・捨象と普遍化を伴う。それと同時に、人間の全体的な生き方といった最も基本的な問題も、学問の細分化と共に捨象されて取り上げられなくなる。こうして、心の問題だけが取り残される。そして、この問題を取り上げるべく登場したのがスーフィズムである。自己目的化した諸学問、特に法学は現世に奉仕するだけの学問となったのである。もしガザーリーが問題にしている法学がこのような意味のものであるとすれば、それは客観的にも正しいと言える。(8)

しかし、ガザーリーの目的はそのような客観的な分析にあるのではなく、現状の是正にある。前述のような法学の展開過程が不可避であり、今やウラマー全体が病弊に陥っているとなれば、もはや現状の改革、来世の救いに対して、法学は何ら積極的な意味をもち得ないことになる。改革の支点は別のところにもとめられなければならない。それがスーフィズムである。(9) ガザーリーはそのことを自らの個人的な体験によって証明したのである。こうして今や法学を初めイスラム諸学は、スーフィズムを基盤にし、それを支点として再統合・再活性化されなければならない、とガザーリーは考えたのである。

第4節　ガザーリーの政治思想

1　ウンマとカリフ制度

イスラム共同体(ウンマ)は神の定めた正義に基づく聖なる共同体として、六二二年にスタートした。このウンマの聖性は神の聖なる意志(コーラン)に由来するが、この意志は後にシャリーア(イスラム法)として体系化され、具体化されることになる。換言すれば、イスラム共同体とは、シャリーアに示されることになるイスラム的正義を地上に体現し、その空間的拡大を使命として成立したのである。

しかし、超越的規範の地上的表現は、必然的に不完全なものたらざるを得ない。このこと自体は、宗教的にはある意味でノーマルなことであるが、問題はそのギャップをそのまま是認して放置し、その拡大の防止と縮小に努めようとしないことである。したがって、ウンマに課せられた使命は、一方では、ウンマの理念と現実のギャップを埋めること、つまりウンマの現実にみられるイスラム性(正義)の質を高めること(「善を勧め、悪を禁じること」Amr bi'l-ma'rūf wa-nahy 'an al-munkar)であり、他方では、ウンマの地上的拡大に努めることであった。ウンマの成員すべてがこの使命を果たすように努めることが、神との〝契約〟を履行することである。それによって地上的繁栄と来世の救いが約束される。

古典イスラムにおいて、国家とは、このようにウンマの使命遂行において必要な政治組織のことであり、本来、そのようなものとして存在理由と正当性をもつものであった(もっとも、近年、イスラムと国家の具体的関係については、ムスリムの間でいろいろ論議を呼んでいる)。とはいえ、そのことは直ちに具体的な政治形態が明確な形であったことを意味するものではない。

確かに、古典イスラムの政治制度は、これまでいわゆるカリフ制度(khilāfah)の形で考えられてきたが、コーランや預言者自身がそのように指示したわけではない。むしろ、預言者はそのことについては、何の指示も与えないままに世を去った(もっとも、後述のように、大多数のシーア派はそのようには考えないが)。したがって、預言者の死後の最大の問題は誰がウンマの指導者となり、それをどのようにして選ぶかということであった。

ウンマの指導者を選ぶことが、預言者死後の教友たちにとっていかに緊急を要する重大事であったかは、アリーを含めて預言者の一族が、葬儀の準備に余念がない間に、アブー=バクル(在位六三二—六三四年)が初代カリフに選出されたことからわかる。それは、預言者の死に伴うウンマ分裂の危機があったことに起因する。すなわち、ムハンマド在世中は表面に現れなかったムハージルーン(移住者)とアンサール(援助者)の対立が表面化し、後者のグループがサーイダ族の集会所(saqīfah)に集まって、自分たち独自の指導者を選ぼうとする分派行動に出たことである。この動きを知ったアブー=バクルやウマルはいち早く現場に急行し、彼らを説得し、ウマルの果敢な行動によって、最長老でかつ預言者に最も信頼されていたアブー=バクルを使徒の「代理人・後継者」(カリフ)とすることが承認された。そしてその後に、預言者のモスクでそれが公表され、一般のムスリム市民の承認と忠誠の表明(バイア)が行われた。

約二年後の六三四年、アブー=バクルは死を目前にして、有力な教友たちの意見を徴して、ウマルを二代目カリフに決定した。ウマルはキリスト教徒のペルシア人奴隷に襲われ、息を引き取る直前に、六人の候補を選び、彼らの合議によって後継者を決めるよう遺言した。結局、六四四年、ウスマーンが第三代カリフに選出される。ウスマーンが六五六年、メディナで反乱兵士たちによって殺害されるという異常な事態の中で、しかも彼らの推挙によってアリーが四代目カリフに選ばれる。ウスマーンと同じウマイヤ家のムアーウィヤはアリーのカリフ位を認めず、これと対立する。この第一次内乱の中で出てきたハワーリジュ派によってアリーが暗殺され、ムアーウィヤがダマスカスでカリフに就任し、ここにウマイヤ朝が始まる。六六一年のことである。

以上、後に「正統カリフ」時代と呼ばれる時代のカリフ選出過程についてやや詳しく述べてきたが、それは後のカリフ論において、この時代の出来事が一つのモデル、法的前例として重要な意味をもってくるからである。

さて、使徒の死後の政治体制のあり方について、前述のように、コーランも使徒自身も、何の指示も与えなかった。少なくとも、それがスンニー多数派の解釈である。そこで教友たちは、ウンマの指導者として、自分たちの中で指導者に最も相応しい識見と信仰心と能力をもつ者として、アブー＝バクルを選出したのである。そして彼が、使徒の「代理人」(ハリーファ)としての職務を遂行することになったのである。その際、選出方法について、明確な合意があったわけではない。ただ、従来のアラブ的慣行に従って(むろんこれは、「イスラム的に是認されたアラブ的慣行に従って」ということであって、ジャーヒリーヤ時代(前イスラム時代)の精神に従って、ということではない)、ウンマの指導者として最も相応しいと思われる者を選出したのである。

このような形態は、具体的な方法が前述のように若干異なっていても、ほぼウマイヤ朝に至るまで続いた。この時代が「正統カリフ」(al-khulafāʾ al-rāshidūn)時代と呼ばれるのは、ウマイヤ朝以降の世襲制によるカリフ選出に比べれば、さまざまな利害や思惑がありながらも、ウンマの指導者として最も相応しい人物を一致して選出するという、ほぼ理想に近い形でカリフが選ばれたからである。

ところで、ウンマの指導者は、イマーム(Imām「指導者」、特に礼拝の「導師」を意味した)、ないしはアミール・ムゥミニーン(「信徒たちの司令官」)とも呼ばれるが、より一般的にはハリーファと呼ばれる。これはハリーファ・ラスール・アッラー、つまり「神の使徒の代理人」のことで、これが後に略され、さらになまって「カリフ」

と呼ばれるようになったのである。もっとも、「神の代理人」(ハリーファ・アッラー)と呼ばれることもあるが、これは後代の呼称である。

その後、カリフ制度はイスラム固有の政治制度のようにみなされ、一九二四年にトルコのケマル・アタチュルクの改革によって廃止されるまで続く。しかし、以上のことからわかるように、カリフとはいえ、最初から制度的にその職務・資格・選出方法などが明確にされていたわけではない。「ハリーファ」とは、単なる普通名詞に過ぎなかったのである。

しかし、そうだからといって、それがまったく無内容であったわけではない。神の使徒の「代理人」「後継者」であるということは、ウンマに関わる神の使徒ムハンマドの職務の一部を引き継ぐものであったということである。よく言われるように、ムハンマドには三つの機能があった。第一は、神の啓示を伝える預言者、第二は、宗教上の問題を解釈し、解決する権威の保持者、第三は、ウンマの政治的指導者である。啓示はムハンマドの死と共に終わったのであるから、「ハリーファ」とは、神の使徒の第二、第三の職務を引き継ぐ者ということになる。こうしてカリフは、イスラム共同体のリーダーとして宗教上のさまざまな問題を解決し、また政治権力を代表する者として、知事や裁判官、軍司令官などの代理人を任免し、聖法に従って国政を統轄し、ウンマを指導してきたのである。したがって、その限りカリフの命令に従い、その権威に服することは全ムスリムの宗教的義務であった。

約三〇年間の正統カリフ時代は後代のムスリムからは、理想的な時代として常に高く評価されてきたが、現実においてはすでに第三代カリフ、ウスマーンの時に内乱の種はまかれ、次のアリーの時にそれが現実化し、分派が生まれる。このような混乱の中でアリーが暗殺され、政権はウマイヤ家に掌握される。

このウマイヤ朝(六六一―七五〇年)以降、カリフ位は世襲されるようになる。それがいかに当時のムスリムたちに不快であったかは、初代ウマイヤ朝カリフのムアーウィヤ(在位六六一―六八〇年)がその息子ヤジードを後継カリフに選び、それをメディナの長老たちに承認させるのに、どれほど苦労したかを見ればわかる(そこから、ナサフィーのように、後代のハナフィー派の学者の中には、カリフ制は正統カリフ時代をもって終り、以後「王制」(ムルク)が始まった、と考える者も出てきた――第三章第1節、一三八―一三九頁参照)。

いずれにしても、このウマイヤ朝時代はいろいろと多難な時代であり、さまざまな分派運動が政府を悩ませた。それには、政府の主観的意図は別にしても、カリフ職の世襲化に典型的に見られるように、今や共同体の宗教的目的が私的利益に従属させられてしまったとして、政府の「非宗教性」が多くの非難を浴びたのである。その背景には、このような早い時期においては、何が正統的なイスラムであるのか、についての合意がまだ形成されていなかったし、それだけに各人・各グループが自己の主張を述べ合い、それを直ちに行動に移した、という事情がある。その意味では、この時代は活気に満ちていたとも言える。その中の代表的なセクトがハワーリジュ派であり、シーア派であった。

まず、ハワーリジュ派の政治思想について言えば、その徹底した理想主義と行為重視の立場から、カリフは倫理的に完全に近い存在でなくてはならず、したがって逆に、そのような人格であれば、「たとえ黒人奴隷であっても」カリフになる資格を有する、との平等主義を主張した。逆に、ひとたびカリフに選ばれても大罪を犯せば、本人の告白とは無関係に、信仰を喪失したものとして、カリフの資格を失う。そもそも彼らにとって、カリフの存在は不可欠なものではなく、本来、各人が行い正しければ不用となるものであった。

これに対して、シーア派は、イマームは人びとの話し合いによる選出(イフティヤール)ではなく、預言者から始まり、代々先任のイマームの指名(ナッス)によって決まるものであり、そのようにしてイマームは神から特別の知識と加護(不可謬性)を与えられる、と説く。そして預言者はアリーをその後継者に指名した、と主張する。したがって、それ以外の方法で選ばれたカリフは不当であり、またその体制も認められないのである。こうして、シーア派はハワーリジュ派と共に、それぞれの立場から、反政府の武力闘争を展開したのである。

このようなセクト、なかんずくシーア派の動きを利用しつつ、「反イスラム的」ウマイヤ朝政府打倒の革命を成功させ、成立したのがアッバース朝(七五〇―一二五八年)である。この王朝の庇護の下にシャリーアの古典的形態が完成し、スンニー派体制の法的・制度的基礎が固まる。こうして初めて聖法の代弁者のウラマーと政治権力(カリフ)との、いわば協調的関係が成立する。これは前王朝とは大きな違いである。ウマイヤ朝下では、ウラマーがいわば在野の政府批判者としての性格を強くもち、宗教的権威と政治的権威は事実上分離していたが、これがアッバース朝になって両者が相互補完的になったということになる(もっとも、だからといって、ウマイヤ朝国家を「アラブ帝国」、アッバース朝国家を「イスラム帝国」と呼んで両者を区別することは、前者がイスラム国家でないような誤解を与えるので、適切な呼び方とは言えないであろう)。

アッバース朝の成立によって、ここに、一つの普遍的な多民族的宗教共同体を、一人のカリフが、一つの法の下に統治する単一の国家というイスラムの古典的政治形態が出現したのである。しかし、カリフを頂点とする古典的なイスラムの政治体制は、アッバース朝成立後一世紀ほどで変質し始める。すなわち、カリフが地方に派遣した知事が半独立の形でその地位を世襲化したり、また実力によって地方の政治権力を奪取する者が現れ、さらにシーア派の政権が公然とバグダードのカリフ政権から独立し、対立するようになる。

こうしてモロッコのイドリース朝(七八九―九二六年)、チュニジアのアグラブ朝(八〇〇―九〇九年)、東部イスラム世界ではターヒル朝(八二一―八七三年)、サッファール朝(八六七―一〇〇三年)、サーマーン朝(八七五―九九九年)などが政権を樹立し、エジプトではトゥールーン朝(八六八―九〇五年)が興り、カリフの威令は徐々に衰えを見せ始める。他方、カリフ自身、トルコ系の親衛隊の傀儡となって実権を失い、さらに一〇世紀の中頃には親シーア派のブワイフ朝(九三二―一〇六二年)が帝都バグダードを制圧し、政治の実権は完全にこの王朝のアミールの手に移る。彼らはアッバース家のカリフ体制を廃することはしなかったが、カリフは有名無実となった。

これより先、八世紀の後半以降、シーア派の本流(一二イマーム派)から分かれたイスマーイール派はアラビア半島東部その他で地下運動を展開しており、一〇世紀の初頭には、北アフリカのチュニスにファーティマ朝(九〇九—一一七一年)を興し、やがてエジプトを制圧してアズハル・モスクを建立し、シーア派教学の普及と宣伝に努め、スンニー派アッバース朝政府と対抗した。さらに同じ頃、スンニー派とはいえ、スペインの後ウマイヤ朝もカリフを称して公然とアッバース朝に対立した。こうして一〇世紀はまさに「シーア派の世紀」と言われるごとく、アッバース朝政府はその権威を最も失墜した時代であった。

他方、はるか東方ではトルコ系のスンニー派ガズニー朝(九七七—一一八六年)と大セルジューク朝(一〇三八—一一九四年)が現れ、勢力を拡大しつつあり、後者はやがて一〇五五年にバグダードに入城してブワイフ朝を放逐し、アッバース朝カリフの権威を回復する。しかし、それはあくまでも「精神的」権威の回復であって、実権は大セルジューク朝の手に掌握されていた。だが、こうしてカリフが実権を喪失していくのに逆比例して、その「精神的」権威はますます高まっていった。それは、この頃までにはすでに、イスラム法的に(つまり、イスラム的に)正当化される政治形態はただカリフ制だけであり、したがってカリフの承認によってしか政権の正当性は得られなくなっていたからである。

イスラムの政治論が法学者によって体系的に論じられるようになるのは、カリフ権が最も失墜した、このような時代背景においてである。その代表例がシャーフィイー派のマーワルディー(一〇五八年没)であり、ハンバリー派のアブー＝ヤアラー(一〇六六年没)である。両者はほぼ同時代に活躍した人であり、両者はまた『統治の原則』(*al-Aḥkām al-Sulṭānīyah*)という同名で、ほぼ同じ内容の著作を残している。もっとも、それ以前すでに一〇世紀の前半以降、神学者たちはその著す神学書の末尾に、通常「イマーム論」(Imāmah)と題して一章を設け、カリフ制の原則と正統なカリフについて簡略に論じてきていた。ここでは、よく知られているマーワルディーの政治論について紹介しよう。

2　マーワルディーの政治思想

マーワルディーはシャーフィイー法学派の著名な学者で、九七四年にバスラで生まれ、一〇五八年にバグダードで没した。アッバース朝二六代カリフ、カーイム(在位一〇三一—七五年)の信任厚く、各地のカーディー(裁判官)を務め、また外交使節としても活躍した。その生涯は、シーア派のブワイフ朝の支配下でカリフ権が著しく失墜した時代に当たり、幸いにも晩年になってようやくスンニー派のセルジューク朝スルターンによって、その権威が回復されるのを見届けることができた。このような時代状況を見すえて、彼はその有名な『統治の原則』を書いたのである。その狙いは何であったか。それは、一方では、カリフ体制の理想を高く掲げて、アミールやスルターンたちにアッバース朝カリフの権威を承認させ、他方では、そのような理想とあまりにもかけ離れた現実を、法理論的に正当化することであった。そのようにして、ウンマと神との契約の有効性を論証しようとしたのである。

(1)　まず、イマーム職(カリフ職)の必要性について、開口一番マーワルディーは、「イマーム職は、宗教を守り、現世を統治するために、預言者の代理職として定められたものである。ウンマの中でそれを遂行できる者にイマーム職の契約を結ぶことは、イジュマー(合意)による義務である」と言う。

このことは多くのことを伝えている。まず、イマームはイスラムという宗教を護持し、それを現実に生かし、現世の秩序と福祉の増進に努めることを職務とする、ということである。そのようなものとしてイマーム職は、イジュマーによって(神意によって)ウンマに課された義務、つまり「集団的義務」(ファルド・キファーヤ)だということである。

次に、イマーム職は契約に基づく。イマームがその義務を果たす限り、イマームへの服従は全ムスリムの宗教的義務となる。こうしてマーワルディーは、イマーム職を便宜上ないしは理性によって義務とするハワーリジュ派やムータジラ派の主張を斥ける。

(2) イマームの選出は、一般のムスリムの選挙(イフティヤール)による。これは、イマームは先任イマームの直接的指名によるとするシーア派と対立する。もっとも、「選挙」とはいえ、その具体的方法について明確な合意があったわけではない。要は、ウンマの宗教的政治的指導者として、最も相応しいと誰もが認める人を選ぶということである。

(3) イマームに選ばれるための条件——①公正(アダーラ)、②自ら法的判断を下し得る知識(イルム)、③健全な五感と理性、④健全な五体、⑤人民の統治と福利厚生への関心、⑥聖戦のための武勇と気概、⑦クライシュ族の出身者。

(4) イマームの職務——①サラフ(父祖たち)の合意に基づく宗教の護持、②争い事の裁定と正義の実現、③治安の維持と安全の保障、④法に基づく刑罰の執行、⑤国境の防衛、⑥イスラムの宣教と敵対者への聖戦、⑦戦利品や喜捨の徴収と分配、⑧給与その他の必要経費の支払い、⑨官吏の任命、⑩国事の監督と国情の視察。

(5) イマームの廃位——以上に述べた「ウンマの権利」をイマームが守る限り、彼はすでに「神の権利」を果たしているのであるから、その状況が変わらない限り、ウンマは彼に服従し協力する義務を負う。マーワルディーはイマームの状況の変化——したがって、廃位の条件——として二点をあげている。すなわち、①公正さの欠如、②身体的欠陥、である。前者は、道徳的欠陥と信条的変節のことで、後者は、五感・理性における欠陥、身体諸器官の欠陥、および行動上の自由の制約のことであり、それぞれについて詳論している。要するに、その職務を遂行する上での重大な支障が生じた場合ということになる。

(6) イマームは、聖法が一つであるように、一人でなければならない。「二つの地方で二人の人物にイマーム位が別々に与えられた時は、この両人のイマーム位は無効である。なぜなら、たとえ一部の人びとが独自にイマームの有効性を認めたとしても、一時に二人のイマームがウンマに存在することは許されないからである」(強調は引用者)として、複数のイマームの存在をマーワルディーははっきり否定している。これは、シーア派のイマームはもとより、コルドバのカリフを否定して、バグダードのアッバース朝カリフの正当性を明確にしたものである。

以上が、マーワルディーの考える理想的イマーム(カリフ)のあり方である。しかし、このような理想論は現実とあまりにも違いすぎる。だからといって現状を理想に合わせて変革することも、現状を非合法として断罪することも、非現実的であり不可能である。そこで、実務家でもあったマーワルディーのとった道は、現状を法的に追認することであった。

まず、イマームの選出方法であるが、すでにそれはウマイヤ朝以降世襲化されていて、選挙の原則は有名無実となっていた。そこでまずマーワルディーは、選挙の方法を大きく選挙人による選挙と、先任カリフによる選定(アフド)の二つに分ける。

(1) 選挙人による選挙――選挙人(「結んだり解いたりする人びと」とも呼ばれる)の条件として、イマーム選出の判断における公正さ、イマーム選出に必要な知識、見識と叡智、をあげる。そして、イマームの居住地にいる人びとがイマーム選出に事実上関わるが、それは聖法上の規定によるものではなく、慣行(ウルフ)によるものだとする。その数についても、正統カリフ時代の前例に倣い、その下限数を五人、さらには一人でも有効である、とする意見を紹介している。

(2) 先任イマームによる選定については、それはイジュマーによって適法である、としている。すなわち、アブー＝バクルとウマルの先例に基づくイジュマーである。その際、選定されるのが自己の息子ないしは親でなければ、選挙人の同意がなくても、一般のムスリムの承認と忠誠の表明（バイア）を行うことができる、としている。他方、息子か親の場合でも、イマームは後継イマームの選定において他の誰よりも権限をもっているので、さまざまな対立的見解はあるが、結局、被選挙人の同意によってその選定は確定するとしている。こうして、ウマイヤ朝以来のカリフ職の世襲化は、一応の法的説明はつくのである。

カリフの条件についてはどうか。まず、客観的に明白なことは、血統（クライシュ族出身）と五感・五体の健全であるが、これについては問題はないとして、他の公正、知識、行政能力、勇気などについての客観的判断は難しい。かりにそれらに欠けるとしても、有能なワジールの補佐があれば、問題はない。たとえカリフ自身が、ワジールの意のままになる存在であっても、それは、ワジール職を「委任のワジール職」と「執行のワジール職」の二つに分けた場合の、前者に該当するもので、法的には問題はない。つまり、イマーム自身が国事の取り扱いの全権をワジールに委任したということであるから。

イマームの機能についても同様であるが、ここで問題になるのは、イマームの意志とは無関係に、実力で各地に支配権を確立したアミールやスルターンの取り扱いである。本来、アミール職は、軍事上の特定の目的（聖戦、巡礼団の警護、首都の防衛など）のために任命されるものか（特殊アミール職）、あるいは特定の地域における軍事・行政・宗教上の全権をイマームから委ねられたもの（一般アミール職）であった。

マーワルディーはこの「一般アミール職」を「資格のアミール職」と「征服のアミール職」の二つに分け、前者はいわゆるアミール職としてイマームが選任するものである。これに対して、「征服のアミール」は武力によって成り上がったアミールであり、必要やむを得ざる事情によって認められるものである。とはいえ、それは無条件ではない。すなわち、預言者の代理職としてのイマームの地位の保持、イマームへの服従、など七項目の条件が承認されなければならない。そして、これらの条件も現実にはほぼ充たされているのである。すなわち、「征服のアミール」たちは、彼らの鋳造する硬貨にカリフの名を刻印し、金曜の集団礼拝のフトバ(神への賛嘆と祈願)にその名を表明することによって、カリフへの恭順の意をあらわし、代わりに自己の政治支配の正当性の根拠として、カリフからアミールやスルターンの称号を付与してもらっていたのである。このようにして、両者の「協約」関係は成立した、とみなされたのである。

「異常なる」政治的現実は、このようにして合法化された。しかし、それはその後の限りなき現実への妥協の第一歩であった。

3　ガザーリーの政治思想

マーワルディーが死亡した同じ一〇五八年に生まれたのが、ガザーリーである。彼にとっての最大の関心は、どのようにして来世で神に「会う」かであり、現世はそのために心を浄化して準備をする場であってみれば、それが可能である限り、イマーム論そのものは実質的に大して重要なことではなかった。重要なことは「宗教の秩序」(niẓām al-dīn)であり、これは知と神への奉仕(ʻibādah)にある。この両者は、健全な身体と困窮からの自由によって確保される。そのために「現世の秩序」(niẓām al-dunyā)が必要なのであり、それは人びとが服従するイマーム(imām muṭāʼ)によって初めて可能となる。イマームが必要なのはそのためであり、それはあくまでも手段に過ぎない。

ちなみに、ガザーリーはその著『神学綱要』(*al-Iqtiṣād fī'l-Iʻtiqād*)では、イマーム(カリフ)という呼称にこだわらず、「人びとの服従するスルターン」(sulṭān muṭāʼ)という表現を用いており、しかも「スルターン」はこの場合、称号というよりも「政治権力」という一般的意味を表し、「宗教とスルターン（政治権力）は双生児であり、宗教が基礎で、スルターンはその護衛である」とのイラン起源の格言を引用しているように、イマームへの積極的関心はなくなっている。ちなみに、セルジューク朝スルターン、マリクシャーの子、ムハンマド（ないしはサンジャル）に献呈されたとされる、彼のペルシア語の『諸王への助言』（*Naṣīḥah al-Mulūk*）は、もっぱら現実の政治権力者に対して、具体的にどのように政治を行うべきかについて論じたもので、「帝王の鑑」文学のジャンルに属するものであるが、この著作は最近、ガザーリーの作ではないということが明らかにされた。

ガザーリーのカリフ論が最も詳細に展開されるのは、アッバース朝カリフ、ムスタズヒルに命じられて執筆したと彼が言う、『ムスタズヒルの書』である。この書は元来、バーティニー派批判の書であり、特にその派の「不可謬のイマーム」論を批判したものであるが、その最後の二章で、唯一の正当なイマームはムスタズヒルであることを証明する中で、イマーム論を展開している。

まず、イマームは人間に対する「神の代理人」（khalīfah Allāh）であり、そのようなものとして知事やカーディーを任命し、神の法を実施する。したがって、イマームがその地位に相応しい条件を充たし、その職務を果たさなければ、その存在は不法なものとなり、したがって知事やカーディーの任命も不当となり、彼らの統治や決定は無効になり、生命・財産に対する処置も無効となって社会は混乱し、聖法の根底が失われる。要するに、イマームの存在がいつの時代にも不可欠なのは、それがイスラム法的な合法性の源泉だからだというのである。

まず、イマーム（カリフ）の選出について、一般に指名と選挙の二つの方法があるが、シーア派の「指名」は認められないので、残るのは選挙である。では、誰が選ぶのか。ガザーリーにとって、イマームを選んで契約関係に入る条件は、実力（shakwah）を保持して人心を収攬し、利害の衝突や意見の対立を調停したり除去したりすることである。したがって、イマームの選挙人の数そのものは重要事ではない。一人の「実力の保持者」であっても、彼が

「服従される者」(muṭāʿ)であればよい。彼が推挙してバイアをする者であれば、全ムスリムもそうすることになるし、したがって選ばれたイマームも「服従された者」となる。要するに、権力者がイマームを決定できるということである。

ただ、このようにしてイマームが人心を収攬するということは、容易にできることではない。神の恵みがあって初めて可能になることである。したがって、そのようにして選ばれたイマームは、神の選択によるものである、ということを強調するのが特徴的なことである(このことは、ガザーリーがイマームを「神の代理人」と呼んだ事と無関係ではないであろう)。

次に、イマームの資質について、ガザーリーはこれを六つの生得的性質と四つの後天的資質に分けて論じる。まず前者については、①成年、②理性、③自由、④男性、⑤クライシュ族出身者、⑥健全な聴覚と視覚、をあげ、後者については、⑦武勇(najdah)、⑧行政能力(kifāyah)、⑨知識、⑩敬虔さ(waraʿ)をあげる。

以上の条件で目新しい点は、成年、自由、男性ということであるが、これはすでにマーワルディーの条件の中に暗黙の前提とされていることである。ただ、「武勇」については、これは「実力(軍事力)の表示」(ẓuhūr al-shakwah)のことであるが、それはイマームに服従するトルコ人(セルジューク朝)によって代用されているとする。カリフが自ら政務を執り、軍の指揮に当たることは当然であるが、そうでなければ意見と指示だけを与えて、「手近なこと」について相談を受けるだけでよい。「遠隔地の問題については、信頼できる識見の保持者にそれを委ねることもできる。それが時代の現実である」とも言っている。「行政能力」には知性と聡明さが前提とされるが、これも優れた意見や経験の持主に相談することによって補うことができる。「知識」についても、ムジュタヒド(独自の法判断のできる学者)である必要はなく、必要な法学上の意見についてはウラマーに聞けばよい。その際必要なことは、学者に意見を聞くだけの「敬虔さ」があるということになる。

次に、イマームの職務についてみると、ガザーリーはこれを「宗教的職務」として、知的職務と行政的職務の二つに分け、前者を主たるものとして四項目、後者を従として一一項目あげている。まず「知的職務」として、①人間の創造の由来と目的、②来世への旅の糧は神への懼れであり、それは心の問題であること、③神の代理職の意味は民人の心の改善にあること、④人間は天使と動物の中間的存在であること――以上について知ることだとする。「行政的職務」については、具体的な職務ではなく、例えば、命令に当たっては自己に不快なことは他者にも不快であることを知ること、またその際、ウラマーの意見を聞くこと、華美を避けること、礼拝を怠らぬこと、民人の満足を自己の満足とすること、など統治者として必要な倫理的規範を述べたものである。

以上に述べたことからわかるように、アッバース朝初期までみられた、宗教的・政治的指導者としてのカリフの姿はもはやそこにはない。かといって、専門の法学的知識をもった宗教的指導者でもなく、精神的存在といってもシーア派のイマームほどではない。要するに、カリフはイスラム的統治の法的正当性の象徴的存在になりつつあったのである。

この『ムスタズヒルの書』はカリフの命令で書かれたために、表現にかなり気を遣っていることがわかるが、後の『宗教諸学の再興』になると、記述はもっと直截になる。すなわち、カリフは、アッバース家の者のうち、軍事力の保持者でバイアを表明する者がなる、としている。また、スルターン(アミール)について、いかに無知・不正(al-ẓālim al-jāhil)であっても、彼は軍事力の支えをもっており、彼を排除しようとすれば大混乱が起こると予想される場合は、それに従うことが義務である、とする。それは、平和と安定という福利のためであって、小利を求めて元手を失ってしまってはならない、と警告する。ここには、正義を求めて社会を変革しようとした古典イスラムのエートスはない。今や関心は来世に移り、現世はそこに至るための一夜の宿りにすぎず、人はそこで心の準備をするのである。カリフ(政治指導者)は最小限それができるような社会的安定を保障すればよいのである。

このガザーリーの現実主義的アプローチを、さらにその限界まで徹底させたのがイブン＝ジャマーア(一三三三年没)だと言われる。彼はアッバース朝カリフ体制がモンゴルの侵攻によって崩壊し、十字軍侵入後の混乱の中で、アッバース家の末裔がカイロのマムルーク朝の下でかろうじて名目的存在を続けている時代に、エルサレム、カイロ、ダマスカスでカーディーを務めたシャーフィイー派の法学者である。

その基本的立場は、「スルターンによる四〇年の専制は、一時間の無政府状態よりよい」という言葉に端的に表されている。その最大の関心はウンマの統一と安定であり、その観点から古典理論に見られたカリフ廃位の項目は引き降ろされる。カリフの選出については、ガザーリーに従いながら選挙と実力の二つをはっきりと認め、前者に先任イマームによる選定を加える。しかし、イブン＝ジャマーアがそれまでの法学者たちと異なるのは、第一に、スルターンがイマームを実力で選出することに留まらず、自らがイマームとなる可能性をも認めたと言うこと、第二に、叙任の儀式があれば、ウンマとイマームの間の契約という確認は不要としたことである。つまり、力による強行がすべてを決定するということが認められたのである。

これに対して、ほぼ同時代にシリア、エジプトで活躍したハンバリー派の法学者、イブン＝タイミーヤ(一三二八年没)は『イスラム法による統治』(*al-Siyāsah al-Shar'īyah*)を著したが、その中でイマームについての議論は影を潜め、神への帰依の形式としての古典的シャリーアの遵守の中にイスラムの理念の実現をみようとした。そのようにして彼は、共同体と個人の生活の改革を説いた。シャリーアは神の意志の現れである以上、それは個人の理想的行為規範であるだけではなく、またそれは力によっても強制されなければならない。そのような存在として政治的指導者は認められるが、それが具体的に誰であるかはさし当たって問題ではないのである。その影響は、一九二四年のカリフ制度廃止後の今日、ファンダメンタリストのイスラム国家論の中に強く見られる。

第二章　スーフィズムとガザーリー

第1節　スーフィーとしてのガザーリー

1　スーフィズムの流れ

「スーフィー」の語源は、スーフィズムと禁欲主義（ズフド）の密接な関係を物語っている。学者の中には後者をも前者の中に含めて、スーフィズムを広義に考える者もいるが、両者は一応区別すべきであろう。例えば、ウマイヤ朝期の代表的知識人・説教者であり、有名な禁欲家でもあったハサン・バスリー（六四二―七二八年）は、ある日、千年の間地獄で罰を受けてようやく救い出され、天国に入れられた人（イスラムには煉獄はない）の話を聞いてさめざめと涙を流し、「ああ、せめて私もそのような人になれたら……」と長嘆息したと言われる。また、フダイル・イブン＝イヤード（八〇三年没）も禁欲家として知られているが、生涯笑ったことのない人で、彼が死ぬと世の中から悲しみが消えたと言われた。これからわかるように、禁欲主義の主調音は恐怖、懼《おそ》れであると言ってよいであろう。

これに対して、スーフィズムの場合はどうであろうか。例えば、有名な聖女ラービア（七一四―八〇一年）は祈りの中で次のように言ったとされる。

おお神よ、もし私が地獄の恐怖からあなたを礼拝するのでしたら、私を地獄で焼いて下さい。
もし私が天国が欲しくてあなたを礼拝するのでしたら、私をそこから追放して下さい。
しかし、もし私があなたご自身のためにあなたを礼拝するのでしたら、どうかあなたの永遠の美をお取り下げにならないで下さい。

（ニコルソン『イスラムの神秘主義』）

ここに見られるのは、もはや神の怒り、地獄の罰に対する恐怖ではない。ラービアが求めているのは自己の救済ではなく、神だけである。ひたすらなる神への無私の愛と信頼、愛における神との一体化である。あるスーフィーは端的にこう言っている、「宗教的義務を怠ることは不信仰（クフル）であり、そのような義務行為を義務と考えて行うことは二元論である。もし『汝』が存在して『彼（神）』が存在するなら、『二』が存在することになる。それは二元論である。汝は汝の我性を完全に捨て去らねばならない」と（R. A. Nicholson, *Studies in Islamic Mysticism*）。

こうしてスーフィーは、神と自己との二元的対立を超えたところに神信仰の理想、すなわち真の神の唯一性（タウヒード）のあり方を見ようとする。このような境地は、スーフィーによれば、自我意識の完全な消滅の中での、神との二元的対立を超えた神秘的合一体験（ファナー）によって初めて可能になるのである。そのような境地に到達するには、神以外のすべてを否定しなければならないが、そのための修行が神秘階梯（マカーマート）であり、禁欲や清貧は「改悛」（タウバ）と共に、この中に位置づけられる。(1) スーフィズムとは、このような神秘修行（リヤーダ）や神秘体験（ファナー）、およびこの体験の思想的表現である神秘思想からなる複合的営為を指すのである。

スーフィーたちは当然ながら、預言者ムハンマドの啓示体験の中に神との「合一」の原型を見るし、確かに彼のヴィジョン(53：1-18, 81：22-29)や「夜旅」(17：1)(第三章第1節、注(37)参照)、さらには彼の生き生きした神意識の中に、われわれは「神秘主義的」なもの、そして後のスーフィズムの核となるべきものを見ることはできるが、彼をスーフィーと呼ぶことはできない。主観的にはともかく、歴史的にはスーフィズムはやはり八世紀後半以降の現象である。

そこで、その発生を促した要因や外的影響が探究されたのである。中でもキリスト教、ヘレニズム、インド思想や仏教との関係が熱心に究明された。確かに、このような外的影響があったことは否定できないが、それと並んで見落としてならないことは、スーフィズム発生時におけるイスラム史的背景、イスラム内部の事情である。すなわち、八世期末から九世紀前半にかけての時代は、アッバース朝の最盛期であり、さまざまな外的思想や文化の流入によって、イスラム文化が見事に花開いた時代である。だがそれは同時に、異端や異教に対する論争や護教の中で、コーランやハディースの中の、素朴ではあるが生き生きと描かれた人格的神と人間の関係が見失われ否定され、論理的整合性のみを追求する神学的思弁が高度に発達した時代でもあった。こうして神の超越性がますます強調される一方で、イスラム的国家の強調、および聖法の統一とその国法化に伴う形式主義があった。

例えば、前述したが、ハナフィー法学派の祖アブー＝ハニーファの高弟で、アッバース朝カリフ、ハールーン・ラシードの信任の厚かった大法官アブー＝ユースフ(七九八年没)は毎年末、妻に自分の財産を贈与し、後にそれを返してもらうやり方で、ザカート(喜捨)税を免れていた。このことが師のアブー＝ハニーファに伝えられると、彼は次のように言ったといわれる。「それは彼の法学のやり方であり、それはそれで(法学的に)正しい。なぜなら、それが現世の法学なのだから。しかし、それが来世においてもつ害はどんな罪よりも重い」と。

スーフィーたちは、神への服従の外的表現であるシャリーアのこのような形式主義化の傾向の中で、それを批判し、行為の内面性や動機と神の内在性を強調したのである。なぜなら、シャリーアとは本来、人間の神への服従・

帰依（イスラーム）を表現する、その形式なのだから。

このようなスーフィーの主張自体に問題はなかったが、やがて彼らは動機の純粋さを強調するあまり、それは自我意識の消滅による神と自己の二元的対立を完全に払拭するまでにならなければならないとし、そのために聖法に定める以上の特殊な修行や実践を行うようになった。さらに、それ以外の信仰のあり方に否定的態度をとるようになって、ウラマー（聖法学者たち）との対立を生み、スーフィズムは異端（ビドア）であるとして非難されるようになる。そして時には、国家権力と結びついたウラマーによるスーフィーの「殉教」という形をとることになった（例えば、ハッラージュ）。

このようなウラマーとスーフィーの対立をさらに助長した要因がいくつかある。第一に、律法主義に対して内面性を強調するあまり、聖法（シャリーア）の形式を無視したり、道徳否定的な言辞を弄するスーフィーが出てきたし、また中にはスーフィーの聖者は、聖法を超越していると公言する者さえいたことである。こうした公然たるシャリーアの無視や軽視は、その護持者を自任するウラマーの反発を招かずにはおかなかったのである。

第二に、両者が代弁する「知識」の内容の違いがある。ウラマーとは、元来「知識（イルム）ある者、学者」を意味するアーリム（'ālim）の複数形であるが、その知識とは、神が使徒に下した啓示および使徒のスンナについての知識のことである。この知識はその本性上形式的かつ客観的であり、誰でも学習によって学び得るものである。ウラマーとは、こうして知識を習得し、一般のムスリムに対して、正しい行為規範についての助言や指針を与える学者集団のことである。したがって、現実にはこの知識の所有者が、すべてその実践者であるということにはならないのである（また、スーフィーが非難するように、ウラマーのすべてが真の実践者ではないというわけでもない）。

これに対して、スーフィーの言う知識（マーリファ）は、特殊な状態の中で体験的に直観する知識である。したがって、そのような知識は自ら体験によって知る――主観的には、神から直接与えられる――しかないし、体験を共有しない者には理解できない。そこからスーフィーの中には、マーリファはイルムに勝ると主張する者が出てきた。しかし、マーリファの正当性を証明する客観的基準がない以上、そのようなことが容認されれば、イルムに基礎をおくイスラムの伝統とその共同体の秩序そのものが破壊され、自己の存在理由が失われるために、ウラマーはとうていこのような主張を認めることができなかった。

第三は、聖者の奇蹟の問題である。コーランではくり返しムハンマドはただの人間であることが述べられているが、その死後から彼を聖化する傾向が強まり、「奇蹟の執行者」としての地位が確立する。もし聖者にも奇蹟が認められるとすれば、両者の差がなくなるという危惧があった。さらに、聖者の廟を訪ねてその助力を求め、祈願や誓願をすることは聖者の崇拝であり、多神崇拝(シルク)の罪に当たる、との非難を招いたことである。

第四には、「われは神なり」「われに栄光あれ！」といった、神秘体験を端的に表現するスーフィーたちの言葉(シャトヒーヤート)が、神を僭称する冒瀆だとして誤解されたことである。事実はむしろ逆で、それは人間が限りなく自我を消去しその果てに、そこに働いている神の存在が顕わになり、その神が人の口を通して語っているのだと言われる。この「われ」は神的われであり、通常の「われ」ではないのである。したがって、それはむしろ最も徹底した自己卑下の表現だというのである。

他方、スーフィーとウラマーのそのような対立を異常とし、両者を融和させようとするスーフィーも出てきた。彼らは、スーフィーは本来聖法を無視するものではないとして、その正当性を弁護し、修行者の内的変化を理論的に整理し、真偽判断の基準を示した。サッラージュ(九八八年没)、アブー＝ターリブ・マッキー(九九六年没)、カラーバーディー(九九四年没)、スラミー(一〇二一年没)、クシャイリー(一〇七二年没)などのスーフィー理論家がそうである。

このようなスーフィーたちの理論的努力の中で、最も大きな役割を果たしたのがガザーリー(一一一一年没)である。彼は、多くのスーフィー護教家がしたように、ただ聖法の優越性を説き、スーフィズムがそれに反するものでないことを主張し、さらに預言者の奇蹟(ムージザ)と聖者のそれ(カラーマート)を区別して、前者が後者に優越することを説いて、スーフィズムをただ消極的に弁護しただけではない。彼は、最高のウラマーからスーフィーへの転向という自己の精神遍歴の果てに、結局スーフィズムの中にしか信仰の確信を見出し得なかったし、彼の時代状況の中ではそうでしかあり得ないということを明らかにしたのである。そのような観点から、一方では、イスラム諸学に新しい意味づけを与え、再活性化しようとしたのである。こうして、聖法並びに法学をスーフィズムの枠組みの中に位置づけようとしたのである。他方では、彼は、それまでいわばエリートのためにあったスーフィズムを、修行の方法をズィクル(称名)という形で平易化することによって民衆化し、全ムスリムのスーフィー化を実現しようとした。こうして彼の死後半世紀のうちに、スーフィズムは教団組織(タリーカ)という新しい形式で、民衆の間に拡大を始めるのである。

このようなガザーリーの活動の背景には、時代状況の大きな変化があった。一〇世紀の「シーア派の世紀」以来、ウンマの政治的分裂と社会的混乱はますます深まる。イスラム世界の東部では、一一世紀の中頃、セルジューク朝トルコによる再統一が見られたが、それも三代目スルターン、マリクシャーの変死に続く内乱によって、ウンマは再び分裂と混乱に陥る(これをさらに増幅したのが、一一世紀末から始まる十字軍の侵攻であった)。このような状態は、一二五八年モンゴル軍の侵攻によるアッバース朝の崩壊へと続く。この事件は、政治的に分裂し細分化していたイスラム共同体が、輝かしい統一帝国の夢を永遠に喪失したことを示す象徴的な出来事であった。

元来、「教会」としてのイスラム共同体は、政治・国家とは別次元のものであるが、聖法が「法」としても現実の市民生活に深く関わりをもってきたために、その執行機関としての政治権力が必然的に要請されたように、この共同体はそれまで政治と密接な関係をもっていた。そこから、政治的分裂や社会的混乱が当然イスラムのあり方にも影響をもってくる。

そのように混乱した歴史状況の中では、伝統的なイスラムがそれまでムスリムの宗教的情熱を引き出してきた、聖法による――神のよしとする――理想的な共同体を地上に建設することは、あまり現実的意味をもち得なくなってきた。むしろ形式よりも内心に注意を向け、自己の内面に沈潜し、己れを無にすることにより、そこに神を見出すスーフィー的な信仰のあり方がよりリアルに感じられるようになってきた。このようなスーフィズムの拡大傾向をさらに助長したのが、啓示や聖法の内的意味(バーティン)を強調するシーア派の活動であった。

このような時代を生き、活動したのがガザーリーであったが、その生涯についてはすでに述べたので、ここでは省略する。

2　ガザーリーのタウヒード論

タウヒード(tawhīd)、すなわち神の唯一性とは、元来、「アッラーの外に神はない」と告白し、崇拝すべき神はアッラーのほかにない、と信じることである。それが神学や哲学では、コーランやハディースに擬人的に生き生きと描かれている神の本質・属性・行為を、被造物と神との隔絶性という要請のなかで、いかに論理的に説明するか、ということについて言われるようになった。このような議論の中で、特に正統神学を代表するようになるアシュアリー派は、理性(アクル)を基準として神の正義(アドル)と超越性を強調するムータジラ派に対して、理性そのものを超越した神の絶対性を強調し、善であれ悪であれ、人間の行為であれ何であれ、存在するものはすべて神の直接的意志と力によるとした。

他方、スーフィーたちは、自我意識の「消滅」(ファナー)による神への没入という神秘体験の中にタウヒードの完全な実現を見出した。

ガザーリーは、このアシュアリー派の神学思想とスーフィズム的タウヒードとを結合したのである。言い換えれば、アシュアリー派のタウヒード思想を単に思想として理解するだけではなく、それを「確信」(ヤキーン)にまで高め、自己の血肉としなければならないとし、それはスーフィーの説くファナー体験によって初めて可能になるとしたのである。(最近・宗教・政治・経済・社会・文化など、人間生活の全体を不可分の一体のものとしてみること、それがタウヒードである、との言説がしばしば研究者の間に見られるが、それは、最近の、特に原理主義的ムスリムの主張を代弁しているにすぎない。)

ガザーリーはタウヒードを四つに分ける。

第一は、口先だけのタウヒード。告白者は内心ではそれを否定しているか、あるいはその意味を理解していない。このようなタウヒードでも、現世における告白者の生命・財産の安全は保障されるが、来世では何の役にも立たない。

第二は、一般庶民と神学者のそれ。彼らはタウヒードを信じており、少なくとも知的次元ではその意味を理解している。しかし、その教義は心の片隅に触れている程度で、その奥深くに根を下ろした不動の確信にまでなっていない。したがって、将来、罪や異端によって信仰が弱まれば、来世の罰から安全ではなくなる。この場合、一般庶民と神学者の違いは、後者が難解な用語や複雑な議論を用いて正統教義を異端から弁護する専門家だというにすぎない。内面を見れば、両者はまったく同じであるとするのである。

第三は、エリートのタウヒード。それは、タウヒードの意味を知的にではなく、直接体験(ザウク)によって悟得することである。すなわち、神秘的開示(カシュフ)や観照(ムシャーハダ)によって、「唯一絶対の神のほかにいかなる行為者もなく、すべての存在——被造物・糧・生殺与奪・貧富その他、名のあるものすべて——の唯一なる創造主・造物主は神である。神はそれらの創造においていかなる仲間も要しない」(『宗教諸学の再興』。以下『再興』と略記)ということを、確信し悟ることである。すべての被造物と、人間の行動は、神の意志と力に完全に服従するもので、神の永遠なる予定実現のための単なる手段・道具にすぎない、ということを悟ることである。このような確信をもつ人は、「多なる現象界を見ても、これらの多性は唯一なる絶対的支配者からのみきている」(『再興』)とみる。ガザーリーが多なる現象界は直接に一者よりくると言うとき、それは単なる言葉だけではなく、不動の確信、強い内的権威として人の心を捉えているのである。

第四は、エリートの中のエリートのタウヒード。これは「存在するものとしては、一者以外何ものもみない」(同書)人のタウヒードである。

彼らは一者以外何ものもみないし、また自己自身すらみない。彼らはタウヒードの中に没入しており、そのため自己自身さえ気づかない。その時、彼らはそのタウヒードの体験の中で自己自身から死滅している。つまり、自己をみ、他の被造物をみることから死滅しているのである。(同書)

言い換えれば、神秘的観照の客体(神)が主体の心を完全に包摂しているために、彼はまったく自己を意識しない状態である。対象のみが心を占めている。もっと正確に言えば、主体は客体についての自己の意識をもっていない。なぜなら、彼は自己自身を意識していないが故に、ある対象を自己が意識しているという意識はない。したがって、客体を彼が観照しているという意識はない。このような状態においては、観照の対象、観照の主体、および観照行為の間の区別は存在しない。自己は完全に対象になりきっている。要するに、この第四のタウヒードとは、観照、開示、あるいはファナーと呼ばれる神秘的合一体験、神の中への完全な自己消滅体験を指すことがわかる。したがって、第三のタウヒードは、長くは続かないこの第四のタウヒード、つまり異常な開示体験によってタウヒードの教義を悟得し、通常の意識状態に戻った人のタウヒードであると言える。

ところで、存在するものは神とその属性・行為である、とガザーリーはしばしば言うが、神以外の存在については、存在論的には、「神以外に存在するものはない。存在するものはすべて(神の)力という光に対する影のようなものである」(『四〇の書』)とする。真の存在者は神だけであって、神以外のものに対して「存在」(ウジュード)を語るのは比喩としてである。「存在」の語が創造主と被造物とではその意味が異なる。神以外の被造物では、その存在は神の存在からの派生であり、従属的存在であるが、神のそれは本来的存在である。これは「知識」「意志」「力」などの語についても同様である。ところが、言語は本来被造物のために創られたものであり、したがってそれを神に用いるのは借用、比喩、転義としてである。

神以外の存在の非実体的性格を最も強調して述べたのが、『光の壁龕』(*Mishkāt al-Anwār*)である。その中でガザーリーはこう述べている。

他によって存在するものは、その存在を他から借りているのであり、自立的ではない。その本質からみた時、それは純粋無である。その存在はただ他との関係においてのみであって、真の存在ではない。この意味で真の存在者は神であり、真の光は神である。ここから真知者たちはさらに真実の丘を上昇し、頂点に達する。そこで彼らは、存在するものは神のみであること、「神の御顔以外はすべて滅びる」(28:88)ということが、実際に開示されるのである。つまり、それはある時に滅びるというのではなく、永遠に消滅しているのである。神以外のものはすべてその本質からみて純粋無である。他方、真実なる第一者から存在がそれに流れ込んでいるという観点から言えば、神以外のものは存在者と考えられるが、それはそれ自体においてではなく、存在付与者に従属するという面からみてということである。こうして、存在者は至高なる神の御顔のみとなるのである。

このように、神以外のものはその存在を、神から直接得ている。しかし、神の存在付与はけっして恣意的に起こるものではなく、一定の順序に従っている。ガザーリーは『宗教諸学の再興』の中で、「出来事があると、それを生み出すものが不可欠である。出来事が異なれば、それは原因も異なることを示す。これは原因と結果の関係の中で、神の慣行として知られるものである」と言っている。彼によれば、原因―結果の必然的関係は否定され、「原因」も「結果」もすべて直接的に神の力に帰せられ、神がすべての出来事の直接的原因、真の意味の原因とされる。この点を彼は、哲学者の因果律批判の中で論証している。

「原因」と「結果」の関係の必然性はこうして否定されるが、他方では、「神の慣行」としてその恒常性が強調される。こうして人間は、「神の慣行」に依拠して行動し、目的を実現することができるし、またそうしなければならない。その際重要なことは、「原因」「結果」にのみ信頼し、真の原因を無視しないことである。

雨は作物を生育させ、雲は雨を降らせ、風は船を動かす。そこで人は、「原因」としての雨・雲・風にのみ依存しがちである。しかし、それは誤りで、真実はこれらすべてが神の意のままに動かされているのであって、自ら動いているのではない、ということである。すべての動者は、究極的には「第一動者」、不動の動者に帰着する。このような第一動者としての神の世界支配をガザーリーは、礼拝の時を告げる水時計の仕掛けに喩えている。[2]

同様に、天空、天球、星辰、地球、大海、空気などの宇宙の巨大な物体は、まさに壮大な神の予定を実現するための道具であり、装置である。「植物の栄養摂取は、水、空気、太陽、月、星々によってしか完成しない。それが完成するのは、それらが固定されている諸天球によってである。諸天球が完成するのは、その運動によってであり、運動は天の天使がそれを動かすからである。こうしてそれは遠い諸原因にまで至る」とガザーリーは『再興』の中で言っている。

このような神の普遍的創造作用は自然界にだけ言えるのではなく、人間についても同様である。ガザーリーの偶因論によれば、すでに前述したように、人間がある行為をするまでには、通常、大きく分けて次のようなプロセスをたどる。「知識」→「意志」→「力」→「運動」である。つまり、あることについての知識と判断が人間の中に生まれると、ある行為をしようとする意志が生まれる。その時に力が生じ、それが行為へと続く。これら一連の事象は、後のものが前のものから必然的に生まれてくるように思われるが、そうではない。それらはすべて、神の「永遠なる力」による。

しかし、たとえ神の力の直接的作用によるにしても、人間の行為を含めて物事の生起には、一定の順序がある。すなわち、神の力から直接的に人間の「意志」が単独で生まれることはなく、知識や情報があり、それに基づく思考や判断が先行しなければならない。そのような営みがなされるのは通常、生きた人間であるから、「生命」が前提とされる。さらにこの生命が存在するための「生命の基体」が前提とされる、といった具合である。そしてこの人間の「知識」も一定のルートを経て獲得されるが、神の力の作用下にあり、究極的には神の知と意志に帰着する。ガザーリーはこのことを、白い紙の上に字が書かれるのを見た蟻が、その理由を尋ねてペンから指、さらに人間の心の働き、天使、神の力から、ついに神そのものに至る、という比喩で説明している(3)。

このように人間の行為は一定の順序に従って遂行されるが、その過程における諸事象はすべて完全に神の力の支配に服している偶因である。そしてそれらは究極的には神の知と意志に帰着し、神はこれらの偶因を通して自己の意志を実現していくのである。この知と意志が永遠であれば、すべては予定されているということになる。

ガザーリーはこれをコーラン的用語、「天の書板」(85：22-23)を用いて表現する。つまり、天地創造から復活に至るまでの神の予定(カダル)がすべてこの「書板」に書き記されているのである。ガザーリーはこの「書板」を建築家の設計図に喩えて説明する。建築家は家の図面を予め紙に書き、それに従って家を建てる。それと同様に、天地の主は創造から復活に至るまでの世界の出来事をすべてそこに書き込んでいるのであり、それに従って世界を創り出す。現象界はこのモデルの写しなのである。

このようにすべては、人間の知らないところで必然的なものとして予め定められており、人間はそのようなことが起こる場所、基体にすぎない。人間に起こること、そして行為はすべて彼自身から出るものではなく、彼以外のところから来るという意味では、他の被造物と同様、人間は「強制されている」(マジュブール)のである。

他方、人間は行為主体として自己の行為を自己の意志で自由に選択する「選択者」(ムフタール)でもある。それは、彼が理性によってある行為がよいと判断した後に強制的に起こる意志の場所となる、ということである。そしてこの意志とは、まさに彼の自由なる意志でもある。そこから、人間は「(自由に)選択するように強制されている」と表現されるのである。

これをアシュアリー派の「獲得」(カスブ)理論では、「人間は神が創った行為を、同じく神がそのために創った力で獲得する」と表現する。言い換えれば、人間の行為には、行為者が二つある。王の命令で首切り役人が罪人を殺した場合、殺害者(行為者)は王であり、また首切り役人でもあるのと同様に、人間の行為に対する行為者は神と人間ということになる。しかし、タウヒードとは、神以外の行為者は存在しないことの告白であるから、真の行為者は神であるということになる。ガザーリーはこのような人間を、操り人形に喩えている。子供は人形が自分で動いていると錯覚しているが、それは人形を吊している糸を見ないからである(『再興』)。このようなタウヒードの真理を直観するのが、スーフィーの神秘体験(ファナー)である。

3　神秘直観と啓示

神の普遍的支配とその主性は、単に知的に理解すべきものではなく、現実に悟得し、それを「確信」にまで高め、自己の血肉として生きるべきものである。スーフィーは、それをまさにファナーと呼ばれる神秘体験の中で直観するのである。

ファナー体験は通常は長くは続かないが、神との直接的出会いというこの至上の歓喜は、スーフィーの心に強力な作用を及ぼす。自己を完全に無にして初めて得られるこの体験は、神の特別な恩寵として、一方的に与えられたものとしてしか理解できない。スーフィーの心は、そのような神に対する感謝と感激に満ち溢れる。そしてそれは、神のために、また「彼」との再会の歓喜を今一度享受するためには、いかなる自己犠牲をもいとわぬほど強烈な思慕(シャウク)として表される。今や何を見てもそこに神を見、思いは常に神のもとに帰る。このようにしてスーフィーは直接知(ザウク)により神を知れば知るほど、神への愛はますます烈しくなる。

こうして神への愛(マハッバ)は熱愛(イシュク)に変わり、さらには神への親近感(ウンス)へと発展する。しかし、この段階に至ってもスーフィーの神への思慕は終りにならない。というのは、人間の現世での生存そのものが、不断の、そして完全な神秘的観照(ムシャーハダ)を不可能にしているからである。どれほど高い境地に達した者でも、人間の現世的存在そのものからくる諸要求を無視することはできない。その意味で、世俗との絆を完全に断ち切ることは不可能であり、それが純な瞑想を乱し、注意を逸らす。したがって、完全な「見神」(ルーヤ・アッラー)、「神との接見」(リカー・アッラー)は、スーフィーが現世的存在の絆そのものから、肉体から解放される来世においてのみ可能である(もっとも、神の無限性・超越性を考えれば、来世においても「完全なる見神」は不可能であるが)。いずれにしても、人間の最高の喜びと至福は来世において初めて可能となるものである。これが人間の究極の目的なのである。

現世での人間の生活は、この目的のための準備にすぎないが、単なる否定的価値しかもたないものではない。現世において神を知り、神を愛することが多ければ多いほど、それだけ来世における至福直観(見神)はより完全になる。他方、現世の愛に縛られていれば、人間の霊魂は肉体を離れてもなお現世への渇望に支配され、神の方へは向かわない。「人は現世での生活と同じ状態で死に、死ぬ時と同じ状態で蘇生する」と言われる。現世は、人間がその肉体を通じて心を浄化するための修練の場である。人間の肉体は「その心を神に似せる」ための道具なのである。このようにして、現世は人間の究極的目的との関連で初めて積極的な意味をもち、ファナー体験は終末論的意味をもってくる。このファナーこそ、来世におけるあの至上の幸福の一部を先取りして体験することにほかならないからである。

では、この神秘体験と啓示はどのような関係にあるのであろうか。これについて、ガザーリーは『誤り』のなかで、次のように言っている。

このような神秘体験を少なくとも自ら味わうほどに恵まれなかった人は、啓示(ヌブーワ)というものを言葉の上では知っていても、それが何であるかを真に理解することはできない。聖者の奇蹟は、実は預言者たちに現れる最初のものである。そしてこれが、〔断食と瞑想のために〕ヒラー山に向かった時、神の使徒に現れた最初の体験であった。

スーフィーが、自我の否定の極限である忘我の境地において体験し、直覚することと預言者の啓示とは、程度において格段の差はあるにしても、本質的には同一のものだというのである。スーフィーが神秘体験において垣間見る世界は、まさに預言者がそこから知識(啓示)を得ている世界、つまり不可視界(マラクート)である。したがって、スーフィーは自らそのような体験によって預言者の啓示の意味を理解し、その真実性についての不動の確信を得るのである。

この不可視界とは、人間が感覚や理性によって捉えることのできる生成・変化の世界(現象界・可視界)に対して、感覚や理性による把握を超え、言葉で記述し、表現することのできない不変なる世界、神の永遠なる予定の世界である。その意味で不可視界はまた、天地創造から復活に至るまでの、あらゆる出来事や事物の予定が記されている「天の書板」の世界とも言われる。

このように不可視界と現象界は隔絶しているが、両者は無関係ではない。前述のように、現象界は建築家が描くプランに従って建てられた建物のようなものであり、不可視界はまさにこのプランに相当する真実の世界である。つまり、現象界は不可視界の模写であり影なのである。この意味でガザーリーの不可視界はプラトンのイデアの世界に近いが、ただ大きな違いは、ガザーリーの不可視界は現象界と同様に、神の被造物だということである。

人間の肉体はこの現象界に属するものであるが、人間の本質である「心」(カルブ)は「神的なもの」として不可視界に属するものである。したがって、人間と神、現象界と不可視界の隔絶性にもかかわらず、人間は本来神を知り、愛し、また不可視界のことを窺い知ることができるし、またその本源的性質により人間の心は本来、肉体という異質なものの中にあって、その始源に戻ろうとするものなのである。ところが、通常の人間はそのような状態にはない。したがってまた、不可視界の存在すら気づかず、啓示の真の意味も知らない。それは、肉体の病気と同様に心が病んでいるからである。人間はこの世に生を受けている限り、その心は肉体の中、感覚の世界に住しており、この世での生存を維持していくための手段・道具として五体、感覚、理性などを必要とする。ところが、人間の心はやがて手段に過ぎないものに慣れ親しみ、それに目を奪われ、その虜になって自己の被造物性を忘れて神に背き、それ本来の面目を忘却してしまっている。要するに、来世を忘れて現世の愛に縛られているのである。そのような状態が心の病気なのである。これが普通人の状態である。

このような状態においても、通常の人間が不可視界の一部を垣間見て、その存在を知る機会がある。それは夢(ルーヤー)である。夢は今日考えられているように単なる生理・心理学的現象ではなく、不可視界からの通信なのである。人間の心には二つの知覚の「窓」があり、一つは感覚世界、他は不可視界に向かって開かれている。ところが、目覚めの状態では、現世のさまざまな欲望と感覚を通して入ってくる多くの刺激によって人間の心は乱され、それがヴェールとなって不可視界からの通信が妨げられている。しかし、睡眠中はそのような外界からの刺激が中断されるために、時として心の鏡に「天の書板」に書かれていることが映し出されることがある。それが夢である。しかし、不可視界からの知識はそのままではなく、現象界の象徴(ミサール)を通して伝えられる場合が多い。そこから夢解き(タァビール)が必要となる。これは、啓示に対して解釈(タァウィール)が必要なのと同様である。こうして、夢によって未来を予知したり、不思議な知識を得たりする。

これに対して、スーフィーは心の病を根本的に治すことから始める。それには、ほこりにまみれて汚れ錆びついてしまっていて、何も映さなくなっている鏡を磨くように、心を覆い尽くし、曇らせている汚れを取り去らねばならない。それは、現世への執着、傲慢、罪、自我意識を除去し、心を神の方に向けることである。そのような長い修行によって、磨き上げられた鏡面のように心が浄められ、己れを完全に無にして待つとき、神の特別の恩寵として、そこに不可視界が映し出され、それを垣間見ることが許されるのである。その時、理性によってはまったく予想できないような不思議な体験や知識(啓示)が与えられる。まさにそのようにして預言者は啓示を得たのであり、スーフィーはそれを追体験するのである。

預言者への啓示によって定められた儀礼的規範（イバーダート）は、そのような修行のための指針であり、心の病を治すための薬である。肉体の病気を治すための薬がさまざまな特性をもついくつかの成分から成っているように、預言者によって定められた宗教儀礼は、さまざまに異なった効果をもつ諸要素によって、一定の仕方で構成されている。例えば、礼拝（サラート）における跪拝（ラクア）の数（朝二回、午後四回など）の相違、巡礼の儀礼中の禁忌事項やミナーの谷での投石、あるいはその他の儀礼における細部の規定などがそれである。それらの各要素がなぜそうなのか、どのような意味をもち、心の病気にどのように作用するのかは、人間の理性では理解できない。ただ、「心の病気の医者」であり、そのことを啓示によって十分理解している預言者の指示に従うほかはない。

預言者によって明確に定められている宗教儀礼は心の薬であるが、その効力は理性の段階に留まっている人には理解できないもので、啓示の光に照らしてその特性を把握している預言者から教えてもらわねばならない。

（『誤りから救うもの』。以下『誤り』と略記）

したがって、普通の人間はそのような啓示の教えを、理解できないとして否定するのではなく、素直に受け入れなければならない。

汝も、経験したものだけを信用するということはないはずだ。他人が経験したことについて話を聞いた場合でも、汝はそれに従うではないか。それなら、預言者たちの言葉を素直に聞くがよい。彼らは聖法の伝えることすべてについての真実を、体験と神秘的観照によって得ているからである。そこで彼らの道を歩むがよい。そうすれば、神秘的観照によって聖法の真理をいくらかでも体得することができるであろう。（『誤り』）

スーフィーのいう神秘体験（ファナー）において、人は直接的に神を知り、正統教義（啓示）の真実性と聖法の意味を悟得し、信仰が確立する。預言者の伝える啓示はまたそのための「薬」であり、指針でもある。

こうして現世における人間の目的は、心を浄化し、来世における至福直観のために、この世にあって可能な限り神の直接知（マーリファ）を多くもつこととなる。

そのためにガザーリーは、各人の職業などの生活環境に応じて、それに相応しい簡便な修行日課（ウィルド）を定めている。それは、一昼夜を一二のウィルドに区分し、その各々に通常のムスリムが義務として行う儀礼行為のほかに、称名（ズィクル）・祈願（ドゥアー）・瞑想（フィクル）・コーラン読誦（キラーア）の「四行」をさまざまに組み合わせた形で配分し、それを実践することである。このようにして人は、常住坐臥、常に神を念じ、現世から離れるようにする。(4)

このようにして心を浄化した上で、道場の片隅に籠もり、「アッラー、アッラー」とか、「ラー・イラーハ・イッラッラー」（アッラーのほかに神はない）といった短い定句や神名を、口に出してくり返し唱え続ける集中的なズィクルの行にはいる。時には呼吸をそれに合わせたり、体を動かしたりもする。こうしていっさいの雑念を払い、精神を神に集中する。これがファナーに至る道である。

この〔啓示に〕至る道は、まず現世の絆を完全に断ち切り、心をそれから解放し、家族・財産・子供・国・〔世間〕知・権力・名声への煩わしさから解き放つことである。このようにしてスーフィーの心は、いかなるものでも、それが存在しようがすまいが、何の相違も感じないという境地に到達しなければならない。次に、道場に籠もり、定め以外の勤行にも励み、〔それから〕心を空しくし、注意力を集中して坐し、コーランを読誦したり、またその〔本文の〕意味を考えたり、伝承を読んだり、またその他の行為によって、その瞑想を乱したりしないようにしなければならない。次に、孤独の中で坐しながら、「神よ(アッラー)、神よ(アッラー)」と口に出してくり返しくり返し唱え続け、そして舌を動かそうとする自己の努力が消え、あたかも言葉だけが〔ひとりでに〕舌の上を流れるような状態に至るまで、心を集中し続けることである。次に、運動の痕跡が舌から完全に消えているのに、心はズィクルを続けているような状態になるまで、この行を続ける。さらにこの行を継続していくと、その言葉のイメージ・文字・形は心から消え、言葉の観念のみが、あたかも心に癒着したかのように、心から離れることなく残るようになる。スーフィーはこの地点まで、自分の意志と選択で到達し、そしてサタンのささやきの誘惑を斥けることにより、この状態を維持することができる。しかし、彼は自己の意志と選択で神の慈愛を引き出すことはできない。実際、なすべきことをなした後は、ただ神の慈愛の息吹きを坐して待つより他に何もない。そこでもし、スーフィーの期待が真実であり、彼の願いが純粋であり、その修行が健全であり、さらに自己の欲望が心を乱し、雑念が彼を現世の絆に引き戻すことがなければ、真実在〔なる神〕の光が心の中に照り輝く。この光は最初は雷光のようにすぐ消える。するとまた返ってくる。時にはそれが遅れる。またそれが返ってきても、時には長く続くことがあるが、また時には瞬時に終る。続く場合でも、長い時と短い時がある。それは、次々に幻影として現れてくる時もあり、一度で終る時もある。(『再興』)

このような実践が可能であるためには、社会の秩序が安定していなければならない。そして預言者は、啓示によって社会の正義と秩序のための法的規範(ムアーマラート)をも与えたのである。それが聖法(シャリーア)である。厳密に言えば、聖法には法的規範のほかに儀礼的規範(イバーダート)も含まれているが、この聖法の解釈に携わるのが法学者(ファキーフ)である。医学が個人の病気に関わり、それを癒して人間の現世における福祉に資するものであるように、法学(フィクフ)は人間の集団生活に関わり、それに規範を与えて秩序を維持すると同時に、人間同士の協力を可能にし、個人ではできない現世的福祉を実現させるのをその目的とする。このように法学の直接的役割は現世の福利であるが、現世は来世のための準備をするところであり、現世の生活に資するということは、その意味で「来世の学と隣り合っている」、つまり間接的に来世に役立つ学問だということである。(5)

このようなガザーリーによる法学および聖法の位置づけの仕方の中に、古典イスラムのあり方と異なる新しいイスラムのあり方を見る。すなわち、古典イスラムにおいては、神の命令に従って現世を生きること、それが正しい生き方であり、神のよしとする生き方であった。むろんそれは単なる形式的服従でもないし、完全無欠な服従(それは有限な人間には不可能)でもない。ただ過ち(罪)を犯せば、神に心から懺悔し、悔い改め、神の赦しを求める。そのような人格的交わりの中に信仰があるということである。

このように各人が命令に従順に生きることによって、地上に神の正義を具現する共同体の実現に参与すること、そこに来世における救いがあったのである。したがって、そこでは共同体(ウンマ)の秩序もさることながら、何よりも正義が重視されたのである。それと共に、当然ながら何が正義であるかを、啓示や預言者の教えの中から「理解」(フィクフ)することが第一義的に重要であった。そのような学的努力の成果が聖法(シャリーア)であり、そのような学問が「法学」(フィクフ)と呼ばれたのである。

ところが、いまや法学は、現世における人間の福祉にのみ役立ち、したがって来世には間接的にしか役立たない学問でしかなくなり、聖法も現世の秩序維持のための規範であるとされる。しかも聖法は集団生活のための法規範として、かりに人間が一人であれば、不要なものとされるのである。

この変化は大きい。それは何を意味するのであろうか。ガザーリーはけっして法学の意義や聖法を否定しているのではない。それらが人間にとってもつ意味が変わったのである。すなわち、古典イスラムにおいては、聖法は人間を神に近づける絆であり、その具体的な現れが地上の「神の国」、すなわちイスラム共同体(ウンマ)であった。ところが、古典時代末期からの政治的分裂と社会的混乱の中にあっては、聖法に基づく理想社会、「神の国」を地上に建設することの中に、信仰の表現を見出すことは事実上不可能となりつつあった。そのような時代においては、むしろ共同体よりも個人の内面に沈潜し、そこに神を見出し、神とそこで交わることの方がより現実的となったのである。

このような時代の流れの中でガザーリーは、自己の精神遍歴を通して、スーフィズムを単に擁護するだけではなく、それを基礎にしてイスラム全体の再構築と、スーフィズムの一般化・民衆化のための思想的・理論的努力をしたのである。

第2節　マッキーとガザーリーの修行論

はじめに

アブー＝ターリブ・マッキー(九九六年没)は、ガザーリーよりほぼ一世紀前の、有名なスーフィー理論家であり、説教者である。多くの学者が指摘するように、(1)マッキーの名は、特にその著『心の糧』(*Qūt al-Qulūb*)とガザーリーの『宗教諸学の再興』との関係で知られていた。両者の関係は、ガザーリー自身がその著『誤りから救うもの』の中で、彼が読んだスーフィー関連の著書の中で、マッキーのこの『心の糧』を最初にあげていることからも、明白である。(2)したがって、ガザーリーの『再興』がマッキーの『心の糧』の影響を大きく受けたとしても、それは当然であろう。しかし、管見の及ぶ限り、かつてラザルス＝ヤーフェ女史が、両書の最初の部分の対応関係を例示した程度で、(3)両者の影響関係、異同について詳しい研究はなされたことがなかった。本節で筆者は、両書の内容を簡単に比較し、ガザーリーのウィルド(修行日課)に関連して、彼がマッキーにどの点で影響を受け、どの点でユニークであるのか、を明らかにしたい。

1　『宗教諸学の再興』と『心の糧』

よく知られているように、『宗教諸学の再興』は大きく四部(rubʿ)に分かれ、各部はさらに一〇の書(kitāb)に分かれている。「儀礼的行為」(ʻibādāt)と題された第一部で、ガザーリーは知識(ʻilm)・学者(ʻulamāʼ)の意味とその重要性を明らかにし、正統教義の概略を説明し、さらに浄め(ṭahārah)、礼拝(ṣalāt)、断食(ṣawm)といった儀礼的行為の正しい仕方や功徳、そして特にそれらの内的意味と神秘について解説している。

第二部「日常の生活規範」(ʻādāt)では、食事、婚姻、交友、独居などの、ムスリムの活動と神への奉仕のために必要な日々の生活規範や倫理・道徳が扱われる。第三部「破滅への道」(muhlikāt)では、人間の本質(心)とその宇宙論的意味、その日常的状態、神への接近と来世における救いを妨げる人間の悪しき性格と、それを矯正する方法が明らかにされる。第四部「救いへの道」(munjīyāt)では、スーフィーの浄化の道において、人間の内面がたどる発展の段階(maqāmāt)と心の状態(ḥāl)が論じられる。

要するに、『再興』は、来世において「神に出会い」(liqāʼ Allāh)、「神を見る」(ruʼyah Allāh)ために、どのように日常生活を組織化し、内的霊的準備をすべきか、ということを包括的に論じた書である。そこでは、ムスリムの生活の全領域が扱われ、したがって関連する諸学がすべて論じられるため、それはまたイスラムの「スンマ」(諸学全書)でもある。

マッキーの『心の糧』も本質的には同じ性格のもので、神秘修行について論じている。しかし、その内容はそれほど体系的な構成になってはいない。全体は四八章からなるが、これらはいくつかのグループにまとめることができる。最初の一五章と二〇—二一章はさまざまな形態の礼拝(サラート)とウィルド(wird)を扱っている。第二のグループ(一六—二〇章)では、コーラン読誦(キラーア)が、第三のグループ(二三—三〇章)では、霊魂(nafs)・心(qalb)とその浄化が、第四のグループ(三一、三八章)では、「改悛」(tawbah)から「愛」(maḥabbah)に至るスーフィーの神秘階梯が、第五のグループ(三二、三三—三三章)では、イスラムの「五柱」と基本的信条が、第六のグループ(三九—四二、四四—四八章)では、日常生活の倫理・道徳が、それぞれ論じられる。残りの第三一章は知識と学者

（ウラマー）を扱っているが、それはまさに『再興』の第一部、第一書の内容と一致するものである。

要するに、『心の糧』の第一、第二、および第五のグループは、『再興』の第一部に対応し、第四のグループは『再興』の第四部に、第六のグループは第二部に、第三のグループは第三部の一部、つまり最初の二書に、それぞれ対応する。『再興』の第三部で論じられている人間の悪しき性格とその矯正・浄化は、『心の糧』では無視されている。同様に、『再興』で扱われている「聖唱（samāʿ）と忘我（wajd）」（一八書）、「善を勧め、悪を禁じること」（一九書）、「瞑想」（三九書）、「死と来世の観想」（四〇書）が抜けている。

さらに、『心の糧』では、同一の主題がさまざまな箇所で論じられている。例えば、礼拝（サラート）は九―一二章、二一章、三三章（第2節）、四三章で取り上げられている。これに対して、ガザーリーが一つの主題（例えば、礼拝）について論じる場合、まずコーラン、ハディース、初期の権威からの引用によって、その功徳と法的根拠を明らかにする。次いで彼は、礼拝の仕方、外的形式や作法、そしてその内的・精神的意味を説明する。このようによく整理された、体系的な記述は『再興』の特徴ではあっても、『心の糧』には見られないものである。後者には時に、何頁にもわたってコーラン、スンナ、初期の権威からの引用だけの場合もある。マッキーが理論的な議論や解釈をすることは滅多にない。第三五章で、彼が「イスラーム」と「信仰」（īmān）について議論を展開しているのは、その稀なケースの一例である。

思想については、『再興』と『糧』の間には多くの類似の考えや共通する用語がある。例えば、神秘階梯の理論のほか、「外的知識」（ʿilm al-ẓāhir）と「内的知識」（ʿilm al-bāṭin）、「現世の学者」（ʿulamāʾ al-dunyā）と「来世の学者」（ʿulamāʾ al-ākhirah）、「側近くのもの」（al-muqarrabūn）と「至誠者」（al-ṣiddīqūn）、「信仰」（īmān）と「確信」（yaqīn）、「天使の霊感」（khāṭir al-malak）と「サタン（敵）の囁き」（khāṭir al-shayṭān or ʿadūw）などの用語である。

とはいえ、ガザーリーはもちろん、常にマッキーに従っているわけではない。また、ガザーリーはマッキーの思想を、単により詳細にしたり、体系化したというだけでもない。両者の間には多くの相違や齟齬がある。例えば、「現象界」('ālam al-mulk)と「不可視界」('ālam al-malakūt)の観念は双方に見られるし、事実、A・J・ウェンシンクによれば[4]、そのような宇宙論的構造をガザーリーはマッキーから学んだと言われる。しかし、ガザーリーの宇宙論においては、ムルクとマラクートの中間に、「元型的イメージの世界」を意味するジャバルートが介在する[5]。ところが、マッキーにおいては、ジャバルートは「中間界」としてムルクとマラクートの間にあるのではなく、むしろマラクートの上にあるのである[6]。

さらにガザーリーはマッキーと意見を異にするだけではなく、『再興』の中で後者の批判もしているのである。例えば、「イスラーム」(islām)と「イーマーン」(īmān)の問題で、ガザーリーはマッキーが両者を同一視し、行為('amal)をイーマーン(信仰)の不可欠の要素とするのを批判している[7]。

2 ウィルド論

次に、われわれはガザーリーとマッキーのウィルド論についてみることにしよう。一般に、wird の語は、三つの意味に用いられる——①タリーカ(スーフィー教団)、②特殊な祈り、ないしは連禱、③スーフィー教団の「聖務日課」「修行日課[8]」。ここで用いる wird の意味は、この③の意味、すなわちスーフィーの「修行日課」のことである。つまり、一日全体をいくつかに区分し、その各々(wird)に特定の行《ぎょう》を割り当てるのである[9]。

ガザーリーは一日の昼時間(約一二時間)を七つのウィルドに分け、夜を五つのウィルドに分け、その各々に、彼が「四行[10]」(al-waẓā'if al-arba'ah)と呼ぶものを含めた、さまざまの行を組み合わせたものを割り当てている。

ウィルドⅠ(真夜中から夜の最後の六分の一まで)

これは、一眠りした後のサラート(tahajjud)の時間である。それにはまず、①目覚めの祈願(du'ā' al-istīqāẓ)、次に②着替えのための祈願、③トイレを使う時の祈願、④浄め(wuḍū')のためのズィクルと祈願、そして④サラート(礼拝)を行う。

ウィルドⅡ(夜の最後の六分の一から払暁まで)

これは、①暁前の軽い食事(saḥūr)、②罪の赦しを求める祈願(istighfār)の時間である。ガザーリーは食事の過程と赦しの祈願のためのズィクルと祈願のテクストを提示している。暁まで、コーラン読誦とサラートを続けることを勧めている。

ウィルドⅢ(払暁から日の出まで)

これは、①「夜明けのサラート」(ṣalāt al-fajr. 二ラクアの非義務的サラート)と②「朝のサラート」(ṣalāt al-ṣubḥ. 定めの礼拝)の時間である。これらのサラートおよびモスクへの歩行のためのズィクル、祈願、コーラン読誦用のテクストが示されている。

ウィルドⅣ(日の出から中午前まで)

「四行」のほかに、二つの行がこのウィルドに加わる。一つは、他の人びとに対する善行——病人の見舞い、近隣の葬儀への参列など——をなし、神への奉仕の道で手助けをしたり、講義や説教を聞いたり、等々。他は、ラクア二回、四回、六回、あるいは八回の「中午前のサラート」(ṣalāt al-ḍuḥā)を、太陽が空に高く昇った頃に行う。

ウィルドⅤ(中午前から正午まで)

これは、生活の糧を得たり、夜の勤行のための昼寝(qaylūlah)をしたりする時間である。商売は最小限に留め、余分の時間は神への崇拝と奉仕のために用いなければならない。生業に携わっている時でも、神の思念(dhikr)を忘れてはならない。この時間は、人の想いが神から非常に離れ易い時だからである。もし生計のために働いたり、また昼寝の必要もなければ、サラートとズィクルに専念しなければならない。

ウィルドⅥ（正午から「正午のサラート」まで）

(1) このウィルドは時間的に一番短いが、すべてのウィルドの中で最も功徳のあるものである。もしモスクにいるのであれば、浄め（ウドゥーウ）を行った後、そのまま残ってムアッズィン（礼拝の時を告知する人）の声に唱和する。それから、立ち上がってラクア四回のサラートやコーラン読誦や祈願（ドゥアー）を、アザーン（礼拝の告知）とイカーマ（モスク内でなされる礼拝開始の第二の告知）の間に行う。次に、

(2) 他のムスリムたちと一緒にラクア四回の定めの「正午のサラート」(ṣalāt al-ẓuhr)を行う。

(3) 「正午のサラート」の後、ラクア二回のサラート、続いてラクア四回のサラートを行う。その間、コーランの幾章かを読誦する。

ウィルドⅦ（「正午のサラート」終了から昼下がりまで）

(1) モスクにそのまま残り、礼拝やズィクル、その他の勤行に従事しながら、いつものように次の定めのサラートを待つようにするのが望ましい。というのは、この時間もまた、人の想いが神から最も離れ易い時だからである。

(2) 午前中に昼寝をしなかった者には、この間にそれが許される。

ウィルドⅧ（「午後のサラート」から太陽が黄色がかってくる時まで）

(1) 「午後のサラート」(ṣalāt al-ʿaṣr)のためのアザーンとイカーマの間にラクア四回のサラートを行う。次に、

(2) ラクア四回の定めの「午後のサラート」を行う。その後、

(3) ズィクル・祈願・瞑想・コーラン読誦の「四行」に専念する。特に、コーランをゆっくり読誦することが望

ましい。それによって祈願と瞑想とズィクルを同時に行じることができるからである。

ウィルドⅨ(太陽が黄色に変わる頃から日没まで)

(1) この時間は、それに相応しい行為としてウィルドⅢの時と同様、神を称え(tasbīḥ)、罪の赦しを請う(istighfār)のがよい。

(2) 日没前にはコーランの幾章かを選んで読誦することが望ましいが、太陽が西に没する時にはちょうど「罪の赦しを求める祈り」に従事しているようにするのがよい。

(3) ラクア三回の定めの「日没のサラート」(ṣalāt al-maghrib)を行う。

(4) 昼間の自分の心の状態と行為を反省する。

ウィルドⅩ(日没から夕闇せまる頃まで)

(1) 「日没のサラート」の後、直ちにラクア二回のサラートを行う。その間、各ラクア毎に、コーランの幾章かを読誦する(例えば、一一二章や一〇九章など)。その後、

(2) ラクア四回の礼拝を行い、そのまま夕闇せまる頃までサラートを続ける。

ウィルドⅪ(夕闇時から就寝まで)

(1) ラクア四回の定めの「夜のサラート」(ṣalāt al-ʿishāʾ)を行う。次に、

(2) ラクア一〇回のサラート(厳密には、「夜のサラート」前のアザーンとイカーマの間に、ラクア四回のサラート、「夜のサラート」のラクア二回と四回のサラートを合わせたもの)を行い、その間にコーランの幾章かを読誦する。次に、

(3) ラクア一三回のサラートを行い、その間、コーランの中から特定の三百ほどの節を選んで読誦する。

(4) もし就寝までサラートを続けるのならば、奇数回(witr)のラクアのサラートを行う。

ウィルドXII（就寝）

(1)　浄めを行う。

(2)　目が覚めると、再び神への奉仕と礼拝に従事するとの「意図」(niyah)を表明する。

(3)　いっさいの罪の懺悔。

(4)　就寝のためのズィクルと祈願。

(5)　コーランの特定の箇所（例えば、2：163-64；7：54-56など）の読誦が望ましい。次に、第一八章の最初の一〇節と最後の一〇節を読誦する。最後に、

(6)　心の中を今支配しているものは何かを吟味する。

以上が、スーフィー入門者が日々行うべき理想の生活パターンである。それは一種の修道院的「聖務日課」のようなものである。しかし、それは特定のムスリムのためにのみ定められたものではない。それは、日々、生活の糧を得るのに忙しい普通のムスリムのためのものでもある。彼らは、世俗的な仕事に忙殺されているが故にこそ、神を思念するための特別の規範が必要になるのである。そこでガザーリーは、仕事の違いに応じて、この基本的パターンのさまざまなヴァリエーションをも提示している。(11)

他方、マッキーはウィルドの問題を一三の章で論じていて（二―八章、一三―一五章、二〇―二二章、二四章）、章の数だけから言えば、『糧』の約四分の一を占めている。このことは、マッキーの修行論においても、この問題がいかに重要であるかを示している。

彼は、ガザーリーと同様、一日を一二のウィルド（昼を七、夜を五つのウィルド）に分ける。各ウィルドに対応する時間は、一つを除いて、ガザーリーとマッキーの間ではまったく同じである。その違いとは、ガザーリーのパタ

ーンにあるウィルドXIIが、マッキーのそれでは独立のものとはされておらず、代わりにマッキーのパターンでは、ガザーリーのウィルドIが二つのウィルドに分けられているのである。

さらに、『再興』と『糧』の間には、ズィクルとドゥアー(祈願)のための共通するテクストが多い。例えば、ウィルドIでの「浄め」や「目覚め後のサラート」(tahajjud)、ウィルドⅢでの食事、「夜明けのサラート」、定めの「朝のサラート」の際、ウィルドXI、XIIにおける就寝前のズィクルや祈願。もちろん、一方にあって、他方にないテクストも多いことは言うまでもない。総じて、マッキーの記述はルースで、散漫で、あまりまとまりがなく、それだけに容易に理解できない箇所も少なくない。事実、『再興』の中には『糧』にない、ズィクルやドゥアーの引用が多い。たぶん、これらのテクストは預言者の伝承として流布していたものであろう。[12]

しかし、このような相違にもかかわらず、ガザーリーのウィルド論のスキームにマッキーの影響があったことは、誰も否定できないであろう。そこで結論として、ガザーリーはマッキーから、ウィルドの構想とその細部の構成についての考えを得た、と言えるであろう。ガザーリーはウィルドの構想を肉づけ整理して完成しただけではなく、ズィクルとドゥアー(祈願、祈り)の理論という形で、それに理論的裏づけを与えたのである。

3　ズィクルとドゥアー

このように、ガザーリーのウィルド論の背景にはズィクルとドゥアーの理論がある。したがって、彼のウィルド論を十分に理解するには、このズィクルとドゥアーの理論の理解が不可欠である。しかし、これについては筆者がすでに、『ガザーリーの祈禱論』[13]で行っているので、ここではその要点を紹介するに留める。

『再興』におけるズィクル(dhikr)の語の用法には五つある。これを二つに分けると、「観念のズィクル」と「口称のズィクル」である。

(1) ズィクルはまず、心を常に神の思念に置こうとする努力、あるいは常に神を思念することによって、世俗の事柄に埋没している人間の関心を神へと向けさせようとする努力を表す。日々の生活の中で、それを実行することはきわめて困難である。そこで何らかの方法や工夫が必要とされる。

(2) 一種の「霊操」(spiritual exercises)、あるいは自己の死、墓の中の責苦、終末におけるさまざまな出来事などについての観想、瞑想である。このタイプのズィクルは前のタイプのそれと同じように見えるが、そうではない。すなわち、第一のタイプのズィクルは、やがてより高次のズィクル(後出(4)を参照)の状態に至るものであるが、このタイプのズィクルは恐れ、感謝、希望などといった情緒や感情を心の中に生み出し、このような気持ちがよりいっそうの神の思念や他の行に専念する意欲を生み出す働きをする。このタイプのズィクルでは、思念や瞑想の対象(madhkūr)は必ずしも神である必要はなく、むしろ神以外のものが多い。[14]

(3) それはまた、神の名や短い聖句をくり返し口に出して唱えることを意味する。預言者の伝承では、そのようなズィクルは自己の罪を消去してくれるものとして、その効用、つまりその霊験が強調されている。しかし、ガザーリーが関心をもっているのは、そのようなサクラメンタルな側面ではなく、くり返し唱えることによってスーフィーの心の中に生み出される、特殊な内的状態である。したがって、本質的に心をこめて(ḥuḍūr al-qalb)聖句を唱えるようにしなければならないのである。つまり、ガザーリーにとって、「観念のズィクル」の方が「口称のズィクル」より重要であり、より本質的であるが、観想だけを永続的に続けることはきわめて困難である。注意はすぐに逸れてしまう。そこで浮遊する心を繋ぎ止め、固定させる役割を果たすのが「口称のズィクル」なのである。発声は、よりたやすく人間がコントロールできるからである。その意味で、「口称のズィクル」は「観念のズィクル」の支えと考えられている。[15] このことは、この「口称のズィクル」と他の行——コーラン読誦・祈願・瞑想——によって、スーフィーの生活が方法的に組織化されている時に、特にそうである。これらの四種の行を交互に行じることにより、神への思念(dhikr)を中断することなく続け、同時に同一の行為のくり返しからくる倦怠(milāl)を避けることができる。これこそ、ガザーリーがズィクルのみならず、他の行において心の集中を強調する理由である。

(4)　一定の聖句や神の名に長い期間にわたって心を集中し、同時に神を念じつつ、それをくり返し唱えていれば、ズィクルを行じるに当たって最初に見られた辛さは徐々に消え、代わってそれに対する慣れと親しさが、そしてさらに喜びが生まれてくる。最後には、このズィクルの行に対する喜びは、そのためにはいかなる犠牲も惜しまないまでになる。つまり、このことは、その人の全人格の重心が今や完全にこの世から神へと一八〇度転換したことを意味する。

神のズィクルへの親しみが人の心の奥深くに根を下ろした時、人は神のズィクルとその対象である神以外のあらゆるものから解放されている。彼は今や至誠(ikhlāṣ)の境地にいるのである。これが第四のズィクルである。

(5)　このズィクルは、スーフィーの目指す最終目標であるファナー(自我消滅)と呼ばれる神秘体験に向かって、いっさいの雑念を払い、心を集中する最強度のインテンシヴな口称の方法である。これによってスーフィーは、雑念をすべて払いのけ、心を波一つ立たない湖面の静寂さに保ち、それを完全に空にして、神の特別の恩寵(ファナー)を待つのである。したがって、この集中を乱すかもしれない他のいっさいの活動は避けられる。このファナーの状態では、もはやズィクルの必要はなくなる。それは、旅の目的地に到達すれば、もはやガイドは必要でなくなるのと同じである。なぜなら、そこではもはや、ズィクルの主体(dhākir)・ズィクルの対象(madhkūr)・ズィクル(dhikr)の行為は一体となり、区別はなくなるからである。

ドゥアー(祈願)についてのガザーリーの考えそのものは、神秘主義的というよりも、むしろ伝統主義的である。

そこにあるのは、原初のコーラン的な「祈願」にほかならない。しかし、彼のドゥアーへの関心は実践的であり、行としての祈願にある。彼は、祈願そのもの、つまり「感情の自然な発現」[16]としてよりも、スーフィーの道における修行の方法として、ドゥアーがもつ効用に注目するのである。

まず、ドゥアー(祈願・祈り)は神への心の集中を必要とするが、これこそ人間のすべての崇拝行為の核心である。人間の心は通常、不幸や災難や苦しみに見舞われない限り、なかなか神への思念へとは向かわない。苦しみや要求は祈願をもたらし、祈願は人間の心を神へと向かわせる。祈願は心を神への思念に連れ戻すだけではなく、それは心に神に対する恭順と謙譲と従順さと自己卑下をもたらす。謙遜という内的態度のほかに、ガザーリーは祈る人の条件として、望み(raghbah)、恐れ(rahbah)、祈願の直截性、神の応答の確信、心の純粋さ、罪の懺悔をあげている。これらの条件はすべて人間の自己否定、奴隷性(ʿubūdiyah)、無力性を表すと同時に、他方では、神の全能性、主性と絶大性、したがって人間の神への完全な依存性と従属性を表すのである。

しかし、最初、すべての祈りでこれらの内的条件をすべて充たすことは困難である。とはいえ、初心者は、祈願をくり返すことによって、当初の困難を克服し、これらの内的条件の中に表現されている内的資質を身につけるようになるのである。こうして、これらの資質が徐々に彼の第二の本性となり、彼はタウヒードの教義を自己の真に内面化された性格や思想に変えることができるのである。

このように祈願が人間の心の内的生活にとってそれほど重要なものであるなら、必要や災難や不幸がなくても、日常生活のあらゆる機会を捉えて、祈願をするのが最善である。人は、現世においても来世においても、将来の幸せを祈り、また現在の苦しみや罪からの救いを祈ることもできる。人間は弱く、いつかは必ず死ぬのであるから、どの瞬間でも祈りをする十分な理由がある。[17]

そこで、神を思念し続ける最善の方法は、コーラン読誦(キラーア)や瞑想(フィクル)と共に、ズィクルとドゥアーの実践で日々の生活を組織化し、規律化することである。ガザーリーのウィルドのパターンは、この理論の具体的な実践プランである。これらの実践の伝統的な価値をただ強調するだけに終ったマッキーに比して、このウィルドの理論的背景にこそ、ガザーリーのユニークさがあったのである。

第3節　ガザーリーの宇宙論

はじめに

ガザーリー(一一一一年没)からイブン＝アラビー(一二四〇年没)への思想史的展開を、有神論的神秘主義(theistic mysticism)から一元論的神秘主義(monistic mysticism)への展開としてとらえ、これをより広い宗教史の中に位置づけて考えることができないか、というのが筆者の当面の関心である[1]。本節の目的は、その一つのステップとして、ガザーリーの宇宙論と神秘主義の特徴を明らかにすることである。

ここに言うガザーリーの宇宙論とは、「ムルク」(現象界)、「マラクート」(不可視界)、「ジャバルート」(中間界)の三つの用語に代表される一種の存在論のことであるが[2]、これらについては、A・J・ウェンシンク以来[3]、本格的な研究はあまりない。理由はおそらく、この問題がガザーリーの「秘説」や著作の真偽という厄介な問題に深く絡んでくるからであろう。それだけに、ガザーリーのどの著作を史料として用いるか、またどのような観点から見るかによって、さまざまなガザーリー解釈が出てくる。こうして、ウェンシンクは、ガザーリーの著作であることが今日疑問視されている著作を無批判に用いていたために、ガザーリーの宇宙論を著しく新プラトン主義的に解釈し、アフィーフィーはそれを、スーフィズム思想発展の頂点をなすイブン＝アラビーの存在一性論(waḥdah al-wujūd)やスフラワルディーの照明哲学(ḥikmah al-ishrāq)に引きつけて理解しようとする[4]。さらに、ジャバルートについては、誰もそれを真剣な考察の対象とすることもなかった。

以上の反省から、本節では、ガザーリーの真作として今日広く受け入れられている次の著作に史料を限定して、彼の宇宙論を改めて考察することにする。

『神学に関する四〇の書』(*Kitāb al-Arbaʻīn fī Uṣūl al-Dīn*. Cairo, 1344/1925)

『宗教諸学の再興』(*Iḥyāʼ ʻUlūm al-Dīn*. 4 vols. Cairo: ʻĪsā al-Bābī al-Ḥalabī, n. d.)

『民衆を神学から遠ざけるべきことの書』(*Iljām al-ʻAwāmm ʻan ʻIlm al-Kalām*, in *Quṣūr al-ʻAwālī* [Cairo, n. d.]. pp. 239-301)

『「再興」の問題点についての口述』(*Kitāb al-Imlāʼ fī Ishkālāt al-Iḥyāʼ*, in *Iḥyāʼ*, I, pp. 55-203 [margin])

『コーランの珠玉』(*Jawāhir al-Qurʼān*. Beirut, 1393/1973)

『幸福の錬金術』(*Kīmiyā-yi Saʻādat*. Tehran, 1334^3)

『最も美しい神名の解明における最高の目的』(*al-Maqṣad al-Asnā fī Sharḥ Maʻānī Asmāʼ Allāh al-Ḥusnā*. Ed. by F. A. Shehade. Beirut, 1971)

『光の壁龕』(*Mishkāt al-Anwār*. Ed. by A. A. ʻAffīfī. Cairo, 1964)

『行為の秤』(*Mīzān al-ʻAmal*. Ed. by S. Dunyā. Cairo, 1964)

『誤りから救うもの』(*al-Munqidh min al-Ḍalāl*. Ed. by J. Ṣalībā & K. ʻIyād. Damascus, 1939^3)

『法理論精要』(*al-Mustaṣfā min ʻIlm al-Uṣūl*. 2 vols. Cairo, 1322-24AH)

『哲学者の自己矛盾』(*Tahāfut al-Falāsifah*. Ed. by S. Dunyā. Cairo, 1966)

1　ムルク界とマラクート界

ガザーリーの宇宙論を特徴づける主要概念はムルク(mulk)・マラクート(malakūt)・ジャバルート(jabarūt)の三つである。このうち、jabarūt の語はコーランには見られず、ハディースにおいて初めて出てくる。そこでは malakūt と共に、神の偉大さや力を示す語として用いられている。他の二語については、いずれもコーランにおいて「主権」「王権」「王国」を意味する言葉として使われている。ただ、malakūt は jabarūt と共に、アラム語起源の外来語のためか[5]、コーランには四例しかなく、そのうちの二例は「天地の主権」(6:75;7:185)、他は「あらゆるものの主権」(23:88;36:83)として用いられている。

この点では mulk についても同様で、「天地の主権」の用例が二〇回あり、それらはいずれも神について言われている。ところが、mulk は人間についても用いられており(例えば、2:247)、後には mulk はもっぱら人間、さらには現象界を指すようになる。それに対応して、malakūt が神的霊的世界に限定され、コーランの「不可視界」(ghayb)と重なるようになってくる。

ウェンシンクはこれらの用語の展開過程をガザーリーまで跡づけようとして、ファーラービー、イブン＝シーナー、純正同胞団(Ikhwān al-Ṣafā)、マッキーについて考察している。結論として、malakūt や jabarūt は能動知性(al-ʻaql al-faʻʻāl)として使用されることはあっても、mulk と対比させて用いられることはない。それを初めて行ったのがマッキーであり、これがガザーリーに影響した、としている[6]。ただ前節で述べたように、マッキーにおいては、jabarūt が最高位になっている点がガザーリーの場合と異なる。

さて、ガザーリーにとって、「ムルクの世界」(ʻālam al-mulk)とは、肉眼で見ることのできる物質世界のことであり、通常、「王権と目撃の世界」(ʻālam al-mulk waʼl-shahādah)と呼ばれる。われわれはこれを「現象界」と訳すことにする。この現象界の背後に、肉眼では見えず、心の目(baṣīrah)でしか知り得ない神秘の世界、神霊と天使の世界があり、ガザーリーはこれを「マラクートの世界」(ʻālam al-malakūt)と呼ぶ。それはまた、「不可視と主権の世界」(ʻālam al-ghayb waʼl-malakūt)とも呼ばれるが、われわれはこれを「不可視界」と訳す。

現象界・不可視界は、単に肉眼で見えるか否かといった自然界の二つの領域を指すものではない。両者はまったく次元を異にする。ガザーリーはこれらをそれぞれ「ハルクの世界」(ʻālam al-khalq)と「アムルの世界」[7](ʻālam al-amr)に対応させ、前者を大きさ(kammīyah)や量(miqdār)をもち、計量(taqdīr)の対象となる世界とし、後者を大きさや量を超えた世界とした(『宗教諸学の再興』III, pp. 370-71)。言い換えれば、後者は「栄光ある神がその永遠なる命令(al-amr al-azalī)によって一挙に存在化した(awjada-hu)世界で、その後増減することはいっさいなく、同一の状態で存在している世界」(『「再興」の問題点についての口述』p. 187)だと言われる。つまり、それは天地の初めから終りまでの神の予定を書き記した「天の書板」[8]の世界なのである。したがって、マラクートとは、神の被造物ではあっても、常に生成変化する通常の被造物とは異なる恒常的な世界なのである(『再興』IV, p. 489)。

マラクートはまた、理性(ʻaql)や想像(khayāl)を超えた預言(nubuwwah)、つまり啓示(waḥy)の世界でもある。理性の段階が感覚の段階の彼方にあるように、マラクートの段階は理性のそれの彼方にある。したがって、生まれつきの盲人が色や形の世界の存在を耳にしても、その存在を認めないのと同様、理性の段階に留まる人はマラクートの存在を信じようとしない[9](『誤りから救うもの』p. 138)。

ムルクとマラクートの世界はまた、それぞれ現世(dunyā)と来世(ākhirah)に対応する(『再興』IV, pp. 22-23)。現世とは、各人についてみれば、その人の死に至るまでの現実の世界、来世とは死後の世界、つまり「小復活」(al-qiyāmah al-ṣughrā)によってその人の霊魂が肉体を離れて住まう霊界である。それはまた、ムンカルとナキールの二天使による審問と不信仰者への罰が行われ、「大復活」(al-qiyāmah al-kubrā) の時までその人が死後留まる墓の中の世界である。[10] 人類全体についてみれば、現世は終末によって終り、そこから来世が始まる。そこでは、コーランやハディースが詳しく述べているように、復活、集合 (ḥashr)、秤や橋による審判、その他さまざまな出来事が起こり、最後に天国と地獄がくる。ガザーリーはこれら大小二つの復活を本質的には区別していない。

このように、ムルク界とマラクート界はまったく異質のものであるが、両者の間にはある種の対応関係 (muwāzanah, munāsabah) がある。ガザーリーによれば、ムルク界はマラクート界を映し出す鏡である。鏡の中の像 (ṣūrah) が実物の映像・コピーであるように、ムルクはマラクートの模倣 (muḥākin) である。存在論的には、鏡の中の像は二次的であり、原因に対する結果にすぎない。しかし、自分の姿を知るという点からは、第一次的である。これは一種の逆転である。総じて逆転はムルク界では不可避である。そうであれば、人間はムルク界から教訓 (ʿibrah) を学び、マラクート界へと移行 (ʿubūr) しなければならない (『再興』IV, pp. 99-100)。なぜなら、「現世に起こることはすべてマラクート界の象徴 (mithāl) であり」(『コーランの珠玉』p. 28)、「現世には、別の世界の事物を象徴しないものは何もない」(『珠玉』p. 28) からである。その際、現世の一つのものがマラクート界の複数のもののシンボルとなったり、また逆の場合もあり得る (『光の壁龕』p. 67)。

こうして、マラクート界はプラトンのイデアの世界に近いものとなり、ムルク界はその不完全な模写、つまり洞窟の壁に映った、真実の世界の影となる。ガザーリーは自然的感覚世界が真の存在であることを認めず、それをいわば物体の影のようなものとみなし (『神学に関する四〇の書』pp. 53-54)、「まったくの無」(ʿadam maḥḍ) である、とさえ言っている (『壁龕』p. 58)。

しかし、人間は通常、このムルク界を実在と考え、その外的形姿に騙されている。したがって、ガザーリーはそれを「虚偽と欺瞞の世界」(ʿālam al-zūr waʾl-ghurūr) (『四〇の書』p. 56)、あるいは「瞞着の世界」(ʿālam al-talbīs) (『四

○の書』p. 74. Cf.『再興』III, p. 39)とも呼んでいる。ガザーリーとプラトンの違いはただ、マラクート界がイデア界のように絶対的で永遠不変のものではなく、天使、霊、心(霊魂)と同様、本質的には神の被造物だということである(『珠玉』p. 11)。

ガザーリーはまた、マラクートとムルクの違いは神の「手」「顔」「目」の人間のそれらとの違いと同じだ、とも言っている。両者は異なっていても無関係ではない。真実は男性的超越性(fuḥūlah al-tanzīh)と女性的類似性(unūthah al-tashbīh)の中間にある、と言う(『再興』IV, p. 245)。

子供に大人の世界の事がらを理解させるには、わかり易い譬えを用いなければならないように、マラクート界を説明するには比喩(mathal)や象徴(mithāl)、つまりこの世の事物によらざるを得ない。ガザーリーは言う。

> われわれが譬えや比喩(mathal)と言う場合、それは外的形姿に意味を与えることを意味する。したがって、人はその内的意味をみれば、それが真実であることがわかる。しかし、その外的形姿だけをみれば、それは偽りであるということになる。……預言者たちは比喩によってしか人びとに語り得ない。なぜなら、人びとの知性に応じてしか語り得ないからである。人びとの知性はいわば眠っている人の水準でしかなく、眠っている人に説明するには比喩を使わざるを得ない。……このために神の使徒は言っている、「信徒の心は慈悲深きお方の二本指の間にある」と。これは、霊知者のみ理解できる比喩である。それには、夢の象徴理解を夢解き(taʿbīr)と呼ぶように、比喩的解釈(taʾwīl)が必要であるが、愚者はこの解釈を知らないために、彼らの理解は表面的な意味を出ないのである。
>
> (『再興』IV, pp. 23-24)

2　マラクート界と人間

ガザーリーによれば、人間は睡眠中にマラクート界を垣間見ることができる。事実、夢は比喩や象徴の衣をまとってはいるが、マラクートからのメッセージなのである。人間の心(qalb)は「微妙で(laṭīfah)、主的で(rabbānī)、霊的な(rūḥānī)何ものかであり」(『再興』III, p. 3)、感覚でとらえることのできないものである。この心は「霊」(rūḥ)、「静謐なる魂」(al-nafs al-muṭmaʾinnah)、「貴重な実体」(jawhar nafīs)、「高貴な真珠」(durr ʿazīz)と呼ばれている(『再興』I, p. 54)。それは人間の肉体的部分ではないが、ごく少数の者しか知り得ないような形で心臓(qalb)と関係づけられている。それは、人間の中の「知覚し(mudrik)、知り(ʿālim)、直観する(ʿārif)部分」(『再興』III, p. 3)である。つまり、人間を自己同一的連続体たらしめるもの、知覚し、思考し、その道具であり容器である肉体を動かす主体であり、けっして知覚や思考の対象になり得ない何かである。要するに、それは「人間の本質」(ḥaqīqah al-insān)(『再興』III, p. 3)である。そしてそれは、本性上マラクート界に属するものである。したがって、それはこのムルク界では異邦人であり、その本源への帰還を願うものである。

睡眠中、五感の作用は一時的に休止するために、外からの刺激が断たれ、それだけ心は攪乱されることがなくなる。心の状態がこうして平静になり、磨かれた鏡面や波一つない湖面のような状態になると、瞬間的に「天の書板」と心とを隔てるヴェールが取り除かれ、書板に記されていることが心に映し出される。その際、睡眠中でも作用している想像力(khayāl)が素早くそれを捉え、その知を象徴やイメージで写し取り、それが記憶として残るのである。[11] それを解読し、その真の意味(maʿānī)を明らかにするのが夢解き(ʿilm al-taʿbīr)と呼ばれる学問である(『再興』IV, p. 489)。

「書板の世界」、つまりマラクート界とは、本質・定義・意味（イデア）の世界、神の本質・属性・行為の世界である。要するに、それはパラダイム・範型の世界である。真の知識がこのマラクート界からムルク界に伝えられるのは、ただ後者に属する言葉やイメージによってのみである。イメージとは、人がものを見て目を閉じた時、心に残るものである。ものの本質・定義はイメージからの抽象によって得られるが、ガザーリーはそれを次のように説明する。

事物の本質(ḥaqāʾiq al-ashyāʾ)は「天の書板」、あるいは〔神の〕側近くの諸天使(muqarrabūn)の心に書かれている。建築家が紙に家のプランを描き、それに従って家を建てるように、天地の創造主も書板の中にプランを描き、それに従って世界を創るのである。さて、現世のイメージがまず感覚と想像力に現れる。例えば、天や地を見て目を閉じると、それらにイメージがあたかも現物を見ているかのごとくに想像の中に残る。こうしてイメージが心の中にある効果を生み、感覚的知覚とイメージの中に含まれている事物の本質がそこから出てくる。心の中に起こることは、想像の中に起こることに対応する。想像の中に起こることは、心の外なる世界に対応する。こうして、現実の世界は「天の書板」に描かれたプランと一致するのである。（『再興』III, pp. 19-20）

こうしてガザーリーは、存在(wujūd)を四つの次元に分ける（『再興』III, p. 20）。

(1)「天の書板」、つまり真実の存在(al-wujūd al-ḥaqīqī)
(2) 自然的、物質的存在(al-wujūd al-jusmānī)
(3) 想像的存在(al-wujūd al-khayālī)
(4) 知的存在[12](al-wujūd al-ʿaqlī)

この構造によれば、世界の真実の存在は、(1)「天の書板」にある。その対極にあるのが、感覚によって知られる(2)自然的存在である。この自然的存在、つまり現象界にある事物の感覚的イメージが(3)想像的存在である。これらの感覚的イメージから事物の本質(ḥaqīqah)、つまり普遍的概念、意味が抽出される。これが(4)知的存在である。このうち、(2)↓(3)↓(4)の過程はすべて人間の内部で生起する。その結果として得られたものは、本質的には「天の書板」、つまり真の存在の世界に記されていることと同じである。

他方、人間の心と「天の書板」を隔てる障害が除かれると、そこに人は真実を見る。あるいは、そこから人の心に真の知識が直接流出するのである。これがスーフィーたちの目指す(1)↓(4)の過程である。このために、彼らは書物を読んでそこから知識を得るよりも、修行・実践によって心を磨き、浄化することに専念する。[13]

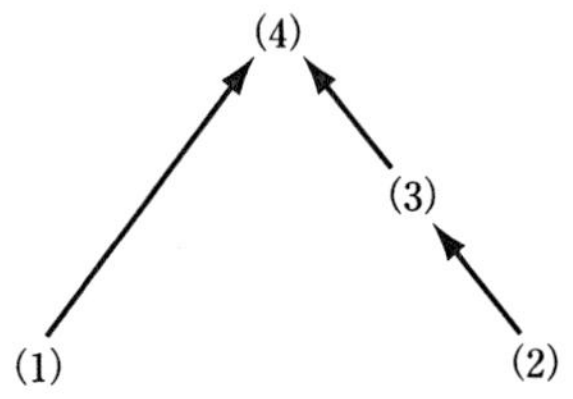

図 1

こうして人間が真実を知るのに、二つの方法があることが明らかになった。一つは、(2)↓(3)↓(4)であり、他は(1)↓(4)である(図1参照)。後者の場合、預言者によって、天上界からの直接的知識が言葉や象徴によってさらに人びとに伝達される時は、(1)↓(4)↓(3)となる。すべてこれは、人間の心にある二つの「窓」――一つはムルク界に、他はマラクート界に開いている――に対応する。[14]

こうしてコーラン、つまりマラクート界からの啓示は、象徴や比喩で表現されていることになるのであり、したがってそのようなものとして解釈されなければならないのである。ものにはそれぞれ本質(ḥaqīqah)・定義(ḥadd)があり、これがそのものの霊(rūḥ)・精神である。こうして人が霊の世界(ʿālam al-arwāḥ)に導かれると、彼は霊的(rūḥānī)となり、マラクート界の扉が開けられる。コーランはこのようにして啓示された暗号(ishārāt)である。したがって、コーランの解釈は夢解きと同様に、比喩的になされなければならない(『珠玉』pp. 30-31)。

例えば、われわれが「ペン」を「書くもの」と定義すれば、人間の心の書板(arwāḥ al-qulūb)に知識を書き込むものを「ペン」と呼ぶことが可能である。事実、神はペンによって人間に知識を与えたと言われる(96: 4-5)。ここで問題なのは、ペンの本質であって、その外的形態や素材ではない。同様に、復活、審判、人間の行為を計量する秤、人が通過する狭い橋などには、明白な外的意味(ẓawāhir jalīyah)と深遠な内的秘密(asrār ghāmiḍah)の二つの意味がある。これら双方の意味は、民衆とエリートに各々真実である[15](『珠玉』p. 14)。同様に、コーランやハディースにおける天国と地獄などについての記述の意味、サラートやその中のラクアの回数、巡礼における「奇妙な」儀礼の意味、阿片の冷却効果、熱に対する蜂蜜の有害な効果、未来の出来事などは、マラクート界を読むことによってのみ知り得るものである[16](『行為の秤』pp. 353-54、『四〇の書』pp. 93-94、『誤り』pp. 155-57)。

要するに、真の知識はマラクート界から人間の心に到達するが、そこで想像力によって変形されて象徴や比喩として表現される。他方、人はまた、象徴や比喩としての現象界の反映としてのイメージ(khayāl)から真の知識を把握することもできる。こうして人間は、ムルク界とマラクート界を結ぶ媒体だということになる。

3　ジャバルートに関する記述

次にジャバルートであるが、これについてのガザーリーの記述は非常に少なく、また記述自体も曖昧で「謎めいている」[17]。これは、ムルク界とマラクート界についての彼の記述に比べると、著しく奇妙な対照をなしている。ジャバルートについて、ガザーリーが残した主要な記述は次の通りである。

(1)　君たちが聞いているジャバルート界の定義について言えば、それは人間の知性と知識のために創られた力

(qudrah)、評価力(al-quwwah al-wahmīyah)の中にある力に属するものである。後者は、子羊が狼の敵意や母羊の愛情を知覚し、敵意から逃れ、愛情に惹かれるように、必ずしも物体として存在しなくても、物体の中に存在することがあるものを知覚する能力のことである(『口述』pp. 183-84)。

(2) ジャバルート界の定義としては、それは二つの世界(ムルクとマラクート)の間にある世界ということである。外的にはそれはムルク界に属しているように見えるが、〔神の〕永遠なる力によってマラクート界に連結されている(『口述』p. 187)。

(3) 今一つの区分によれば、世界は感覚的に外在するムルク界、知性の中にあるマラクート界、この両者に部分的に属する中間界であるジャバルート界に分かれる。人間も同様に区分される。ムルク界と同じものが感覚的部分で、それについては君たちはすでに知っている。マラクート界と同じものが霊、知性、力、意志などといった部分である。ジャバルート界と同じものが、感覚や身体的諸器官にある諸能力によって生み出される知覚である(『口述』p. 190)。

(4) 真実の知識の純粋な光がマラクート界から内なる心に流れ出ることを知るがよい。なぜなら、それ(心)もマラクート界に属するからである。畏怖、恐れ、喜び、恐怖などの感情は、ジャバルート界から降下する。それらが降下する場所は、ジャバルート界に属する胸である。最初のものを「心(臓)」と言い表したように、それはわれわれが「胸」と言い表した一つの世界である。なぜなら、ジャバルート界は胸が心(臓)と肢体の間にあるように、マラクート界とムルク界の間にあるからである(『四〇の書』p. 49)。

(5) 世界は……三つあることを知るがよい。第一が、ムルクとシャハーダの世界(現象界)である。確かに、〔君がペンで字を書く時の〕[18]紙、インク、ペン、手はすべてこの世界のものである。君はすでに容易にこれらの段階を通過した。第二が私の背後にあるマラクート界である。もし君が私を通り越せば、その段階に達する。そこには、広大な空間、高くそびえる山々、深い大海がある。第三がジャバルート界で、ムルク界とマラクート界の間にある。君はすでに三つ《ママ》の段階を通過したが、その始まりが力、意志、知の段階である。それがムルク界とマラクート界の中間にあるのは、ムルク界の方が道としてそれ（ジャバルート）より容易であり、マラクート界はそれよりは困難だからである。ムルク界とマラクート界の間のジャバルート界は船に似ていて、陸上を行くのと水上を行くことの中間である。船は水上の混乱の中にはないが、さりとて陸上の安穏と安全の中にもない。地上を歩く者はムルク界を歩く者である。彼の能力が強くなって船に乗れるようになれば、彼はジャバルート界を歩く人のようになる。彼がついに船に乗らずに水上を歩けるようになれば、彼は迷わずにマラクート界を歩くのである（『再興』IV, pp. 244-45）。

(6)　〔マラクート界を〕否定する者は、ジャバルート界を否定するスマニー派と同じである。彼らは知覚を五感に限定して、力、意志、知を否定する。なぜなら、それらは五感では知覚されないからである（『再興』IV, p.247）。

これらの文章からまず明らかになることは、第一に、ジャバルート界はムルク界とマラクート界の中間世界であるということ。第二に、それは、人間、人間の諸能力、知覚や認識のプロセスおよび行為を導く力、あるいは心と肢体の間にあってさまざまな感情が現れる胸に関係があるということである。では、この関係とは何か。中間界としてのジャバルート界は、人間内部の世界であるのと同様に、人間の外にもあるのであろうか。

4　テクストの分析

ガザーリーのジャバルート概念を明確にする前に、すでにしばしば言及してきたが、タウヒード（神の唯一性）に関する『宗教諸学の再興』(*Iḥyā'*)の文章を、ここに要約して引用したい。

紙の上を一匹の蟻が這っている。紙の表面が黒くなるのを見て、蟻は、「どうしたのですか」と紙に尋ねる。すると紙は「私にはわかりません。インクに聞いて下さい」と言う。訳を聞かれたインクが言うには、「私にはわかりません。なぜなら、私はペンによってただインク壺から引き出されただけですから。ペンに聞きなさい」と。ペンは蟻に答える、「私は手が動かすままに動いているだけです。手に聞きなさい」と。そこで手が答える、「私は筋肉と骨と血でできた死人の手と同じで、力によって動かされているだけです。力に聞きなさい」と。力は尋ねられて答える、「確かに私は力ですが、意志によって完全にコントロールされているのですから、意志に聞きなさい」と。そこで意志が答える、「私が休んでおりますと、突然断言命令がやってきて、私をこのように駆り立てたのです。つまり、『知の使者』(rasūl al-ʻilm)が、力を駆り立てるようにとの命令を、知性から心にもってきた時、私は力を動かすことを余儀なくされたのです。私は知性の知識の忠実な下僕です」と。そこで蟻は知性、心、知識に尋ねる。まず、知性が答える、「私はランプのようなものです。しかし、私は自分で燃えているのではなく、燃やされているのです」と。心は言う、「私は筆記板のようなものです。私は書かれるのを自分で待っているのではなく、そうさせられているのです」と。知識は言う、「私は刻印のようなものです。知性のランプが輝く時、私はただ心の書板に刻み込まれるだけです。私は自分で刻み込んでいるのではありません。神的ペン(qalam ilāhī)がそうしたのです。彼に聞きなさい」と。この神的ペンが人間の心にさまざまな知識を刻印する。しかし、それも完全にコントロールされている。そこで蟻は、「天使の右手」(yamīn al-malak)に尋ねると、「私は地上のペンと同じ役割を演じているにすぎず、『神の力の世界』(ʻālam al-qudrah)によって完全にコントロールされています。だから、彼に聞きなさい」と、それは答える。そこで力は言う、「私は神の属性の一つである。だから、力の所有主(al-Qādir)に尋ねよ」と。こうして蟻は「唯一なる絶大にして強力な王」(al-Malik al-Jabbār al-Wāḥid al-Qāhir)、つまり神そのものの所に導かれたのである。

(『再興』IV, pp. 243-46、『四〇の書』pp. 241-42)

以上の文は、人間の行為に対する神の完全な支配を説明したものであるが、われわれはそこに四つの段階を区別することができるであろう。

(a)　人間行為の可視的側面——紙、インク、ペン、手、およびその運動
(b)　人間行為の不可視的側面——人間の力、意志、知性、心、知識
(c)　人間の外の不可視的側面——神的ペン、天使の右手
(d)　神の内部の不可視的側面——神の力(神の属性)、神の本質

以上の点と、前述のガザーリーにおける存在の四つの次元を考慮しながら、われわれは先に紹介したジャバルートに関する六つのテクストを検討したい。

テクスト(1)では、ジャバルートは、知性や知識が与えた指示を実行し、また具体的な事物に現れた敵意や愛情のような抽象的観念を知覚する人間の力、能力に属するとなっている。すべてこれらは、先述の神による人間支配の四段階のうちの(b)、つまり人間行為内部の不可視的側面を指していると言えよう。このことをもっと明確に示しているのが、テクスト(6)である。

テクスト(2)では、「外的にはそれ(ジャバルート)はムルク界に属しているように見える」とあるが、それは可視的身体的存在、したがってその意味ではムルク界に属する人間ということである。しかし、それは「〔神の〕永遠なる力によってマラクート界に連結されている」とあるのは、他の被造物と異なり、人間は、マラクート界に属する

「心」を通して働きかける神の力と決定（前述の(c)(d)段階を参照）の支配下にあり、その意味でマラクート界に属するということである。つまり、ジャバルートとは、ここではトータルな形での人間そのもののことである。

テクスト(3)では、世界はムルク界と知性（この場合、離在知性？）の中にあるマラクート界、および部分的に両者に属するジャバルート界より成るとしている。この場合も、ジャバルートは人間を指すととるべきであろう。この人間自体も同様に、ムルク、マラクート、ジャバルートの三世界に区分される。その「感覚的部分」はムルク界に、「霊、知性、力、意志など」はマラクート界に、「感覚や身体的諸器官にある諸能力によって生み出される知覚」はジャバルート界に属する。「感覚や諸能力によって生じる知覚」とは、明らかに心の中に生み出されたイメージ（一〇六頁参照）を指していると思われる。これらのイメージが、テクスト(4)にあるように、行為に導く感情や衝動を生み出すのである。

しかし、問題は「霊、知性、力、意志など」がマラクート界に属するとしていることである。霊と、そしてたぶん知性を別にしても、他は通常、テクスト(5)と(6)に見るごとく、ジャバルートに属するものである。この矛盾をどう解釈すべきであろうか。ここで参考になるのが、次の一文である。

> 実に神の正義（'adl）は君を超えた事物によって、また君自身を通して実現される。なぜなら、君自身も神の行為に属する。君の欲求（dā'iyah）、君の力、君の知識、君の行為、および件の君の行動の他のあらゆる原因はすべて神の行為であり、神はそれを正義によって整序しておられ、したがってそこから秩序正しい行為が出てくるのである。しかし、君は〔そこに〕君自身以外何も見ないであろう。
>
> （『再興』IV, p. 95）

ここで、欲求、力、知識などの「君の行動の原因」にはすべて二つの側面——人間的側面と神的側面——があるとしている。かりに前者がジャバルートに属し、後者がマラクート界に属するとすれば、そこでガザーリーは人間の行為における力、意志などに存在する後者の、つまり神的側面を考えているのではなかろうか。

テクスト(4)では、畏怖、恐れ、喜びなどの感情は、ジャバルート界から下降し、その場所は胸である、と言っている。感情は明らかにイメージによって生み出された知覚によって起こされるのである。

テクスト(5)では、ジャバルート界を陸上と水上の中間である船に喩えている。これは謎めいた比喩であるが、ガザーリーは別の箇所で次のように説明している。

> 感覚世界(ʻālam-i maḥsūsāt)での彼の去来は陸上を行くようなものであり、したがって誰もができることである。第四《ママ》の世界、つまり純粋な霊と行為の本質の世界における彼の去来は、水上を行くようなものである。想像世界(mawhūmāt)での彼の去来は船で行くようなものであり、したがって彼の水準は水と陸の中間である。知的なるもの(maʻqūlāt)の水準を超えると、預言者、聖者、スーフィーの段階である。彼らの水準は、空中を行くようなものである。
>
> (『幸福の錬金術』p. 100)

ここでガザーリーは、世界の四つの層について述べている――(1)感覚世界(陸)、(2)想像世界(船)、(3)純粋霊と行為の本質の世界(水)、(4)預言者、聖者、スーフィーの世界(空)である。これらのうち、最初の三つはそれぞれムルク界、ジャバルート界、マラクート界に対応する。問題は(4)である。それが正確に何を意味するのかを確定することは困難であるが(後述する「絶対的一性」の世界を指すのであろう)、マラクート界に属することは確かである。なぜなら、それは最高の世界だからである。いずれにせよ、船の世界、つまりジャバルート界は想像の世界であり、それが知識、意志、力などと共に人間行為の内的プロセスを構成する。しかし、問題は「陸」「水」「船」「空」の

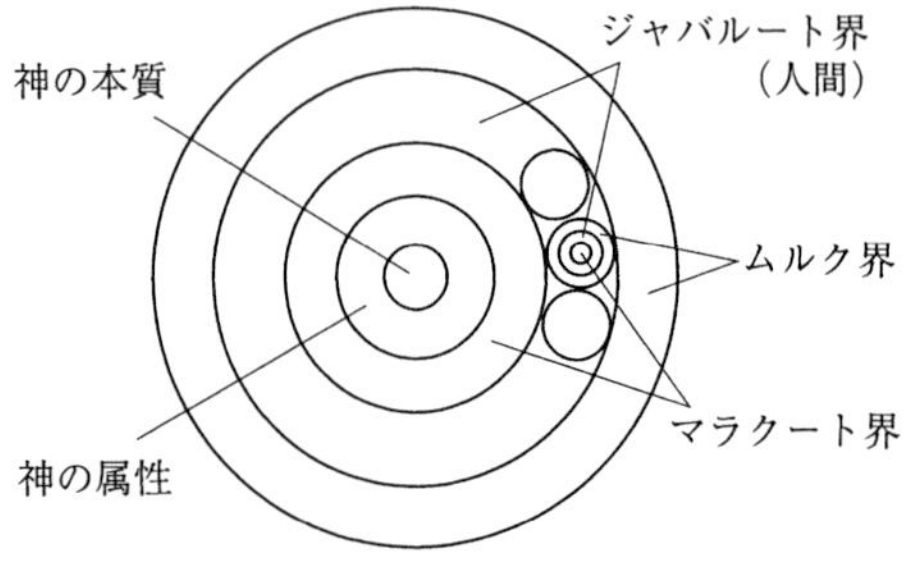

図2

シンボリズムをいかに解釈するかである。

「陸」が現象世界を表し、一般の民衆でも確実に知り得る世界であることは明白である。では、「船」についてはどうか。これについては、次の文が参考になる。ガザーリーはそこで、神の決定と人間の「自由意志」の関係について語っている。

人間の欲求という動因(dāʿiyah al-irādah)は知性の感覚の判断に完全に従属しており、力はその動因に完全に従い、〔肢体の〕運動は力に完全に従っている。すべては彼の知らない所で彼の中に必然的なものとして(biʾl-ḍarūrah)予め決定されている(muqaddar)。彼はこれらのことが生起する場所にすぎない。何ごとも彼の方からは起きない。したがって、彼が「強制されている」(majbūr)ということの意味は、すべてこれらが彼の中に、彼自身の内部からではなく、彼の外から起こるということである。また、彼が「自由意志をもつ」(mukhtār)ということの意味は、知性がある行為を純粋に善であり有益であると判断した後に、彼の中に強制的に(jabran)生起する意志の場所であるということである。この判断もまた、〔知識の後に〕強制的に起こるのである。こうして彼は、自己の意志により自由に選択するように強制されているのである(majbūr ʿalā al-ikhtiyār)。

(『再興』IV, p. 249. 同 pp. 5-7 参照)

右の一文と、前述のタウヒードに関する蟻の話、および人間の行為の二面性についての記述を合わせ考えて言えることは、人間の行為はすべて、たとえ自由な意志(選択)によってなされる場合でも、一連の契機・原因を通して完全に神によって支配されている、ということである。ガザーリーはこれを操り人形に喩えても説明している(『再興』IV, p. 95)。以上のことから、「船」とは、神がその予定を執行すべく人間を動かすその内的精神的プロセスを表すと言えよう。人間の内部に生起する知識、判断、意志、力、およびさまざまな感情は確かに不可視であり、したがってムルク界のものではない。それはまた、これらすべてを人が自ら意識しており、かつそれらを自己のものと知っているが故に、マラクート界のものでもない。しかし、それらは実際には神のものであり、マラクート界に属するものであるが、人間はそれを知らない。いや、知的にはこの真実を知ってはいても、それをそのようなものとして悟得することはない。

船は陸上と水上の中間、つまりジャバルート界の乗物であり、その上位にあるのがマラクート界である。他方、水上を歩くとは、彼が神の単なる操り人形にすぎないことを知るだけではなく、その自我性を否定することにより操り人形そのものになることを意味する。テクスト(6)についてはすでに言及した。

以上の議論から結論として言えることは、ジャバルート界とは、図2で示したように、第一に、人間の個体全体を表し、第二に、知識から外的行為への衝動に至る人間の内的プロセスを指すということである。

5　宇宙論と神秘主義

最後に、以上のようなガザーリーの宇宙論を「照明学の師」スフラワルディー(一一九一年没)と「最大の師」イブン＝アラビーのそれと比較して特徴づけてみたい。[19] スフラワルディーによれば、世界(存在)は四つの層に分けられる——(1)ジャバルート界(ケルビムの純粋知性界)、(2)マラクート界(天上の天使や霊、および人間の霊魂の世界)、(3)想像世界('ālam al-mithāl. マラクート界への入口にある、「微細な物質」という非物質的な状態にある自存の自律的形象、あるいはイメージの世界)、(4)ムルク界(現象界)、である。

イブン＝アラビーの宇宙論の構造もこれとほぼ同じであるが、彼は特に想像(khayāl)の概念を強調する。彼はそれを二つに区分する。一つは、「想像する主体と不可分に連結している想像」(khayāl muttaṣil)の世界、他は「主体から分離した自立的想像」(khayāl munfaṣil)の世界である。前者は、主体の内部に見られる精神の意識的プロセスに属するとすれば、後者は中間的世界に属する独自の自立的実在性をもつ世界、つまりイデア的イメージの世界(‘ālam al-mithāl wa'l-khayāl)である。霊知者(‘ārif)は彼の創造的想像力と念力(himmah)によって、この分離した想像・イメージの世界に働きかけ、外的世界に変化を生み出し得るのである。

明らかにガザーリーのマラクートは、スフラワルディーやイブン＝アラビーのジャバルートとマラクートを一緒にしたものに対応し、ムルク界はすべてに共通である。問題は、中間界としてのガザーリーのジャバルートと「想像世界」である。これまでの議論から、ガザーリーのジャバルート界はイブン＝アラビーの言う想像世界とは異なることは明らかである。ガザーリーにとってジャバルートとは、想像やイメージをも含み、知識、意識、意志、力などと共に、人間の内的世界を構成するが、それが独立の外的世界を構成することはない。事実、ガザーリーにとって、mithāl や mathal は、マラクート界を表すシンボルや比喩としての現象界とその要素を指す言葉として用いられている。ガザーリーにとってムルク界は、マラクート界の不完全なレプリカ、類似物であり、そこに実在性はないので、mithāl や mathal の用法はむしろ否定的である。それらは確かに想像力の中のイメージではあるが、それらが元型的形相、イデア的イメージの意味に用いられることはけっしてない。だが、次の文はどうであろうか。

　第一歩は神に向かって行くこと(al-dhahāb ilā Allāh)であり、次は神の中にいくこと(al-dhahāb fī Allāh)である。これは神の中に消滅(fanā')し、没入(itighrāq)することである。この没入は突然の雷光のように起こる。それが安定して長く続くことは滅多にない。しかし、それが継続すると、習慣的恒常的な形として確立する。それから彼はより高い世界(al-ʿālam al-aʿlā)に上昇し、より純粋で真実の存在(al-wujūd al-ḥaqīqī al-aṣfā)を知り、彼の中にマラクート界に書かれていることが刻印され、聖なる神性(qudus al-lāhūt)が開示される。その世界から彼に現れる最初のことは、美しい形をした天使の姿、預言者や聖者の霊であり、それらを通していくつかの真実が彼に流出する。これは最初に起こるが、次に彼はイメージ(mithāl)のレベルを超えて行く。そこで彼は、あらゆるものの中にある真実在(al-Ḥaqq)に直に直面する。それから影にすぎない比喩の世界(al-ʿālam al-majāzī)に帰ってきて人を見ると、哀れに思われる。それは、彼らが聖域の美(jamāl ḥaẓīrah al-qudus)を知り得ず、影に満足し、欺瞞の世界、幻想の世界(ʿālam al-khayāl)に騙されているのを見て驚くからである。こうして彼は、肉体的には彼らと一緒にいても、心では異邦人なのである。（強調は引用者）　（『四〇の書』pp. 54-55）

この引用文において、「イメージのレベル」は「天使の姿、預言者や聖者の霊」と同定されるが、それを「イデア的イメージの世界」と宇宙論的に解することは不可能ではない。しかし同時に、それをスーフィー内部の出来事と見ることも可能である。いやむしろ、全体的にみて、その方が自然である。L・ガルデはジャバルートを「元型的イメージの世界」と同定しているようである。[20] 彼はその根拠をあげていないので、先のテクストに依拠しているのかどうかは不明である。これまで見てきたように、ガザーリーにおける khayāl は mithāl や mathal と密接に関連している。

しかし、他の二つの概念に比して、ジャバルートあるいはイメージの世界がガザーリーにおいてなぜ十分に論じられ、展開されなかったのであろうか。なぜそれには小さな役割しか与えられず、また「分離した想像の世界」のようなものへと展開しなかったのであろうか。特に『光の壁龕』の中でのガザーリーの存在論は、イブン＝アラビ

ーのそれにほぼ達していたことを考えると、このことは奇妙に思えてくる。(21)

> 彼のほかには神がないのと同様、彼のほかにそれはない。なぜなら、「それ」(huwa)とは、どのようなものであれ、指し示されるものを表す。そして、彼以外に指し示されるものはないのである。君が何を指示しようと、それは実は彼を指示しているのである。もっとも、君は真実についての無知から、そのことを知らないであろうが。人が太陽の光を指し示しても、それはただ太陽を指し示すことにほかならないように、事物すべてと彼(神)の関係は、目に見えるものに喩えれば、光と太陽の関係のようなものである。したがって、「アッラーのほかに神なし」は、民衆のタウヒードの告白である。エリートのそれは、「それのほかに神なし」である。後者はより完全でより特殊でより包括的でより真実でより微妙であり、それを告白する者を純粋一性(al-fardānīyah al-maḥḍah)、絶対的一性(al-waḥdānīyah al-ṣirfah)へと導くのである。一性の王国は、人間の上昇の究極的な到達点である。それ以上の段階はない。なぜなら、「上昇」(taraqqī)は、からの上昇と、への上昇という二つの段階を含む一種の関係(iḍāfah)であるが故に、多性(kathrah)を含意している。しかし、多性が除かれると、一性(waḥdah)が確立し、関係は払拭され、「ここ」から「あそこ」へのすべての指示はなくなり、高さも深さも残らず、上昇も下降もなくなる。上昇への運動、上昇はその時不可能となる。なぜなら、最上の高さを超えた高さはないし、唯一性と並んで多性はなく、多性が消滅した以上上昇もないからである。もし、いささかでも変化があるとすれば、それは「最下天への下降」によるしかない。その意味は、高みから見下ろすことである。というのは、最高のものは、それより高いものをもたないが、より低いものはもつからである。これが最高のゴール、霊的探求の最終目標である。それは、知る者には知られ、知らない者には否認される。
>
> (『壁龕』pp. 60-61)

(強調は引用者)

多性の世界から「絶対的一性」「純粋一性」への上昇は、イブン＝アラビーにおける統合的一性(wāḥidīyah)から絶対的一性(aḥadīyah)への推移を思い出させる。前述の、神の本質を目指しての蟻の旅についての記述を思い起こすならば、特にそうである。

われわれは先の疑問について本稿で答えることはできないが、解答のヒントをいくつか与えることはできよう。さしあたって宗教史的時代状況は別にして、第一に、ガザーリーの記述は、究極のところ存在論的であるよりはむしろ体験的であるということである。彼の関心は神に向かっての人間の前進の過程であって、到達した時点からの記述、つまり神的下降・一者の流出論的顕現ではなかったということである。第二に、ガザーリーにとって神は、マラクート界を創り、そのイデアに従って現象世界を無から創った創造神のままであった。したがって、人間が現象界から事物の本質的知に到達するのにイメージを媒介としなければならなかったようには、神は世界の創造にあたって、マラクートとムルクの間に、外的な想像世界を介在させる必要を感じなかったのである。

ところが、イブン＝アラビーにとって、究極の実在は非人格的な絶対的一者であり、現象世界はさまざまな段階を経てのこの一者の顕現体なのである。人格的な「アッラー」は一者の、いわば自己内での最初の自己顕現とみなされる。したがって、このような絶対的一者がアッラー、つまり神名や属性の段階を経て、さらにそこから具体的世界に自己顕現する前に、それの非物質的イメージである「想像世界」にまず顕現することが必要であったのである。この意味で、アフィーフィーがガザーリーのタウヒードを「目撃の一性論」(waḥdah al-shuhūd)であるとして、「存在の一性論」(waḥdah al-wujūd)としなかったのは正しい。(22)

第4節　ガザーリーの来世観

イスラム教では死後の出来事として、次のことが正統的信条として確立している。(1)人は死後墓に埋葬されると、ムンカルとナキールの二天使の審問を受け、不信仰者や、信仰者の中でも罪を犯した者の一部は、復活の日まで墓の中で罰を受ける。(2)この世はやがて終末を迎え、死者は肉体と共に復活する。(3)復活した人間はすべて広場に集められ、最後の審判を受ける。各人の行為をすべて記録した帳簿が開けられ、一つ一つの行為について厳しく吟味され、善悪の行為が秤で計量される。(4)地獄の業火の上にかけられた、剣の刃よりも狭い橋を渡らせられ、ある者は無事に渡り、ある者は足を滑らせて転落する。(5)信仰し善行に励んだ者は天国で、不信仰者は地獄でそれぞれ永遠の報いを受ける。信仰者でも罪を犯した者は、地獄で一定期間、罰を受けた後に、天国に入れられる。(6)信仰者で大罪を犯した者は、預言者のとりなし(シャファーア)によってやがて天国に入れられる。(7)天国における信仰者の至福は、神の御顔を拝することである(以上、第三章第1節参照)。

このうちコーランに直接述べられているのは、(2)の終末と復活、(3)の最後の審判、(5)の天国と地獄、(7)の見神である。中でも、(2)、(3)、(5)についてのコーランの記述は具体的で、読む者——および聞く者——に生き生きとした現実感を与える。これに対して、(1)の「墓の罰」、(4)の「橋」、(6)の「預言者のとりなし」は、預言者の伝承(ハディース)によって確立したものである。このうち「墓の罰」は、最初期の終末意識が時の経過と共に弱まり、終末が遠い先の出来事と考えられるようになって、死後から復活までの死者の状態について生まれた素朴な疑問に答えるものとして出てきたのであろう。

伝承によって多少の違いがあるが、ムンカルとナキールの二天使はそれぞれ黒色と青色をした恐ろしい形相をし、強烈な悪臭を放つものとして描かれている。敬虔な信仰者の墓は拡げられて明るく、天国に通じる扉からはその芳香が漂ってくる。これに対して、不信仰者の墓は狭くて暗く、地獄の業火の熱と咆哮にさらされ、七つの頭をもった九九匹の龍やサソリに嚙まれ、苦しめられる。

このような事柄はいったい何を意味するのであろうか。それらはそのままでは合理的に説明できないが、文字通りの意味に理解すべきであるのか。それとも一種の寓話・比喩であり、真意は別にあるのか。もしそうだとすれば、その真意とは何か。またそれはどのようにして知り得るのか——このようなことが長い間神学論争の争点の一つであった。その結果、前述の死後の出来事はすべて字義通り真実として理解すべきこととされたのである。そして「秤」「橋」「見神」を否定するムータジラ派、肉体の復活を否定し、天国や地獄での賞罰を、霊魂が死後に経験する精神的知的な喜びや苦しみとして理解しようとする哲学者と一部のスーフィー(神秘家)は、異端として斥けられた。

これらの「異端」派が共通に認めるのは、聖典の言葉がもつ字義通りの意味(ザーヒル)の背後に内的な真実の意味(バーティン)が隠されており、それを知ることの方が大事だということである。それが比喩的解釈(タァウィール)である。では、その解釈の基準は何か。ムータジラ派と哲学者は、それぞれ適用の仕方は異なるが、それを理性に求める。他方、シーア派はイマーム(教主)の権威に、スーフィーは神秘体験(開示)における個々人の直観にそれを求める。

スンニー派の正統的学者たちが最も恐れたのは、そのような「内的意味」を認めることは、結局は聖法の否定、最後の預言者としてのムハンマドの歴史的意義の否定につながり、また解釈の基準について合意が得られない限り、それは収拾のつかない混乱を招くということであった。事実、それはけっして杞憂ではなかったのである。

こうして正統派の学者たちは聖典の外的意味にますます固執し、死後の出来事として聖典の伝えることが客観的に可能であることの論証に忙しかったのである。しかし、スンニー派の内部にもそのような傾向に対する反動として、正統の枠内で聖典の内的精神的解釈を取り入れようとする動きが出てくる。その代表がガザーリーである。

ガザーリーが来世について論じているのは、その主著『宗教諸学の再興』や『四〇の書』などであるが、中でも『再興』の第四〇書「死の観相」が最も詳しい。

これらによれば、ガザーリーは正統的信条にみられる死後の出来事をすべて真実として認める。しかし、あの世(不可視界)とこの世(現象界)はけっして無関係ではないが、同じではない(宇宙論については、前節を参照)。したがって、来世では、この世の言葉で語られていることがそのまま生起するわけではない。現象界は不可視界の象徴であり、その影であるとも言われる。また、この世において不可能であるから来世においてもそうだということにはならない。来世にはこの世で予想だにできないことが多いのである。この世の人間は睡眠者であり、死んで初めて目覚め、この世の出来事の真の意味を知ると言われる。

ガザーリーにとって、死とは状態の変化、すなわち人間の本質部分である霊魂(ナフス)——彼はこれを心(カルブ)とも、霊(ルーフ)とも呼んでいる——が肉体から分離することである(したがって、霊魂はそのまま存続するのであるから、復活とは肉体の復活以外に考えられない)。肉体からの分離とは、霊魂がその道具としていた肉体的諸器官から離れ、もはや目で見、耳で聞き、手で触れたものを知覚することがなくなるということである。しかし、霊魂は五感によらなくても、理性によって思惟することができるし、むしろ感覚を通しての外界からの刺激によってそれが乱されないだけに、よりよく真実を知り、また同様にして喜びや苦しみを感じることができるのである

(夢はこの世の人間が、死後に経験する世界を垣間見させてくれる一つのチャンネルである)。このような霊魂観は、霊魂を微細な物質とみる伝統的なアシュアリー派の原子論的霊魂観とは異なるものである(終章第1節参照)。

霊魂は死によって肉体と分離するが、それと共に家族・財産・名誉・権力その他、有形無形の現世のものいっさいからも分離する。したがって、現世に失うべきものを多くもっている人ほど死によってそれらから引き離される時の苦しみは大きい。また、霊魂は肉体から分離されても、生前に形成されたその性向・性質はそのまま残る。現世の快楽に慣れ親しんだ霊魂は、現世的な欲求だけは残っても、肉体的器官がないのでそれを充足させることができない。さらに来世の恵みを前にしてそれが与えられず、神からヴェールによって隔てられていることが悔やまれる。また、生前の罪や善行はすべて心の奥に保持されている「書板」に書き記されているが、現世ではさまざまな刺激や障害によってそれに気付かないでいるか、気付いても別のことで気が紛れている。ところが、死によってその障害が除かれると、自分の行為がすべて明るみに出され、いやでもそれを直視することになる。こうして不信仰者や罪人は、あたかも麻酔が切れた時のように、死後激しい苦しみに襲われる。

これに対し、霊魂が神の観照に慣れ、神を知り愛すること多く、現世の束縛から解放されていれば、死は肉体の牢獄からの解放となり、霊魂はその本源に帰る喜びに満たされる(ガザーリーはこれを「小復活」と呼び、終末時の「大復活」と区別することもある)。

霊魂(心)は元来、現象界に属する肉体の中にあっても、不可視界に属する神的なものである。したがって、人は生きている間、聖法に従って徳を完成し、現世的なものから可能な限り心を解放し、神を知り愛するように準備をしなければならない。現世とは、来世のための畑なのである。

われわれ現世の人間が墓の中の死体を見ても、そこに喜びや苦しみの徴候を見出すことはできないし、サソリも蛇も目にすることはない。しかし、そのことは「墓の罰」を否定する根拠にはならない、とガザーリーは言う。前述のように、不可視界の出来事は現象界の場合とそのあり方が異なるからである。例えば、人は夢の中で大きな苦痛を味わうことがあるが、外部の人は誰もそれに気付かない。また、時には夢の中で蛇に噛まれて痛みを感じ、叫び声をあげたりするが、蛇の姿はどこにも見えない。

ところで、蛇に噛まれて人が痛みを感じるのは、蛇自体によるのではなく、蛇から出る毒である。もっと正確に言えば、毒そのものではなく、毒がもつ一定の作用が痛みとなって感じられるのである。そこでもし同様の作用が蛇の毒以外のものから出るとすれば、それが蛇に噛まれたという意識を呼び起こすことになる。そして事実、二天使の審問、九九匹の龍やサソリの襲撃や墓の圧迫からの苦しみ、解放感と天国の予感の喜びはすべて霊魂の性質によるものである。例えば、九九という数は、ねたみ、そねみ、吝嗇、自惚れ、傲慢といった人間の悪しき性質を表わす。このように来世に関する聖典の記述には、現世において理解されるものとは異なった意味があるのであり、われわれはそれを推測することができるだけで、正確に理解することはできない。したがって、われわれが理解できないからといって否定するのではなく、一応そのまま肯定するしかないのである。このことは、「秤」や「橋」などについても同様である。

復活は各人が死によって経験する個人的な事件ではなく、歴史上の全人類的な出来事である。それは神による「第二の創造」であるから、最初の創造が可能であれば、当然それも可能である。したがって、コーランに描かれている感覚的な喜びや苦しみはそのまま肯定される。もっとも、それが現世において意味することと同じでないことは前述の通りである。

しかし、ガザーリーにとって、人間の究極的目標はそこにはない。「善行に励んだ者には、一番よいことの上にもっとよいことがある」というコーランの一節(10:26)の「もっとよいこと」とは、神の御顔を拝することである(見神)。それは天国の住人たちの恩恵をすべて忘れさせてしまうほどの喜びである。それに比べれば、天国の他の恵みはすべて牧草を食む家畜が享受するものと同じ、とまで言っている。しかし、人間には能力や知識において差があり、見神の喜びを味わい得るのはごく少数のエリートにすぎない。

では、見神とは何か。確かに、人間は現世においては神を見ることはできない。この点ではムータジラ派や哲学者の主張は正しい。彼らの誤りは、来世においてもそれを不可能とした点にある。ところが、それは現世からの推測にほかならない。人間の霊魂は理性を通して、想像によっても知覚できないことを知る。例えば、世界が被造物であり、創造主を必要とすることを知る。理性の本来的要求は知である。そしてその要求が充足された時に、喜びが生まれる。知の喜びは知の高貴さに比例し、知の高貴さはその対象の高貴さに比例する。したがって、最も高貴で最も完全なものの知は最も大きな喜びを生む。それは神以外にない。人間の徳が完成し、神に思念を集中して心が極度に清澄になると、神の特別な恩恵として神秘体験(ファナー)の中で神を見、その王国の秘密が多少なりとも直観的に開示される。これには非常に大きな歓喜が伴う。ところで今、目の前に人を見て目を閉じると、その人の姿が脳裡に映像として残る。次に目を開けて再びその人を見ると、その時の知覚は目を閉じている時の映像より比較にならないほど鮮明である。来世において、このように鮮明にはっきりと神を知ることができるとすれば、それこそまさに見神と呼ぶべきではないか、とガザーリーは言うのである。しかし、来世においても、神を完全に見ることは、有限かつ不完全な人間にとっては不可能である。したがって、神への「憧憬」(シャウク)は無限に続くのである。こうしてガザーリーは、見神をスーフィズムの中に位置づけるのである。

ガザーリーがその著『哲学者の自己矛盾』の中で、哲学者が肉体の復活を否定し、もっぱら死後の霊魂に対する賞罰のみを認めるのを批判し、霊肉双方の復活と賞罰を認めたことはよく知られている。確かに、アヴィセンナ(イブン＝シーナー)は『来世についての論考』(*Risālah Aḍḥawīyah fī Amr al-Maʿād*)では、明確に肉体の復活を否定し、来世についてのコーランの感覚的描写は、民衆に理解させるための比喩であるとしているが、他の著作(*Shifāʾ*, *Najāt* など)では、肉体の復活や感覚的賞罰も真実としているのである。

これについて、『論考』の校訂者S・ドゥンヤーは、アヴィセンナの著作を一般人向けの公式のものと専門の哲学者向けのものの二つに分け、『論考』を後者の中に入れ、そこに彼の真意をみている。L・ガルデもほぼ同様の見方である。しかし、いわゆる公的著作についてみると、確かにそこには、肉体の復活は啓示で認められており、そこで詳述されているので、われわれは霊魂の賞罰についてのみ述べる、とのコメントがあるが、これを除けば全体的記述に大きな違いがあるとは思えない。

アヴィセンナにとって復活とは、死によって霊魂が肉体から分離することであり、来世における人間の賞罰とは、霊魂が死後に経験する喜びや苦しみのことである。死後の霊魂の状態は、生前における霊魂の知的完成と倫理的浄化の度合いによる。まず、知的探求と実践によって完成している霊魂は、死によって肉体的現世的束縛から解放され、その本源である知性界に帰還し、能動知性と結合して永遠の至福状態に入る。他方、知的徳性・倫理的徳性のいずれにおいても不完全な霊魂は、永遠の苦しみを味わう。それは、霊魂の本来的な知的欲求が充たされない苦痛が現世のさまざまな障害で感じられなかったのが、死によって障害がなくなり、一度に激痛となって現れるからである。また、感覚的欲望の追求に慣れた霊魂の快楽への渇望はそのまま残るが、それを充たす道具(肉体)がないので、充たされない渇望は激しい苦しみとして残るからである。

これに対して、知的・倫理的徳のいずれかにおいて不完全な霊魂は、やがては知性界に上昇するが、その想像力によって天国における感覚的喜びを体験し、悪しき霊魂は聖典に描かれた罰や苦しみを味わう。想像による表象は、夢の場合以上に大きな現実的効果をもつ。もっとも知性の劣る単純な人は、知的欲求がなく、それなりの幸福の状態に至る。

ガザーリーはまず復活を大小の二つに分ける。小復活とは、各人の死による霊魂の肉体からの分離である。死によって霊魂は、生前に愛していたものに向かう。現世的なものを愛していた人は、それらが失われることで死後の苦しみは大きい。しかし、生前親しみ慣れていたものが神のズィクル(思念)であれば、肉体の障害がなくなって喜びと幸福は大きくなる。

次に、死者は墓の中でムンカルとナキールの二天使の審問を受ける。信仰者は審問を無事通過し、その墓は広い緑の楽園のようになり、満月の夜のごとく明るく輝く。不信仰者は天使の呪いを受け、墓の中で龍やサソリに噛まれたりして罰を受ける。これらは外からは見えない。それは夢の中の出来事と同じで、また不可視界の経験だからである。

大復活では、すべての人が生前のように肉体と共に蘇生し、審判が行われる。ガザーリーは正統信条にあるように、各人の善悪の行為を計る秤、各人が渡る狭い橋などの出来事をそのまま認める。来世の出来事は現世からの推測によって判断できないし、その真相は誰にもわからないからである。ただ現世での喜びや苦しみの最大のものから推測できるだけである。つまり、外的な意味の他に、真実の内的意味があるということである。

ガザーリーにとって、来世における最大の喜びは見神である。それは目で見ることであるが、一種の開示・知である。しかも一般の知識よりもより完全かつ明瞭である。それは目を閉じてものを想像する時と、目を開けてそのものを実際に見る時の違いのようである。これはアヴィセンナの霊魂と能動知性との接触に対応するが、ガザーリーにとってはそれは、神秘体験の中での神の直接知の延長線上にある。現世においてこのような知識が多いほど、神への愛は強まり、死後に肉体から解放されて完全な開示（見神）という至福に至る。これに比すれば、天国における他の諸々の喜びは家畜のそれに等しく、そのような喜びは知者の眼中にはない。そもそも天国で神以外のものに喜びを見出す者は「神の友」（ワリー＝聖者）ではないのである。

以上がガザーリーの来世観であるが、アヴィセンナのそれとの共通性は歴然としている。ガザーリーにおいては、肉体の復活や賞罰は民衆のために認めているとはいえ、その評価はきわめて低い。いや、否定的ですらある。他方、アヴィセンナはそれらを否定し、比喩としている。しかし、民衆の想像力による死後の感覚的快苦についても述べており、これはまた小復活後のガザーリーの言う霊魂の状態でもあり、この点で両者は非常に接近している。ガザーリーへのスーフィズムの影響を除けば、来世観に関する限り、両者の共通点、つまりガザーリーへの哲学の影響は意外に大きいと言える。

第三章　ガザーリーの神学思想と哲学

第1節　イスラムの正統信条

伝統的イスラム世界における正統信条とは何か。この問題を検討するためにここでは、最もよく知られ、また最も広く用いられてきたスンニー派信条の一つ、ナサフィーの『信条』(*al-'Aqā'id al-Nasafīyah*)を取り上げる。ナジュムッディーン・ナサフィー(Najm al-Dīn Abū Ḥafṣ 'Umar b. Muḥammad al-Nasafī al-Māturīdī)自身についてはあまり知られていない。西暦一〇六八年に中央アジアのサマルカンド近くの町ナサフに生まれ、一一四二年にサマルカンドで没したといわれる。ガザーリーとほぼ同時代、若干後輩に当たるハナフィー派の聖法学者であり、神学的にはマートゥリーディー派に属する学者であった。[1] この派はアシュアリー派と並んで一方の正統神学を代表するもので、この地方に起源し、またそこに多くの信奉者を得ていたのである。

彼にはこの『信条』のほかに、聖法学、コーラン注釈学、スーフィズムなどに関する著作がいくつかあり、写本のまま現存しているが、[2] 彼の名を有名ならしめたのはもっぱらこの『信条』である。古典イスラムの基本的信条を網羅的にバランスよく簡潔にまとめていて、教科書として便利なものであったからであろうか、この『信条』に対する注釈書、さらには注釈書の注釈書が多く書かれてきた。なかでも最も有名なものは、アシュアリー派の神学者、タフターザーニー(Sa'd al-Dīn Mas'ūd b. 'Umar al-Taftāzānī 一三八九年没)の注釈書である。[3]

ナサフィーがマートゥリーディー派で、注釈者タフターザーニーがアシュアリー派であるとはいえ、両派の間に基本的な点で大きな違いがあるわけではない。両派ともに、一方ではハンバリー派的伝統主義、他方ではムータジラ派的合理主義神学という両極端に対して、ムータジラ派の理性的弁証の方法を用いて伝統的教義を弁護するという中道的立場をとる点では共通している。

ただ全体的に見て、マートゥリーディー派がやや人間の理性や主体性を、アシュアリー派が神の絶対性をより多く強調する傾向があるという程度である。[4] 例えば、アシュアリー派が主に神の意志と力の絶対性を強調するのに対して、マートゥリーディー派は人間の自由意志により多くの関心を向けようとする。したがって、人間の悪も含めてすべての行為は神の意志によるものとする点では両派共通であるが、マートゥリーディー派がそれを「神のよしとするもの」とまで言わない点では、アシュアリー派と異なる。さらに、マートゥリーディー派が「救済の確証」の教義を認めるのに対して、アシュアリー派はそれを認めない。したがって、マートゥリーディー派は「私は真に信仰者である」との断定的な言い方を認めるのに対して、アシュアリー派は「私は信仰者である。神の御心ならば」という言い方しか認めない(古典イスラムにおいては、「信仰者」とは「救われる者」を指すと解される)といったぐあいである。

ナサフィーのスンニー派『信条』は早くからヨーロッパに紹介された。まず、ムラージ・ドーソンが『オスマン帝国概観』(一七八八―一八二四)、第一巻の中で仏訳し、その後一九〇三年にマクドナルドによる英訳が出た。[5] さらに一九五〇年には、エルダーによってタフターザーニーの注釈が英訳された。[6]

『信条』のアラビア語のテクストとしては、イスラム諸国で数多く刊行されているものは別にして、ヨーロッパでは一八四三年にキュアトンがロンドンで刊行したものが知られているだけである(W. Cureton, *Pillar of the Creed of the*

Sunnites)。これは、かなり後代の別のナサフィー(Ḥāfiẓ al-Dīn Abū al-Barakāt ʻAbd Allāh al-Nasafī. 一三一〇年没)の『信条』と共に刊行されたものである。

わが国においては、ナサフィーの『信条』はもちろん、この種の文献の翻訳・紹介はこれまで皆無であった。本節でこの『信条』を取り上げたのは、中世のイスラム神学の概要を読者に紹介し、この全体的枠組みの中でガザーリーの神学思想を理解するよすがとしたいからである。そのために、ナサフィーとガザーリーの違う点は注記した。

翻訳にあたっては、テクストとして al-Taftāzānī, *Sharḥ al-ʻAqāʼid* (Istanbul: Maṭbaʻah al-Ḥājj Muḥarram Efendi al-Busnawī, 1309 AH) の末尾に付されたもの(NTと略記)を中心とし、タフターザーニーの注釈(*Sharḥ*と略記)の本文中に引用されたテクスト(STと略記)をも参照したが、両者の差異その他のテクスト上の問題について注記は本書では省略した。ただ、STにあってNTにない語は、( )に入れて訳出した。残念ながら、キュアトンのテクストが利用できなかった。ヨーロッパ語訳については、ドーソンの仏訳は入手できなかったが、マクドナルドの英訳、およびタフターザーニーの注釈書の英訳を参照した。

なお、訳文中の〔 〕は、訳者が文意を明瞭にするために補った言葉であることを示す。コーランの引用に際しては、標準エジプト版の節番号によった。

ナサフィーの『信条』

慈悲深く慈愛あまねき神の御名において

懐疑主義者たち[7](sūfasṭāʼiyah)と異なり、真実の徒はこう言う、事物の実在とその本質は確定しており、それについての知識は確証されるものである、と。人間の知識の源泉として三つのものがある。すなわち、健全な感覚、真実なる伝承(khabar)、および理性(ʻaql)である。感覚は五つある。すなわち、聴覚・視覚・嗅覚・味覚・触覚がそれである。これらの感覚によって人は、その各々に対応する世界を知覚する。

真実なる伝承に二種ある。第一は、無数に多くの人びとの伝える(mutawātir)伝承である。それは、虚偽において一致することが考えられないような数の人びとが語った言葉によって確立している伝承のことである。そこから得られるはずの知識は、過ぎ去った時代の遠い国々における過去の王たちに関する知識のように、必然的なもの[8](ḍarūrī)である。第二が、〔預言者の〕奇蹟[9](mu'jizah)によってその使信を確証された使徒〔ムハンマド〕のもたらす伝承である。そこから得られるはずのものは演繹的知識[10](al-'ilm al-istidlālī)である。これによって確立した知識は、信憑性と確実性において、必然的に確立した知識に等しいものである。

理性もまた知識の一源泉である。その中でも明断判明に(bi'l-badāhah)確立するものは、全体はその部分より大きい、という知識のように、必然的なものである。演繹により(bi'l-istidlāl)確立した知識は、人間が獲得して得るもの(kasbī)である。霊感[11](ilhām)は、真実の徒によれば、事物の真実についての知識の源泉ではない。

世界はそのすべての部分において創られたものである。なぜなら、それは実体('ayn)と偶有('araḍ)より成るからである。実体とは、それ自体で存立(qiyām)し得るもののことで、複合体(murakkab)、つまり物体(jism)であるか、非複合体(ghayr-murakkab)、つまり原子(jawhar)であるかのいずれかである。原子とは、それ以上もはや分割し得ない部分のことである。偶有とは、それ自体で存立するものではなく、色、〔存在の〕状態[12](kawn)、味、臭いのように、物体や原子の中に創り出されるものである。[13]

世界の創造者は神である。神は一者にして永遠なるものであり、全能にしていきとし生けるものであり、すべてを知り、(すべてを聞き、)すべてを見、欲求と意志をもち給うものである。

神は偶有でもなく実体でもなく、想像や定義や数量によって把捉できるものでもない。神は部分に分割したり分けたりできるものではなく、また部分によって構成されたものでもなく、有限でもない。神は本質(māʾīyah)においても、また様態(kayfīyah)においても、こういうものだとして記述することはできない。神は空間を占めることはなく(yatamakkanu)、時間の流れに従うこともない。何ものも神に似ることはなく、何ものも神の知識と力から(min)逃れることはない。(14)

神にはその本質(dhāt)に内在する永遠なる属性(ṣifah)がある。属性は神そのものではないが、神とは別のものでもない。(15)属性には、知、力、生命、強さ、聴、見、意、欲、行為、創造、恩恵、ことばがある。神は、自己の属性である永遠なることば――けっして文字や音声ではないことば――で語り給う。ことばは沈黙や欠陥に対立する属性である。神はこの属性によって語り、そのようにして命令し、禁止し、知識を与え給う。

コーランは神のことばであり、創造されざるもの(ghayr-makhlūq)である。それはわれわれが書物に記し、われわれが心に記憶し、われわれが口で読誦し、われわれが耳で聞くものであるが、それらの中に状態として存在するものではない。(16)

創造(takwīn)は神の属性であり、永遠なるものである。(17)それは、神が世界とその部分を、それらが存在するに到る時点で創ることである。われわれの考えによれば、この創造〔という属性〕は創造されたもの(mukawwan)ではない。意志(irādah)は神の、(その本質に内在する)永遠なる属性である。

見神(ruʾyah Allāh)は理性的に可能なことである。(18)伝統(naql)によれば、〔それを肯定することは〕義務である。来世において(信仰者たちが)神を見ることを肯定する神的権威(al-dalīl al-samʿī)はすでに存在している。(19)もっとも、神が見られるのは空間においてではなく、また一定の方向においてでもなく、面と向かい合ってでもなく、光の到達によってでもなく、見る者と神の間の距離が定まることによってでもない。(20)

神は、不信仰(kufr)と信仰(īmān)、服従と反抗などの人間の行為の創造者である。それらは(すべて)神の意志(irādah)と欲求(21)(mashīʾah)によるものであり、神の判断(ḥukm)と決定(qaḍīyah)と予定(taqdīr)によるものである。

自由意志による(ikhtiyārī)行為は人間のものであり、人間はそれによって報いを受け、それによって罰を受ける。これらの行為のうち善行(ḥasan)は、神の嘉し給うものであり(悪行は神の嘉し給わぬものである)。行為(fi'l)は能力(istiṭā'ah)と共にある。能力とは、行為を存立させる実在の力(ḥaqīqah al-qudrah)であり、健全な感覚・器官・肢体を伴って与えられる名称のことである。[22] 道徳的義務(taklīf)の正当性はこの能力にかかっており、人間は能力以上のことを負わされることはない。[23] 打擲を受けた人が打擲と共に感じる痛み、人がガラス器を破壊する時に起こる破壊等々、これに類することはすべて神が創造することであり、その創造に人間が関与することはない。

たとえ殺害された場合でも、それは〔その人の〕天寿(ajal)による死である。死そのものは、神により創造されたものとして死者の中に内在するものである。したがって、天寿は一つである。

たとえ禁止された(ḥarām)食物であっても、それは神からの恵み(rizq)である。禁止されたものであれ、許されたもの(ḥalāl)であれ、各人は過不足なく自分に与えられた糧を得ているのであって、他人に与えられる分を食べるということは考えられないことである。

神は迷わせたいと思う者を迷わせ、導きたいと思う者を導き給う。人間にとって最善のことをするのが神の義務ということにはならない。[24]

不信仰者(kāfir)、それに信仰者(mu'min)の中でも罪を犯した者の一部は、墓の中で罰を受けること、神に従順なる者は墓の中で(神が知り、欲し給うものによって)楽な目をみること、およびムンカル(Munkar)とナキール(Nakīr)の〔二天使の〕審問[25]をうけるということ——これらは神的権威に基づく証明によって確立している。

復活(ba'th)は真実であり、〔そこで善悪の行為が〕計量されること(wazan)は真実であり、〔そこで提示される善悪の行為を記録した〕帳簿のことは真実であり、溜池[26](ḥawḍ)のことは真実であり、橋[27](ṣirāṭ)のことは真実であり、天国は真実であり、地獄は真実であり、天国と地獄は神の創造によるものであり、永遠に存在するものであり、そこに住まう人たちと共に、消え去ることはない。

大罪(28)(kabīrah)によって信仰者はその信仰(īmān)を失うことはないし、また不信仰(kufr)を得ることもない。神は自己のほかに神を認めることを赦し給うことはないが、それ以下のことなら、小罪(ṣaghīrah)であれ、大罪であれ、欲する者を赦し給う。小罪に対する罰、大罪に対する赦しはあり得ることである。ただし、罪に相当する行為を許されたものと考えること(istiḥlāl)から出た罪悪行為の場合は除く。〔なぜなら〕そのように考えることは不信仰にほかならないからである。(29)

〔神への〕とりなし(shafā'ah)は使徒たちに認められており、その恩恵は大罪を犯した者のためにある。信仰者で大罪を犯した者が地獄の中に永遠に住まうことはない。

信仰とは、神のもとより下されたことを真理と認め(taṣdīq)、告白すること(iqrār)である。行為自体は増加するが、信仰は増減しない。「信仰」(īmān)と「イスラーム」(islām)は一つである。(30)

〔啓示を〕受け入れ、〔それを〕告白するならば、「私は真に信仰者であります」ということは正しいし、「神の御心ならば、私は信仰者であります」という必要はない。(31)

幸福なる者が時には不幸になることがあるし、不幸なる者が時に幸福になることがある。変わるのは幸・不幸〔の状態〕であって、幸・不幸にすることにあるのではない。なぜなら、この両者〔幸・不幸にすること〕は神の属性であって、神そのものとその属性に変化はないからである。(32)

使徒たちを遣わすことの中に〔神の〕知恵(ḥikmah)がある。(33) 神はすでに人類の中から使徒たちを選び、人類の中に彼らを遣わし、〔使信を〕彼らに伝えさせ、警告させ、そして人間が必要とする信仰上の事がらと現世に関する事がらを彼らに明らかにさせ、さらに〔自然の〕運行(34)('ādah)を破る〔預言者の〕奇蹟(mu'jizah)をもって使徒たちを強化したのである。

預言者たちの最初の者はアダムであり、その最後はムハンマドである。彼らの数を明らかにした伝承がすでにいくつか伝えられている。より正しくは、名前を挙げてその数を限定しないことである。すでに(神は)、「彼らのうちのある者は汝に語り聞かせ、またある者はまだ汝には語り聞かせてはいない」(40:78)と言い給うた。その人数を数えあげても、預言者でない者を入れたり、預言者である者を除外したりしないという保証はない。彼らはすべて、ある。真実にそして誠実に神から〔の啓示を〕告知し伝達したのである。預言者たちのうちで最も優れた者はムハンマドである。

天使(malā'ikah)は神の命令を〔忠実に〕実行する神の僕である。天使には男性・女性の区別はない。

神は啓典をもち、それを預言者たちに下し給い、その中で神の命令・禁止・警告および約束を明らかにし給うた。(36)

神の使徒〔ムハンマド〕が目覚めの状態で、肉体のまま天に、それから神の欲し給うたいと高き所へ「昇天」(mi'rāj)したことは真実である。(37)

聖者(walī)の奇蹟(karāmāt)は真実である。短時間のうちに遠距離を移動したり、必要なときに食物や飲物や衣類が現れたり、水上や空中を歩行したり、無生物や動物が語ったり等々のように、〔自然の通常の運行を〕破ることによって、神が奇蹟を起こすのである。そしてこれが、使徒には〔その使徒性を証明する預言者の〕奇蹟となる。奇蹟(karāmāt)は彼の共同体のある者にも現れ、それによってこの者が聖者であることが示される。彼が聖者であるのは、ただ(彼が)信仰に忠実である場合だけである。彼の信仰とは、彼の使徒の使信を認め、告白することである。

預言者たちに次いで最も優れた人間は「至誠の人」アブー＝バクルであり、次が「弁別者」ウマル、次が「二つの光の所有者」(38)ウスマーン、次が〔「神に愛された人」〕アリーである。彼らのカリフ位(khilāfah)の順位もまたこの通りである。(39)

カリフ制の時代は三〇年間であり、その後は王制(mulk)と覇者(imārah)の時代となる。(40)しかし、ムスリムたちには、彼らの裁決を執行し、彼らの領土を保全し、彼らの国境を守備し、彼らの軍隊を維持し、彼らの喜捨を徴収し、押し込み・盗人・辻強盗を取り鎮め、金曜日の集団礼拝や祭礼を施行し、人びとの間に起こる争論を防止し、法的権利に関する証言を聴取し、後見人のいない未成年の男女を結婚させ、戦利品を分配したりするために、指導者(imām)がいなければならない。

(次に)指導者は目に見える形で存在していなければならず、身を隠していたり、〔将来の帰還が〕期待されている者であってはならない(41)。彼はクライシュ族出身の者であり、それ以外の者であってはならないが、ハーシム家あるいはアリーの一統に限定されない。指導者は不可謬であること(maʿṣūm)、またその時代の最も優れた資質の人間であることは条件とされない(42)。ただ(五体健全で)一般的な統治能力(al-wilāyah al-muṭlaq)をもつ政治家で、裁決を執行し、イスラムの定める刑罰を守らせ(43)、犯罪者に対して被害者の償いをさせる能力をもつことが必要なる条件である。指導者は罪や不正によってその地位を解かれることはない。

敬虔な人であれ罪人であれ、どのような人の後に従って礼拝をしても、それは許される。敬虔な人であれ罪人であれ、われわれはすべての人に〔神の〕祝福を求める。われわれは〔使徒ムハンマドの〕教友たちについてはよきことのみを語る。われわれは、預言者〔ムハンマド〕から(楽園のことについて)よき知らせを受けた「一〇人の福音を受けた者たち(44)」にたいして、その楽園のことを証言する。

われわれは旅行中であっても、家にいても、〔礼拝のための清めの行為として〕沓を〔脱がないで〕擦〔ってすませ〕ることは許されると考える(45)。

われわれはナツメヤシ酒(46)(nabīdh)を禁止されたものとはみなさない。

聖者が預言者の位階に達することはないし、また人間が(正気の成年である限り)〔神の〕命令や禁止を必要としないような段階に達することはない。

聖典の本文(nuṣūs)は文字通りに理解されるべきであり、それから離れて秘儀的解釈をする人(ahl al-bāṭin)が主張するような意味をそこに見出すことは、不信仰という迷いに陥ることである。[47] 聖典〔の権威〕を否定することは不信仰である。罪とされていることを許されているとみなすことは不信仰である。(罪を軽視し)聖法(Sharī'ah)を愚弄することは不信仰である。神に絶望すること(ya's)は不信仰であり、神からまったく安全〔だと考えること〕(amn)は不信仰である。巫者(kāhin)が不可視界(ghayb)のことについて伝えることを真実とみなすことは不信仰である。

非存在(ma'dūm)はものではない。[48]

生者が死者のために祈ること(du'ā')、および生者が死者のために喜捨をすること(ṣadaqah)は、死者にとって有益である。神は祈りを聞き入れて必要を充たし給う。[49]

終末が到来する時の状況について預言者〔ムハンマド〕が告げたこと、すなわち偽メシア[50](al-dajjāl)や地上を這う動物(dābbah al-arḍ)の出現、ゴグとマゴグ[51]の出現、イエスの(天からの)再臨、および太陽の西からの上昇は真実である。

ムジュタヒド(mujtahid)は間違う時もあるし、正しい時もある。[52] 人間の使徒は天使の使徒より優れており、天使の使徒は一般の人間より優れており、一般の人間は一般の天使より優れている。[53]

第2節　コーランの被造性

はじめに

イスラム神学史上重要な争点の一つで、われわれ外部の者にとって一見奇妙に思えるものに、コーランは神の被造物(makhlūq)であるか否か(ghayr-makhlūq)という問題がある。この論争の発端は非常に古く——もっと正確な言い方をすれば、コーランの被造性の主張が最初に出てきたのは——イスラム史の最初期、つまり最初の一世紀の末までさかのぼるといわれる。(1) それ以後、この問題は学者の間で盛んに論議され、ついには「コーランは神の被造物であるか否か」という設問が、各ムスリムの神学的立場を試す踏絵とされるまでになった。その最も有名な具体例として、われわれはムータジラ派の立場に立つアッバース朝カリフ、マァムーン(在位八一三—八三三年)が設立した異端審問(miḥnah)を思い出すことができよう。

それは、単に生命、知、力などのような神の属性(ṣifāt)に関する抽象的な一般的問題の一つに留まらず、ことば(kalām)、話者(mutakallim)、「天の書板」(85 : 22)、啓示、コーラン読誦、およびコーランの奇蹟としての性格、等々に直接関係する問題でもあった。それはまた、五感で知覚し得る現実のコーランと分かちがたく結びついており、ムスリムの現実の宗教的感情に直接触れるものでもあった。それだけに、その問題の取り扱いはいっそう複雑困難であることは否めず、早い時代からそれは一つの独立したトピックとして議論されてきた。(2) 論議は単にジャファミー派やムータジラ派のような異端と正統の間のみならず、正統派内部(アシュアリー派、ハンバリー派、マートゥリーディー派)でも烈しくたたかわされてきた。

本節は、この問題をめぐる論争の発端からその発展の全過程を跡づけようとするものではないし、[3]またこの論争に関係するトピックおよび学派をすべて網羅するものでもない。さらにまた、論争の過程で示された諸観念の歴史的起源や相互関係の問題にまで深入りする意図もない。[4]本節の目的はただ、主としてイスラムの古典時代におけるハンバリー派、ムータジラ派(ジャフミー派)、アシュアリー派三派の代表的学者の議論を紹介し、それがもつ宗教的意味を明らかにすることにある。ここでは神学論争の論理構造の解明に主眼が置かれたため、論争の時代的順序にはそれほど注意は払われなかった。もちろん、論争の歴史的プロセス(および現実的背景)を無視したり、また他宗教との体系的比較を欠いては、その意味の十分な解明は不可能なことは明白であるが、これは今後の研究に譲るとして、本節はそのための一種の試論にほかならない。

1　ハンバリー派とムータジラ派

イスラム史の最初期の時代からすでにムスリムの間には、コーランは神の言葉であり、同時にそれはまた時間の中に現れ出たものだ、という強い確信があった。最初からコーランには相矛盾する要素が含まれていたのである。「それは〔初め〕存在しなかったが、次に存在した」(lam yakun thumma kāna)という有名な句に表現されているように、それは一方では、神のことばとして永遠なる超越的存在に関連づけられ、他方では啓示を通して有限なる世界に結びつけられているのである(Watt, "Early Discussions," p. 28)。「神のことば」は必ずしも直ちにコーランの永遠性を意味するものではなかったが、前者から後者への移行を理解することはさほど困難なことではない。コーランが神のことばであるなら、誰しもそれをみだりに変更したり、改竄したりすることには躊躇をおぼえる。そこから、コーランは不変のものだという考え方が出てくる。[5] 少なくとも、コーランは神の被造物である、という最初の主張が出てきた背景には、神のことばとしてのコーランをしばしば永遠なるもので被造物ではないとみなすほど、それに対する高い崇敬の念がムスリム大衆の間にあったことは否定できない。[6]

このような一般的傾向は、初期のムータジラ派の人びとが、その中に神の唯一性（タウヒード）に対する重大な脅威を見て取るに十分であった。[7] 彼らは自らを「神の正義と唯一性の徒」(ahl al-ʻadl wa'l-tawḥīd) と称するように、[8] 神の唯一性を狭く解し、厳格に保持しようとする点で皆一致していた。そのような立場から、彼らはマニ教的二元論やキリスト教の三位一体の教義に対して烈しく論戦を挑んだように、[9] ムスリムの間にみられる、コーランを永遠なるものとする傾向に対しても戦わねばならなかった。異端審問を始めたカリフ、マァムーンの手紙やそこでアフマド・イブン＝ハンバル（八五五年没）を取り調べた裁判官の言葉などからわかるように、コーランの永遠性を認めることとは、「神自身と神が啓示したコーランとを等しいものと考え」[10]、「神と類似の存在を認める」(Patton, p. 104) ことを意味した。これは神の唯一性を破壊する多神崇拝（シルク）である、として彼らには絶対に容認できないものであった。

しかし、神の唯一性を第一義的に主張するのはムータジラ派に限らない。ハンバリー派もアシュアリー派も各々の立場から神の唯一性を主張し、そしてそれを最も重視する。そこでコーランの問題は、結局のところ各派が考える神の唯一性の概念、あるいは神観念に帰着する。本節ではこの複雑な問題について論じることはしないが、一言述べるとすれば、ムータジラ派は神の永遠なる属性を否定し、アシュアリー派[11]などが神の「属性」と呼ぶものを、神の本質 (dhāt) のはたらき、ないしはその様態 (ḥāl) に還元して考える点では一致している。[12] これに対して、ハンバリー派の場合、イブン＝ハンバルの後述の態度にみられるように、コーランやハディースの伝えるところをそのまま（比喩的にではなく）受け取り、それ以上の議論に深入りするのを拒否することにその傾向がみられる。そのようにして、神についてのコーランの記述を直解する、ムスリム共同体の中に広くみられる傾向を保持しようとした。

例えば、コーランの問題についてイブン＝ハンバルはこう言っている。

「コーランは創造されざる神のことばである」と言ったと伝えられるわれわれの先達は、けっして一人に留まらない。……そしてそれが私の信条である。私は弁証をこととする神学者ではない。この種の事がらについての議論で私が認めるのは、ただ神の書〔コーラン〕あるいは預言者からの伝承、あるいは教友やその次の世代の人びとからの言い伝えによってなされる議論のみで、その他の議論については、これを用いるべきではない。

(Patton, p. 163)

このように、理性主義的立場からの論争に対しては、コーランとハディースに厳格に従いながら、頑なに「様態の如何を問わず」(bi-lā kayfa) の態度をとりつつ、この限界を一歩も出なかった(13)。しかし、後述のように、コーランは神からの知であるという彼の考えからみて、彼のこのような態度の少なくとも一つの意味は、もし神のことばとしてのコーランの被造性が認められるとすれば、それは必然的に将来いつかは神の指示・命令は消滅するということを意味する。これは重大な結論と言わなければならない。そうであればこそ、ムータジラ派からの劇的な回心の後、イブン＝ハンバルの教えに従うことを宣言したアシュアリーが、このことを後にコーランの被造性を否定する根拠の一つにしたのも当然である。

コーラン、すなわち神のことばの被造性の問題を論じる際、それを否定するにせよ肯定するにせよ、それはこの「ことば」についての一定の概念に従ってなされる。そこでまず、神のことばとは何か、またこの神のことばと現実のコーランの関係は何か、ということを簡単に考察することが必要となる。

まず、ムータジラ派を代表するアブドル＝ジャッバール(一〇二五年没)によれば、「神のことばとは、この世において理解されている種類のことばを指す。それは、一定の規則に従って配列された文字（ḥurūf manẓūmah）と区切られた音（aṣwāt muqaṭṭaʿah）のことである。それは、耳で聞くことができ、そしてその意味が理解されるように、神がものの中に創造した偶有的存在である」[14]。

この定義は、すべてではないにしても、少なくとも大多数のムータジラ派の承認を得ているものである[15]。われわれがあるものを欲したり嫌悪したりする時、ことばを発するのと同様に、神もそうする。ただ擬人神観的立場（tashbīh）を厳しく否定するムータジラ派にとっては、同派の代表の一人であるナッザーム（八四〇年頃没）が認めるように（Nader, p. 103）、神が人間と同じように語るということは不可能である。そこで、神はことばを「つくり出す」（faʿala）、ないしは「創造する」（khalaqa）と考えられる。つまり、「話者とことばの間の関係は、話者がそれ〔ことば〕をつくり出す場所でのみ成立する」（*Mughnī*, p. 85）とされる。したがって、「真の話者とはことばをつくる者であり、したがって神とはある場所にことばをつくる者のことである」（*Nihāyah*, p. 95）。しかし、神自身は被造物（ḥawādith）のための場所とはなり得ないために、自己自身以外の場所にことばをつくらなければならない。コーランとは、このようにして神がつくり出した「文字と音」を集録したものである。したがって、それはつくり出されたもの（muḥdath）として、永遠なるもの（qadīm）ではあり得ない。

ここで彼らは、擬人神観の立場を否定する一方[16]、なおかつ神は語ると主張しなければならないという意味で、困難な立場に立たされる。「話者とはことばをつくり出す者」という彼らの定義によれば、人間の言語活動を説明することは簡単である。しかし、自己以外のものにことばをつくり出す神は、普通の意味で話者と言えるであろうか。そこから少なくとも、後述のように、人間とのアナロジーによって論を進める反対者にとっては、この「話者」の概念は奇妙なものに思われる。当然のことながら、この神のことばがどのようにつくり出されるのか、またそのことばがつくられる場所は何であるのかをめぐって、ムータジラ派内部で容易に意見の一致がみられなかった。ある人びとによれば、神は預言者の中にことばをつくり、他の人びとによれば、藪(20：9-17；27：7-12参照)や毒を盛られた羊の脚(後注(37)参照)のようなものの中にも神はそれをつくり出す。あるいは、初期のムータジラ派が主張したように、神はことばによって表現される観念だけをつくるとも考えられる(Nader, p. 101)。同派の一人、イスカーフィーによれば、神がある被造物に霊感を与えると、これがその霊感をことばで表現するその場所になる。このようにして、彼は最後には神を「話者」と呼ぶことを拒否したのである(*Ibid.*, pp. 102-103)。アシュアリーがジャフミー派を批判した時(本節一五三—五四頁参照)、彼はジャフミー(ムータジラ)派のこの弱点をよく知っていたに違いない。

さて、ハンバリー派についてみると、前述のように、イブン＝ハンバルはコーランとハディースを引用するのみで、それ以上の答えを与えようとはしなかった。彼があまりにも頑なに分析的議論に立ち入ることを避けたため、審問中の取調官がついに堪忍袋の緒を切らしてしまうこともしばしばであった(Patton, p. 103)。イブン＝ハンバルにとっては、コーランについて論じること自体不信行為であった。[17] しかし、彼が語ったり書いたりした言葉から、彼がコーランについて何を考えていたかを知ることはできる。「慈悲深きお方はコーランを教え、人間を創造し、人間に〔それについての〕説明を与え給うた」(55：1-4)や「まことに神の指示は正しい指示である。もしも汝、〔真の〕知識を〔神から〕授けていただきながら、しかも彼らの根も葉もない思惑に従うようなことがあれば、神の〔お怒り〕から汝を保護してくれる者も援助してくれる者もない」(2：120)や、その他の部分(2：145；13：37)からの引用によって、コーランは神の知に属するものだと結論する(*Ibid.*, pp. 162-63)。このようなコーラン観は彼にとって非常に有用であった。例えば、「コーランが存在していない時でも、神は存在していたではないか」という詰問をかわすために、彼がしばしば用いる返答は、「神が存在していて、神の知が存在しないということがあっただろうか」(*Ibid.*, p. 102)であった。以上のことからわかることは、彼は少なくとも心の内では、「目に見えるコーラン」と「目に見えないコーラン」を区別していたということである。[18] つまり、コーランはその物質的形態での存在を与えられる以前は、神の中に潜在的に存在していたのである。

ハンバリー派の中でも極端な者は、「〔コーランの〕前後二葉の表紙の間にあるものは神のことばであり、われわれが読んだり書いたりするものも神のことばそのものである。したがって、単語や文字それ自体神のことばである」(*Nihāyah*, p. 104)と主張した。引き出す結論こそ異なれ、共にコーランを物質的表現的形態において考えているという点では、彼らはムータジラ派と同一の立場に立っているようである(もっとも、ハンバリー派の場合、そのコーラン観には「目に見えないコーラン」も含まれているが)。他方、同じハンバリー派でも、アブー＝ヤアラー(一〇六六年没)の考えはやや微妙である。彼は、アシュアリー派の「心のことば」(kalām al-nafs)の概念(後述)を否定して、「永遠なるものであれ、つくり出されたものであれ、ことばの本質は、理解される文字と耳で聞かれる音声である[19]」とする。そしてさらに、「本当の意味での話者とは、話している者(al-qāʾil)のことであり」(Abū Yaʿlā, fol. 33a)、また「われわれは神のことばを話す」(*Ibid.*, fol. 32a)とも言われる。では、神のことばはわれわれのそれとまったく同一のものであろうか。そうではない。彼によれば、「神は、永遠にして創造されざることばをもって語る。それは物体(jism)でもなく、実体(jawhar)でもなく、偶有でもない。……神のことばは人間のことばと同じものではない」(*Ibid.*, fol. 30b)。では、どのようにしてそれは啓示されるのだろうか。彼によれば、「神のことばは、それが現実にあるがままに、預言者の心に下されたのである」(*Ibid.*, fol. 32a)。したがって、「読誦(qirāʾah)とは読誦されるもの(maqrūʾ)であり、書写(kitābah)とは書写されるもの(maktūb)である。両者とも永遠である」(*Ibid.*, fol. 31a)。

彼はこれ以上この問題について論じていないので、いま引用した言葉によっていったい彼が何を意味していたのかを正確に知ることはできない。しかし、彼も同派の祖イブン＝ハンバルと同様、「目に見えるコーラン」と「目に見えないコーラン」を明確に区別した上で論じているのではなく、理念的な側面をも含んだ上で、コーランの中にあることば(表現)そのものの神的性格を強調しているようである。

これに対して、イブン＝タイミーヤ（一三二八年没）の場合、両方のコーランの区別は明確に意識されている。文字や音の問題に関する限り、アフマド〔・イブン＝ハンバル〕および彼の弟子の権威をかりて、読誦者の声や各頁にある文字は永遠である、と主張する者は虚言者であり、中傷者である。アフマドをはじめムスリムのいかなる学者もそう言ったことはない。[20]

コーランは、物質的形態ではけっして神のことばではない。またアブー＝ヤアラーと異なり、その読誦も神のことばではない。しかし、だからといって、アシュアリー派の主張するように、神のことばは観念(ma'nā)の中にあると言うのでもない。ことばには、ある目的のために組み立てられた観念と音と文字が含まれる。[21] このようなことばで神は語る。つまり、「神は本当の意味で(ḥaqīqatan)語ったのであり、ムハンマドに神が下したコーランは本当の意味で神のことばであり、その他の者のことばではない」(Ibn Taymīyah, p. 419)のである。

われわれは、ここでも曖昧な表現に出会う。ことばの定義に関する限り、イブン＝タイミーヤのものが文法学者のそれに最も近いが、[22] ではいったい神はどのようにして「本当の意味で」永遠のことばで語るのであろうか。神は人間と同じように口で語るのであろうか。いったい啓示(inzāl)の様態(kayfīyah)とは何であろうか。彼が区別する二つのコーランの間の関係は何であろうか、等々の疑問が湧いてくる。これに対して、彼はただ神のことばは創造されざるものであり、それは神から出たものであり、神に回帰するものである(min-hu bada'a wa-ilay-hi ya'ūdu)、という意味のハディースを引用するだけである。[23] それ以上は何も語らない。それは様態の如何を問わず(bi-lā kayfa)受け入れられなければならないのである。コーランとハディースにのみ依拠するこれら三人のハンバリー派からは、われわれはこれ以上の分析的議論を期待することはできない。

前述のように、他の多くの神学的問題と同様、コーランは創造されたものであるか否かという問題は、論者の基本的態度、ないしは根本的な神学的立場に密接に関連している。この種の問題において一歩譲ることは、必然的に論者の全神学体系の崩壊を意味する。そこで、双方とも可能な限りのあらゆる方法で自己の立場を弁護しようとする。したがって、その中には単なる言葉の上での議論とも思われるものもあるが、ここで代表的な議論をいくつかみてみよう。

カリフ、マァムーンは、「われら〔神〕はそれをアラビア語のコーランにつくりなした(ja'ala-hu)」(43:3)というコーランの一節を引用し、「……神がつくりなしたものは、すべて神が創造したものである」(Patton, p. 58)として、コーランの被造性を主張する。これに対して、イブン＝ハンバルは「つくりなす」(ja'ala)は「創造する」(khalaqa)ではないとして、この攻撃をかわそうとする(Ibid., p. 91)。

また、コーランの一節「彼らの主から新たにつくられた(muḥdath)お諭(dhikr)が来るたびに」(21:2)を引用して、「創造されたものでなくて、新たにつくられたものがあり得るだろうか」と問われて、イブン＝ハンバルは「コーラン第三八章一節には、「お諭(al-dhikr)をもつコーランにかけて」とある。この場合の「お諭」(al-dhikr)はコーランのことであるが、先の「お諭」(dhikr)には定冠詞(al)がない」(*Ibid.*, p. 100)として反論する。

さらに、コーランの別の箇所「創造と命令は彼〔神〕のものではないか」(7:54)において、「創造」(khalq)と「命令」(amr)が区別されており、したがって「命令」(ことば)は創造されたものではない、としてイブン＝ハンバルが自己の立場を弁護すれば、「神の命令はなしとげられなければならない」(wa-kāna amr Allāh maf'ūl)(33:37)の一節を引用して反論される(*Mughnī*, p. 88)。

さらにコーランの一節「われら〔神〕が何事かを欲する時は、ただ一言、これに「在れ！」と言いさえすれば、たちまちその通りになる」(16:40)を引用して、「もし「在れ！」が創造されたものだとすれば、それはあたかも被造物が被造物をつくるようなものだ[24]」という主張に対しては、ムータジラ派の方もやはり同じ箇所を引用してこう反論する。

まず、これは条件文である。条件文の帰結(jazāʾ)は条件文(sharṭ)の後にくる。他のものの後にくるものは、つくられたものである。第二に、「(そうすれば)たちまちその通りになる」の「そうすれば」(fāʾ)は「継続のfāʾ」(fāʾ al-taʿqīb)である。神のことば「在れ！」(kun)の直後に、時間差なくつくられたもの(mukawwan)が生起している。つくられたものに時間差なく先行するものもやはりつくられたものである。したがって、神のことば「在れ！」はつくられたものである。第三に、その一節にある“kun”という語は明白に“kāf”と“nūn”の二文字で構成されていて、そこに前後がある。このことは、その語がつくられたものであることを意味する。したがって、その神のことばはつくられたものである[25]。

このような具合である。ハンバリー派が「目に見えるコーラン」と「目に見えないコーラン」を区別せず、両者をひっくるめてトータルな形で議論を進める限り、コーランやハディースを引用する以外にムータジラ派の攻撃をかわす方法はないようである。

ムータジラ派の議論はさらに続く――

(1) 「「われら〔神〕はノアをその民に遣わした」(7:59)ということばは、(仮定として)ノアもその民も存在しない時では、非存在について語ることになる。それは不可能であり、虚言である」(*Nihāyah*, p. 95)。

(2) 「「汝の沓を脱げ」という、モーセへのことばは、彼の存在しない時では非存在との対話となる。いかにして非存在が語りかけられようか。したがって、コーランの中の命令や物語はすべて、対話の対象となる者が現実に語りかけられる時に、つくり出されたことばでなければならない。故に、ことばは時間の流れの中にあるものだ」(*Ibid.*, p. 95)。

(3)「共同体の一致した意見では、神のことばはわれわれの間にある。われわれはそれを口で読み、手で触れ、目で見、耳で聞く(9 : 6)。そのような言い方が永遠なる存在に当てはまるであろうか」(*Ibid.*, p. 103) 等々。

これらの主張に対して、外的形式と区別された「目に見えないコーラン」を予想しないで、反論することが可能であろうか。

2　アシュアリー

ムータジラ派から「ハディースとスンナの徒」、つまり正統派、特にアフマド・イブン＝ハンバルの立場へのアシュアリーの転向はよく知られている。しかし、彼の死後半世紀間のアシュアリー派の見解については、ほとんど知られていない[26]ないし、ハンバリー派の一員としてのアシュアリーと後のアシュアリー派の祖としての彼をどう結びつけて理解するかは容易ならざる問題である。[27]このような点を考えて、本節では後のアシュアリー派の人びととは一応区別して彼を扱うことにする。

彼のコーランについての見解は、『信仰の基礎についての解明の書』[28]と『誤謬と異端の徒の批判のための閃光の書』[29]の二著にみられる。これらの著作では——特に彼の転向直後の作とされる前者においては——、彼の議論はそのほとんどがコーランとハディースの解釈に依拠するものである。そこでの彼の狙いは、コーランやハディースの直接的引用だけではなく、それに基礎を置く文献的論理的その他あらゆる種類の議論をつくして、創造されざるコーランの教義を護持することであった。その中には、一度ムータジラ派の合理主義的神学を通ってきた者としてはあまりにも素朴な議論もないわけではないが、[30] それは彼が相手のペースに合わせて議論を進めているためであって、[31] けっして「でたらめに」[32] 議論をしているからではない。

アシュアリーは、少なくともこれらの著作からみる限り、後のアシュアリー派のように、神のことばの定義とか分析的議論をまったくしていない。[33] 彼はただ「創造されないことばとそれに対する人間の被造物的行為を区別することで満足し、さらに立ち入ってこの区別が何を意味するかについて詮索することは、異端的革新(ビドア)であるとした」[34] のである。彼がしたことは、トータルな形での「創造されざるコーラン」の弁護であり、そのために可能な限りの証明を行った。そのあるものは後のアシュアリー派に受け入れられたのみならず、アブー＝ヤアラーやイブン＝タイミーヤのようなハンバリー派にも取り入れられた。

アシュアリーは前述の二つの著作の中で、二〇ほどの証明をあげている。いまこれらを分類してみると、コーランやハディースの権威によるものと、純粋に論理によるものに大別され、さらに前者はコーランの直接的引用による証明、場所理論による証明、倫理的要請による証明、の三つのグループにまとめることができる。

まず、コーランの直接的引用による証明としては、

(1) 神は「創造と命令は彼〔神〕のものではないか」(7:54)と言い給うた。ここでは、命令――コーラン――は創造と区別されている。したがって、コーランは他のすべての被造物とは異なる、創造されざる神のことばである。[35]

(2) 「われらが何事かを欲する時は、ただ一言、これに「在れ!」と言いさえすれば、たちまちその通りになる」(16:40)の一節について、アシュアリーはこう言う、「もしコーランが被造物であるならば、それに対しても

「在れ！」と言われ、そしてそれが在るものとなったのであろう。もし神がそのことばにも「在れ！」と言うとすれば、ことばに対してことばが発せられることになる。このことから次の二つのいずれかが必然的となる。すなわち、神のことばは創造されざるものであるか、あるいは一つのことばは他のことばによって起こるという具合に無限に続くか、である。後者は不可能である。これが不可能であるからには、神は創造されざることばをもつものであることは確かである」と(*Ibānah*, p. 67)。

これはアシュアリーの好みの議論であったらしく、『解明の書』の中では証明済みの前提として用いているし(*Ibid.*, pp. 69, 73)、『閃光の書』の中では三つの証明の中の一つとして、これを用いている(*Luma'*, pp. 20-21)。

(3)　コーランの一節「言って聞かせてやるがよい、「かりに大海が主の御ことば〔を書き写すため〕の墨汁であっても、主の御ことばが尽きるより先に、海の方が涸れてしまうであろう」と」(18 : 109)によってこう主張する、神のことばを写すのにたとえ大海が涸れてしまっても、神の知が尽きないように、神のことばは尽きることはない。そうでなければ、神には欠ける所が在ることになり、神に沈黙が訪れることになる。これは神に対しては不可能である、と。(36)

次に場所理論による証明としては、

(1)　アシュアリーによれば、神がその意志をいかなる被造物の中にも創造することがあり得ないように、神がそのことばを被造物の中に創造することはあり得ない(*Ibānah*, p. 68)。モーセがはじめて神に呼びかけられた時、神はこう言い給うた、「おお、モーセよ。……われは神である。われを除いてほかに神はない。さればわれを崇拝せよ」(20 : 11-14)と。ムータジラ派(アシュアリーによれば、ジャフミー派)によれば、神は自己以外の場所にことばを創り出す。もしこの定義に従うならば、神の創造したことばが藪に下り、その藪がそれを包み込むことになる。したがって、藪がそのことばをもって語り、「おおモーセよ。……」と言った、ということを彼らは認めざるを得なくなる。「おおモーセよ。……」と言ったのは被造物ということになり、これは、「しかし、とにかくひとたびわが口から出たことばは真実である。例の「人間どもや妖霊ども、みな一緒にして地獄を一杯にしてやろうぞ」という〔ことば〕は」(32：13)、にある「わが口から出た」に矛盾する。したがって、神のことばは神から出たもので、創造されざるものでなければならない(*Ibid.*)。

(2) 反対者によれば、神はモーセに語りかけることばを創ったのであり、また「食べないで下さい。私には毒がもられています[37]」と言った羊の脚の中にもことばを創造したことになる。もしそうだとすれば、これらは必然的に神のことばであり、神が羊の脚の中に創ったことばを語ったことになる。したがって、神が「食べないで下さい。私には毒が盛られています」と言ったことになる(*Ibid.*, pp. 71-72)。

先の議論ではアシュアリーは、話者とはことばが内在するものである、という自分の立場から相手を攻撃しているのであるが、ここでは相手の立場に立った上で、それが帰結する不自然な結論をもって相手を攻撃しようとしている。

(3) もし神のことばが創造されたものであるならば、神は永劫の昔からことばも言語もない偶像のような存在であった、ということになる。「「われわれの神々にこのようなことをしたのは誰だ。まったくひどいことをする人もあるものだ」……「これ、アブラハム、お前か、われわれの神々にこんなまねをしたのは」と一同が尋ねた。「いえ、彼らの頭目の仕業です。彼らに口がきけるものなら、聞いてごらんなさい」と彼が言う」(21：59-63)(*Ibid.*, p. 69)。

これらはいずれも、神はある場所にことばを創造する、と主張するムータジラ派およびジャフミー派に対する鋭い攻撃であった。これらの議論を通じて言えることは、アシュアリーは、「話者」とはことばがそこにある人のことである、と暗黙のうちに了解していたということである。したがって、彼にとっては、神の創造したことばがそこにある藪こそ話者でなければならないのである。

第三に、倫理的要請に基づく証明としては、

（1）神は永遠に神の友と敵を知り給い、また永遠に神の友と敵の区別を欲し給うものである。神の意志は永遠で創造されざるものであるが故に、その意志の表現である神のことばは創造されざるものである（*Ibid.*, p. 74）。

ここではアシュアリーは、後のアシュアリー派の人びとのように、神のことばを神の知や意志と明確に区別していない。(38)

（2）神はサタンに言い給うた、「……追放だ。裁きの日までわが呪いを負うがよい」（38：77-78）と。もし神のことばが創造されたものであるならば、サタンの追放（のことば）は他のすべての被造物がそうであるように消滅するものとなる。このようなことは不可能である（*Ibid.*, p. 73）。

アシュアリーはまた、神の不信者に対する怒りと信者への神の喜びが永遠であることから、神のことばは永遠であるとも言っている（*Ibid.*）。

（3）創造されざる神におすがりするよう神はわれわれに命じ、神のまったきことばにおすがりするよう神はわれわれに命じ給うた（16：98参照）。われわれは何か創造されたものにおすがりするよう命じられたのではなく、神のことばにおすがりするよう命じられている。したがって、神のことばは創造されざるものでなければならない（*Ibid.*, p. 82）。

このようなアシュアリーの議論を通してわかることは、ムータジラ派と異なり、そこで彼がコーラン、あるいは神のことばによって意味するものは、コーランの形式的側面ではないということである。

以上の議論に加えて、それらをもっと整えた形でアシュアリーはコーランの永遠性について、二つの証明を提示する。それは、直接的にはコーランやハディースに依拠しない、論理による証明である。

(1) アナロジーによる証明――もし神が永遠に話者でないならば、神はことばに対立する欠陥、沈黙、あるいは何らかの病弊のようなものを属性としてもつことになる。もしことばに対立する属性を神がもつとすれば、そのことばに対立するものが神の属性として永遠なものとなる。したがって、創造主はいかなる形においても語らず、命令せず、禁止もしないものとなる。これはまったくの虚偽である故、創造主は常に語るものである（*Ibid.*, p. 67 ; *Luma'*, p. 28）。

この議論はアシュアリー派のある人びとの間ではよく用いられるもので（*Nihāyah*, pp. 91-92）、バーキッラーニーもその著『入門』の中で用いている[39]。しかし、ここですぐ思いつく疑問は、神がかつて語りかける者でなかったとすれば、それが直ちに神は沈黙をその属性としてもつ、ということになるであろうか。それは、神の中には変化はありえないからということであろうか。人間の場合、ある人が常に語りかけてはいない、つまり時たま語りかけるような場合があり、その場合には、彼を唖だとは言わない。これに対して、アシュアリーはただこう答える、「生きているものが、かりにことばによって形容されないとすれば、それに対立する語によって形容されるものになる」[40]と。さらに、もし神が常に語る者であれば、必然的に神のことばは永遠であるということになるであろうか。アシュアリーの場合、ことば、語る能力、語るという行為の三つの概念の区別が明瞭でないように思われる。

いま一つは場所理論によるもので、これはムータジラ派との論争の論理的帰結である。すなわち、

(2) 「……ことばは永遠なるもの（qadīm）であるか、時間の中に創り出されたものであるかのいずれかでなければならない。もし神のことばが時間の中で創り出されるものであるとすれば、神がそれを自己自身の中に創り

出すか、あるいはそれを自立的存在(qā'im bi-nafsi-hi)として創り出すか、さもなければ神以外のものに創り出すかのいずれかでなければならない。しかし、神はそれを自己自身の中に創り出すことはできない。なぜなら、神は創り出されたものの場所(maḥall)とはなり得ないからである。また神はそれを自立的存在として創り出すことはできない。なぜなら、それは一つの属性であり、属性は自立的に存在し得ないからである。しかし、神はそれを他のものの中に創り出すこともできない。なぜなら、神がもしそれを他のものの中に創り出すとしたら、そのことばを含むものが、ことばの最も独自的な性質から、ことば自体、およびそのことばのための場所が属する総体を表わす名称をもたねばならなくなるからである」[41]——つまり、そのものがそのことばの話者となるのであって、神ではなくなる。したがって、神のことばは創造されざる永遠なものでなければならない。

前述のように、この証明は本質的には、話者とはことばが内在する場所であるという前提に基づいている。この議論は有名であり、バグダーディー[42]、シャハラスターニー(*Nihāyah*, p. 92)、ラーズィー(al-Rāzī, p. 179)のようなアシュアリー派のみならず、アブー＝ヤアラー(Abū Ya'lā, fol. 31a)やイブン＝タイミーヤ[43]のようなハンバリー派の人びとによっても用いられている。しばしば指摘したように、アシュアリーはコーランの被造性の主張を論破するために可能な限りの方法を用いたが、分析的議論に深入りすることは避けた。しかし、後の世代の人びとになると、アシュアリーが定めた枠をはるかに越えて、議論はコーランおよび神のことばの概念の問題をめぐってよりいっそう精密かつ思弁的になっていく。

3　アシュアリー派

アシュアリー派の目的は、その始祖のそれとも、さらにはハンバリー派のそれとも異なるものではない。それは、

「神の人格の内的統一を維持し、……彼〔神〕についてのコーランの記述を正しく評価すること」[44]にあった。アシュアリー派の人びとがアシュアリー自身と異なる点は、ムスリム民衆の間に生きている素朴なコーラン的記述に基づく伝統を理性に受け入れられやすい、洗練されたものにするために、彼らはより分析的思弁的な議論を展開したことである。その過程で彼らは、主知主義的傾向に陥ることは避けられなかった[45](そして、この点がアシュアリー派とハンバリー派を区別する主要な点でもある)。このような立場から、まず問題になることは神のことばを神の属性の一つとして確立することであった。

神のことばは永遠なる属性であって、神の本質に内在するものである、という命題はアシュアリー派に共通して認められることである。ラーズィーはこれを四つの項目にまとめている。

(1) 心の中に内在することば (al-kalām al-qā'im bi'l-nafs) とは、力・欲求・知識・信条とは異なる一つの観念 (ma'nā) である。

(2) 神はこのような観念を属性としてもつ (mawṣūf)。

(3) この観念は永遠である。

(4) この観念は一つである。一つであるにもかかわらず、それは命令であり、禁止であり、物語であり、疑問であり、呼びかけである (al-Rāzī, p. 178)。

そこで彼らの第一の課題は、神のことばとしての観念の意味を明らかにし、その存在を証明することであった。

ガザーリーは、人間のことばについて語る場合、「ことば」の意味が三つ考えられるという。すなわち、①音 (ṣawt) と文字 (ḥarf)、②音と文字を表現する能力、③「心のことば」(kalām al-nafs)、である。音と文字は創り出されたもの (ḥawādith) であって、神の本質に内在することはできない。また話者が話者であるのは、単に音と文字を表現する能力のためだけではない。そこで、神のことばは「心のことば」でなければならない、とする。[46]

では、この「心のことば」とは何か。ガザーリーの師、イマーム＝ハラマインの簡潔な定義を用いれば、

ことばとは、心に内在する対話である。あるいはもっと詳しくは、それは心に内在し、周知の言語や身振りで表現される対話のことである。（*Irshād*, pp. 101-102）

また、「話者」とは、「ことばが内在する者」（*Ibid.*, p. 105）と定義される。「神は語る」（mutakallim）という場合、それはこのような意味において言われているのである。その意味で、「ことば」はまた「心の対話」[47]（ḥadīth al-nafs）とも、「内心のことば」[48]（kalām nafsī）とも呼ばれている。この「ことば」の概念は、用いる用語こそ異なれ、アシュアリー派に共通のものである。この「心のことば」と「音や文字」、つまり表現（ʻibārāt）との関係は、前者は後者によって指示されるもの（madlūl）である。この意味で神のことばは、「観念」あるいは「永遠なる真実のことば」（al-qawl al-ḥaqq al-azalī）と呼ばれる。

アシュアリー派のこの「ことば」の概念は、ムータジラ派のそれと著しい対照をなしている。後者によれば、ことばとは音と文字であり、これは前者のいう「表現」に相当するものである。また一方にとっては、話者とは「心のことば」が内在する者であるのに対して、他方にとっては、それはことばを創る者を意味する。「心のことば」としての神のことばは、文字・単語・音ではないため、外的形式としてのコーランは神のことばではあり得ない。これらはすべて人間が創ったものである。したがって、読誦や書写は読誦され、書写されるものとは別のものであった（ハンバリー派にとっては、両者は同一のものであった）。読誦され、書写されるものはすべて観念である。表現は変わるが、観念は変わらない。そこでバグダーディーは「アラビア語での彼〔神〕のことばの

読誦がコーランであり、シリア語のそれが福音書(Injīl)であり、ヘブライ語のそれがモーセ五書(Tawrāt)である」(al-Baghdādī, p. 108)と言い、シャハラスターニーは「そこに書かれていることのために書物を尊敬することは、家の主の故にその家に尊敬を払うことと同じである」(*Nihāyah*, p. 104)とさえ言っている。

次にわれわれは、いかにしてこの「観念」、つまり「心のことば」が現実に可能であるか、の議論の考察に移らねばならない。ラーズィーはその存在を次のようにして証明する。

……もし誰かが「水を持ってきて下さい」と言ったとすれば、このような表現を発する前に、心の中にその行為を示す欲求(ṭalab)や要求(iqtiḍā')を見出す。その欲求の本質はその表現とは別のものである。それは時と場所によって変わるものではないが、この観念の表現形式は変わる。頭を働かせる者なら、誰かが「為せ」と言う時、それは必ずこの内的欲求を表していることを知っている。表現(dalīl)は表現されるもの(madlūl)とは別であるということには疑問の余地はない。「為せ」という言葉は、この主題について人びとの間に合意がなければ、依頼や命令とはなり得ない。一方、この内的観念は〔かかる〕合意を必要としない真実の本質的命令であるが故に、それが可能である。したがって、表現と区別された観念は存在する。(49)

換言すれば、「心のことば」は言葉で表現された要求であると言える。この要求はすべての人間に普遍的に共通するもので、これを伝達するのに何の合意も必要とされない。しかし、それがひとたび表現されると、言語体系の相違によってさまざまな表現形式をとる。そしてそれは、人びとの間の合意に従ってなされるのである。

さて、ここで若干の疑問が浮かんでくる。まず第一に、ラーズィーのいう「要求」は衝動とは別のものであろうか。またそれは、例えば、シャハラスターニーのいう「永遠なる真実のことば」(後述)と同次元のものであろうか。

さらに、「要求」は表現がなくても伝達可能なものであろうか。第二に、音声や文字を伴わない「心のことば」は果たして真の意味でことばと呼び得るものであろうか。第三に、観念としての「ことば」は数多くあるものではなかろうか。アシュアリー派がそれは一つと言う時、彼らは自然法や普遍的な真理のようなものを考えているのであろうか。要するに、この「心のことば」の語の中には、さまざまに次元の異なる意味が含まれているのではなかろうか、ということである。このような疑問を念頭において、それをめぐる議論をみてみよう。

当然のことながら、ハンバリー派とムータジラ派から多くの反論がなされる。アシュアリー派による「読誦」と「読誦されるもの」の区別に対して、アブー＝ヤアラーは「神のことばは読誦者が読誦する時に彼から聞こえてくる」ものだ、と反論し、それをコーラン(9:6)やハディースに依拠して次のように説明する。

もしわれわれが二つのもの、つまり神のことばと読誦者の読誦とを〔別々に〕聞くとするならば、両者の間に相違を見出すことになる。……だがわれわれはただ一つのものを聞くのみである。それは読誦者の読誦である。したがって、聞かれるものは神のことばであって、他のいかなる存在のものでもない。(Abū Ya'lā, fol. 32b)

これに対して、アシュアリー派は次のように答える。すなわち、ではいったい読誦者の間にみられる読誦の相違は何と説明するのか。ある人の読誦は聞いて快いが、他の人の場合には不快を覚えることがあるではないか、と。[50]

アブー＝ヤアラーの場合、ことばというものを常にその外的表現と切り離さずに考えているようである。

次に、ムータジラ派からの反論。第一が、「〔アシュアリー派の〕いわゆる文字に対応する心の中の観念は知り得ない。……それは隠れたことばであるが故に、想念(khāṭir)にほかならない。同じことが「心の対話」についても言える」(*Mughnī*, p. 16)。第二は、観念、すなわちラーズィーのいう要求(ṭalab)は、神の意志と同一である。「神はあるものを欲したり嫌ったりする時、あるもの(jism)の中に特定の音声を創造する。そうするとこれが、神はその特定のものを欲し、または嫌っているということを表現することになる」(al-Rāzī, p. 177)。第三は、ことばを神の行為の一つに還元することである。ムータジラ派にとっては、ことばとは、一定の順序に従って配列された文字と区切られた音声のことで、これらは神がものの中に創り出す、ないしは創造するものである。そこで彼らは言う。

神は自己以外のあるものに恵み・行為・恩寵を創り出し、それによって神は行為・恵み・恩寵が生起する場所とはならずに、それらの施与者であるとされてはいないだろうか。したがって、神は自己以外のものにことばを創り出しても、ことばが生起する場所とはならなくても話者となることを、君たちは否定しないだろう。(51)

このような批判に対するアシュアリー派の反論はどうであろうか。最後の批判に対しては、バグダーディーはこう答えている、「これらの行為が持つ個々の特性からくる属性は、それらの〔生起する〕場所に帰するものである」(52)と。ムータジラ派の人びとが主張するように、もし神が恵み・行為・恩寵をある人間の中に創り出すとすれば、これらの行為を創り出すことによって与えられる属性は、その人間のものであって、神自身のものではないというのである。同様に、「ことばも、それを創り出す者よりも、それが存在する場所に帰せられなければならない」(al-Baghdādī, p. 175)という。われわれは、この種のムータジラ派の攻撃にたいしては、すでにアシュアリーが反論を加えているのを知っている。そこで次に、他の二つの批判に対する反論を神の意志と知との関係で考察する。

ラーズィーは、ことばは意志とは別のものであるということを、次のようにして証明する。

神は、不信仰に留まるのを知っている人間にも信仰(īmān)を命じた。したがって、神はその人間が信仰することを欲したとは言えない。[53]

さらに、

……意志を伴わずに、神が命令することはしばしばある。逆に、命令を伴わずに欲し給う場合もある。[54]

例えば、

スルターンが、アムルがある行為をするように、ザイドに命令させる。しかし、ザイド自身はアムルがそれを行うことを欲していない。この場合、ザイドの〔アムルへの〕命令はその意志と矛盾する。したがって、ことば〔命令〕は意志とは別のものだということになる……。

(al-Rāzī, p. 175)

この場合、ザイドがアムルにある行為を命じる時、確かにザイドはアムルがそれをすることを欲してはいない。しかし、その場合、ザイドは別の意志(例えば、スルターンの命令に背いて不利益を受けたくない、とか)に従っていると言えないだろうか。もっとも、ラーズィーがここで言いたいのは、ザイドの命令がそのまま彼の意志ではない、ということであろう。

次に、ことばと知の相違について、ラーズィーは同様の証明を行う。

……知性(dhihn)は真実なる論理の構築を行うことができるように、また虚偽の論理の構築をも行うことができる。そこでの誤った判断は知性の中で起こるが、虚偽の論理の構築からは知識も信念も生じない。なぜなら、虚偽であることが判明しているような論理の構築に対してもことばで語ることができるし、また知性の中での判断も起こるが、そこには知識も信念もない。このことによって、知性における判断は知識や信念とは別のものであるということがはっきりわかる……。

(*Ibid*., p. 176)

先の引用例の場合もそうであるが、この場合でも、ことばというものがその内容と切り離されて、きわめて形式的に考えられているようである。人間の場合はそれでよいとしても、果たしてこれをそのまま神の場合に当てはめて考えることができるであろうか、という問題は残る。

ことばを神の属性の一つとして証明しようとするアシュアリー派にとっては、それが一つであって多でないことを示すことが絶対に必要となる。ことばは神の本質に内在する観念であり、神の知・力・意志などがそれぞれ一つであるように、たとえその中に命令・物語・質疑などを含んでいても、ことばは一つでなければならない[55]。ことばの意味内容よりも、その表現的側面に重点をおくムータジラ派にとって、ことばが一つということは不可能である。神のことばは命令・禁止・伝達・約束・脅迫からなるもので、これらは各々別の実体である。したがって、神のことばは一つではあり得ない。

この批判に対して、ラーズィーはこう答える。すなわち、先に述べたことばの種類は、すべて伝達(khabar)に帰着する。例えば、命令についてみると、それはある人がそれを行えば賞賛され、もし行わなければ非難されるということを意味する。同様のことが、約束についてもいえる。したがって、ことばは一つである、と(al-Rāzī, p.180)。

もう一つの批判が予想される。現実には、類や種のように多くの観念が存在する。しかし、この現実にもかかわらず、これらの異なった観念を包括する観念がただ一つしかないとすれば、それはただ主観的に存在するのみで、ソフィストのように実在を否定することを意味する、と(*Nihāyah*, p. 98)。この批判に対してシャハラスターニーはこう反論する。

> 異なる諸観念とは、一つの知が包括する異なる知覚のようなものである。……もしわれわれがそれを物体や心の中の想像のイメージから把握し、抽象する状態を考えるなら、時間によって変化しない普遍的な知的感覚を得るであろう。(*Ibid.*, p. 103)

この「普遍的な知的感覚」に対応して、彼はことばを「永遠なる真実のことば」と呼ぶ。そして彼はまた、人間のことばのもつ区分は神のことばの記述にすぎないものである(*Ibid.*, p. 98)、とも言っている。このことからわれわれは、ことばとは各語がもつ意味ないしは観念ではなく、むしろ普遍的な真理であり、しかもそれはコーラン全体によって表現されているものだということがわかる。

神のことばを神の本質に内在する神の属性の一つとして確立するためには、アシュアリー派はいま一歩を進めればよかった。つまり、神のことばの永遠性、非被造性を証明すればよかった。これは、彼らにとって二つの理由から容易であった。一つは、彼らが観念(maʿnā)としての神のことばであるコーランと、それの文字や音声による表現としてのコーランとを明確に区別したことである。他は、ほとんどあらゆる証明が、彼らの始祖アシュアリーによって準備されていたということである。

すでにみたように、文献的問題に対しては、彼らはただ次のように主張すればよかったのである。

あらゆる文献的な批判に対しては、答えは一つである。もしもそれらの各々がこれらの文字や音声に帰せられるものならば、それらは偶有的なものとわれわれは考える。彼らにとっては、コーランとはこれらの文字や音声の集合物以外の何ものでもない。彼らがあげる証明は、これらの文字や音声の偶有性を証明するものである。われわれはその点に関しては争わない。われわれがコーランの永遠性を主張するのは、別の意味に他ならない。

(al-Rāzī, p. 184)

また、論理的批判については、アシュアリー派のことばの概念をもってすれば、それに反論することは困難ではない。例えば、「非存在への対話」の問題については、バグダーディーはこう言っている。

神のことばは、正常なムスリムにとっては、たとえ彼らが創造される前であっても、永遠の昔からの命令であり、禁止である。それは、彼らの理性が現れ、成長し、増大した時に為すよう命じられていることを為すためである。

(al-Baghdādī, p. 108)

シャハラスターニーは言う。

……われわれは預言者の時代に命じられた聖法に縛られている。かりにある人が誕生する僅か一年前のものであるからといって、どうして聖法を永遠に実行しないでよいことがあろうか。

(*Nihāyah*, p. 102)

そしてさらに、神のことばの永遠性の証明として、彼らは場所理論に基づくアシュアリーの証明の一つをくり返す。[56]

むすび

われわれはあまりにもアシュアリー派に重点を置きすぎ、コーランに関する論争はこれで決着がついた、という印象を与えたかもしれない。だが、実際はけっしてそうではない。「……「ことば」という語が曖昧に用いられている限り、われわれは共通の基盤に到達することはできない」(*Ibid.*, p. 97)とシャハラスターニーが述懐するように、論者が異なる概念をもって議論を続ける限り、論争は終わらないであろう。

神と被造物との隔絶性を最も峻厳に主張していると自称するムータジラ派にとっては、ムスリム大衆の間に見られる、コーランに対する極度の崇敬の念は、本来神にのみ向けられるべきものであり、また神のことばとしてのコーランの永遠性を認めることは、一神教の大原則に対する重大な侵犯と思われた。そこで彼らは、コーラン(神のことば)の感覚的形式的側面を強調して、その被造性を主張した。だが、まさにそうすることによって彼らは、神の自己顕示としてのコーランがもつ超越性そのものを否定する結果になった(もちろん、彼らがことばのもつ観念的側面をまったく無視したわけではないが、結局のところそれは、神の知に還元され、そしてさらに神の本質のはたらきに帰せられた)。一方、アシュアリー派はコーランのもつこれら二つの側面を分析的に区別し、そして一方の被造性と他方の永遠性を主張し、またそのようにしてコーランの超越的性格を理性に受け入れ易い形で保持しようとした。

以上のようなコーランをめぐる議論を考えると、キリスト教においてコーランに相当するものは、単純に聖書であると言えなくなる。むしろ、イエス・キリストと考えた方がよいのではないか。(57) コーランとキリストの双方は、神の集中的最終的自己顕示であると同時に、神と人間を仲介するものとして、両世界の要素をもっている。このようにみると、イスラム教におけるコーランの被造性をめぐる論争は、キリスト教におけるキリスト論論争だと考えれば、その意味と重要性が理解できるのではなかろうか。

だとすれば、コーランは神が人間のことば(アラビア語)を用いて創った被造物だとするムータジラ派の立場では、さしあたりキリストの人間的側面を強調するアリウス派に対応するとみることができよう。ムータジラ派は、神のことばと人間のことばの間には本質的な違いはない。この点では、擬人神観の立場をとる人びと(58)(mutashabbih)も同じである。ただ違う点は、後者がコーランにおける擬人的表現をそのままナイーヴに肯定するのに対して、前者は理性に照らして、それを神にふさわしくないとして、比喩的に解釈する(taʾwil)ことである。また、コーランは神の被造物であるということは、直ちに人間がそれを自由に解釈してよいということを意味しないが、比喩的解釈に道を開くことによって、コーランにおける個々の表現のもつ絶対的重みが著しく軽減され、無限に多様な解釈を可能にする。少なくとも、そのようにしてイスラム共同体が分裂する危険とその危惧を常に表明してきたのがハンバリー派であった。

コーランの中の一語一語が神のことばそのものであることを強調するハンバリー派は、神のことばを人間のことばとまったく同様に解釈しようとするムータジラ派の立場自体の中に、擬人神観的傾向を見出す。この派の代表的人物の一人はこう言っている。

さて、擬人神観は神の属性の意味を被造物のそれに等しいと考える人びとにのみ見られる。……われわれは、神に関する限り、「神に類似のものは何もない。神は耳さとく、何から何までお見通しである」(42 : 11)ことを知っており、また神の諸属性は被造物のそれと似ていないことも知っている。〔人間の〕心や想像の中に生起するいっさいのものは、神とは別のものである。(59)

コーランが神のことばである以上、たとえそれが人間のことばで表現されていても、そのことばが人間についてもつ意味と神についてもつ意味とは完全に同一ではあり得ない。(60) しかるに、ムータジラ派はこの両者をまったく同一のものと考え、その上に立って議論を進める。したがって、その議論は必然的に人間とのアナロジーによらざるを得ない(この点では、アシュアリー派も同様である)。

ハンバリー派にとっては、例えば、「神の御手」(36 : 71など)は必ずしもわれわれ人間の手と同一のものとはならない。それがいったいどのようなものであるか、正確には知り得ない。したがって、それ以上の詮索は無用となる。だが、ムータジラ派はそれに満足せず、「神の御手」を神の恵み(ni'mah)の比喩的表現として解釈しようとする。ハンバリー派にとって、コーランの内容のみならず、その中の一語一語が永遠なる神のことばであるから、(人間の)別のことばでそれを解釈したり、置き換えたりすることすら厳密にいえばできない。

人間が神のことばについて、人間のことばで語れば語るほど、神のことばは人間化され、神と人間の距離はますます狭められる。したがって、ハンバリー派は神が自己に対して用いたことば、およびハディース以外のもので神について語ることを避け、神についての思弁そのものを罪として避けようとする。

彼らにとっては、コーランは神のことばであると同時に、それは人間のことばでもあるところに、その神人両性的性格があったといえよう。ただ問題は、そのような態度をとり続けることによって、異端・異説に対して正統教義を護り続けることが果たして可能であろうか、ということである。

これに対して、アシュアリー派は神のことばを「心のことば」「観念」とし、それの人間のことばによる表現を被造物として両者を区別し、ムータジラ派とハンバリー派の中道をとったのである。そのようにして、神と人間の仲介者としてのコーランの神人両性的性格を保持できると考えた。だがしかし、アシュアリー派は、コーランの表現を人間の慣行として、神のことばから排除することにより、ムータジラ派ほどではないにしても、人間によるコーラン解釈の多様性(あるいは、自由?)に道を開いたことは否めず、時代の経過と共にアシュアリー派神学はますます思弁化し、神のことばそのものがもつ重みと超越性はそれだけ薄められることになった。

第3節　ガザーリーの偶因論

はじめに

偶因論は、西洋哲学史においてはしばしばゲーリンクス（一六六九年没）やマールブランシュ（一七一五年没）の名前と結びつけられて語られるが、偶因論自体は哲学史全体の中では傍流にすぎないと言えよう。ところが、イスラム思想史においては、ムータジラ派に始まり、正統神学を代表するアシュアリー派やマートゥリーディー派の公的教義としてその主流をなし、少なくとも中世イスラムの支配的な考え方の一つであった。

確かに、イスラムの偶因論はガザーリー思想に固有のものではない。しかし、彼は、自ら自負するように、哲学を自ら研究し、それと真正面から対決した最初のアシュアリー派神学者として、哲学批判の中でこの派の偶因論を最も論理的な形で提示したことは事実であり、そこにガザーリー思想の特徴があると言える。

1　因果律批判

そこでまず、ガザーリーの哲学批判、なかんずくその因果律批判の中から、彼の偶因論をみてみよう。(1) 通常、水を飲めば渇きは癒され、ものを食べれば空腹は満たされ、木綿片を火に近づければ燃えることは、誰でも知っている。このようなことは、哲学者にとっては必然的に(darūriyan)生起することである。同じ二つの木綿片を同一の条件下で同じ仕方で火に近づけた場合、一方だけが燃え、他方が燃えないということはあり得ない。哲学者にとって、燃焼の作用因・作成者(fāʿil)は火のみである。火は本性上(biʾl-ṭabʿ)そうするのであって、選択(ikhtiyār)によってではない。

これに対してガザーリーは、いわゆる「原因」(sabab, ʿillah)・「結果」(musabbab)の必然的関係・因果律を認めない。一方の存在が必然的に他方の存在を肯定するものではないし、また一方の非存在が必然的に他方の非存在を肯定するものでもない。いまかりに火を木綿片に近づける行為を事象Aとし、木綿片の燃焼を事象Bとすれば、両事象A・Bは継起的(同時的)に生起する。したがって、観察によれば、AによってBが起こるように見える。しかし、厳密に言えば、観察によって両事象の継起性(同時性)を知ることはできるが、それはBはAによるということ、しかもそれのみによるということを証明するものではない。事象A・Bが同時に(maʿa)存在するということは、一方が他方による(bi)ということを証明するものではない。つまり、同時的継起性はそれだけで両事象の必然的因果関係を証明するものではない、というのである。木綿片の燃焼は別の原因によるのかもしれない。確かに、その真の原因については、これまで何も知られていないかもしれないが、知られていないということは、そのものが存在しないという証拠にはならない。例えば、といってガザーリーがあげるのは、生まれつきの盲人の場合である。彼の目には覆いがあって、昼夜の区別はできない。ところがある日、目の覆いがとれて、目が見えるようになったとする。彼は目を開け、外界を見回して、そこにさまざまな形や色を見る。そこで彼は、このような知覚が可能となったのは、自分が目を開けたからだと考え、目が健全で覆いがなければ、必然的に外界の形や色は知覚できる、と信じるようになるかもしれない。ところが、太陽が沈んであたりが暗くなってはじめて、太陽の光が知覚を可能にする原因であることに気付くようなものだ、というのである。

こうしてガザーリーにとって、木綿片が火と接触して燃える真の原因が神であり、神が両事象の接触の際に自らの意志によって、木綿片に燃焼を創るのである。ものを食べ、水を飲んで、空腹が満たされ、渇きが癒されるのは、人がものを食べ、水を飲んだ際に、神が満腹と渇きの癒しを創るからである。火と木綿片の接触や飲食行為は燃焼、満腹、渇きの癒しの原因ではない。火と木綿片の接触や飲食行為は、神がその永遠の予定(qadar)に従って、燃焼、満腹、渇きの癒しを創るための偶因[2](sabab)に過ぎないということである。要するに、通常、「原因」と言われるものは、厳密に言えば一種の比喩であり、実は神が「結果」となる事象を直接創造するための単なる偶因に過ぎないのである。真の原因・真の作用因は神であり、神のみである。

だとすれば、火と木綿片の接触があっても木綿片に燃焼が起こらなかったり、逆に両者の接触がなくても、木綿片が燃えることはあり得るのである。また、水を飲んでも渇きが癒されなかったり、逆に水を飲まなくても渇きが癒されることがあり、ものを食べなくても空腹が満たされることがあり得るわけである。こうしてガザーリーは、火中に投じられたアブラハムが少しも火傷をしなかったという伝承を承認する。しかし、哲学者はこれを否定する。彼らの見方からすれば、火から熱が消えない限り、そのようなことは不可能であるが、それは火が火でなくなることを意味する。さもなければ、アブラハムの本質が変化して、石のように火の作用を受けないものに変わることであるが、それも不可能である。

そして哲学者は次のように反論するかもしれない、とガザーリーは言う。

> それはまったく不可能なことを神がするということになる。原因から結果が必然的に出てくる時、それを否定して創造主の意志にすべてを委ね、しかもその意志には何の規則性もないとなれば、目の前に猛獣がいたり、燃えさかる火があったり、剣を手にして襲いかかろうとする賊がいても、神はそれらを見えなくすることができるということになる。あるいは、家に置いてきた一冊の本が、帰ってみると一人の立派な若者に変わってい

たということになる。となれば、家に置いてきた本について尋ねられて、それは犬であるか、人間であるか、木であるかわからない、と答えざるを得なくなる。(3)

ガザーリーはこれを敢えて否定しない。神にとって種を変え、実体を偶有に、知を力に、黒を白に変え、死者の手を動かして字を書かせることも不可能ではない。例えば、土が植物に変わり、植物が動物に食われてその血液となり、それがさらに精液となって女性の子宮に入り、胎児となり、生まれ出て動物となる。通常、このプロセスは長時間にわたるものであるが、神がそれを極端に短縮することは不可能ではない。もっとも、厳密な意味での種の転換は、杖が蛇に、土が動物に、水が空気に変わるように、質料が同じでその形相が変わるものについていえることである。これに対して、実体が偶有に、知が力に変わるという場合、そこに共通する質料がない。したがって、それは変化ではなく、先のものが消滅して別のものが創られることである。要するに、想像可能なものはすべて神には可能なこととして、理性的に認めることができるということである。何ものであれ、現在ある形より大きく、または小さく想像することは可能である。例えば、人間を山のように、象を蚤のように想像することは可能である。だとすれば、それは神にとって実現可能なことだというのである。

では、神には不可能なことはまったくないのか。もちろん、神にも不可能なことが存在することは、ガザーリーも認める。ただそれは、哲学者の言う「不可能」(muḥāl)とはその内容を異にするものである。哲学者には因果律は自明の真理であり、それに反することが不可能なのである。したがって、彼らにとって因果の理法に反する肉体の復活、その他の奇蹟は認められない。他方、ガザーリーにとって「不可能」とは、因果律に反することではなく(そもそも彼は、それを認めない)、形式論理学上の諸基準に反すること、例えば、あることを否定することと同時に肯定すること、一般を否定して特殊を肯定すること、など論理的に矛盾することである。そのようなことは、想像不可能なことだからである。それ以外のことであれば、神にはすべて可能なのである。

2　原子論と因果性

このような偶因論と表裏の関係にあるのが、アシュアリー派の原子論である[4]。これによれば、原子(jawhar fard)とは、世界を構成する最小単位で、もはや分割不可能な部分(juz' lā yatajazza'u)のことである。換言すれば、原子とは空間を占めるもの(mutaḥayyiz)である。その意味は、その場所を別のものが占めることを妨げるということである。時間や距離についても同様に原子にまで分割される。原子自体はすべて互いに類似している。原子が結合して物体(jism)を構成するが、その最小数はいくつであるのか、また原子には大きさがあるかないか、などが初期の神学者たちによって盛んに議論された問題である。原子には大きさ(延長)がないとする立場では、原子は位置を占めても大きさのない幾何学的な点と同じである。その存在証明として、円の中心点、平面と球体の接点、線分の両端、過去と未来の中間点、などがあげられる。

原子には偶有('araḍ)が不可欠である。偶有はそれ自体では存在し得ないので、基体としての原子を必要とする。原子の結合によって物体が生成し、これらの分離によって物体は消滅する。この結合と分離は運動と静止と共に、四つの基本的偶有(akwān)を構成し、事物の生成・変化はこれらをはじめ、さまざまな偶有によって説明される。例えば、雪の白さは、雪の塊全体にあるのではなく、雪を構成する原子一つ一つが白さの偶有をもつからだ、と説明される[5]。

ムータジラ派は若干の偶有の持続を認めるが、アシュアリー派はそれを認めない。そもそもその本性上、偶有は他の偶有の基体とはなり得ない。したがって、偶有は持続という偶有をもち得ないので、それは持続することはない。偶有は(神によって)創られた瞬間に消え、また同種のものがその瞬間に創られる。原子は偶有を欠き得ないので、基体である原子についても同様である。偶有が消滅すれば、原子も消滅する。そして次の瞬間にまた原子は、偶有と共に創られる。

こうして、物体や空間や時間が恒常的かつ永続的に存在し、連続的に流れていくように見えるのは、実は神が、それらを構成する無数の原子を瞬間瞬間に消滅した直後、絶えず創造しているからである。これら原子相互の間には何の関係もない。それはあたかも、一枚一枚分離しているフィルムのコマでも、映写機で一定の早さで次々と移動させると、スクリーンには連続した動作や現象が映像として映し出されるようなものである(6)。

このような原子論は、いわゆる原因・結果の必然的関係を否定して、すべてを神の直接的作用に帰着させる偶因論から導き出せる考え方でもある。例えば、ガザーリーによれば、ある人がペンで字を書いているとする。その際、大きく四つの事象を取り出すことができる。第一は、ペンを動かそうとする意志、第二が、手を動かす力、第三が、手の運動、第四がペンの運動である。これらの四つの事象はいずれも因果の関係で連なっているように思われるが、そうではない。それらはいずれも、神がその人に字を書かせる、というその永遠の意志を実現するための偶因にすぎないもので、いずれも神の直接的創造の結果である。しかし、いま、意志↓力↓手の運動↓ペンの運動、という一連の事象を四つに区分したが、実はこれらの四つの事象の間には、直線を構成する点のように、無数の細かい事象が一連の偶因として介在しているのである。このように細分化された最小単位が原子なのである。したがって、先に偶因としてあげた諸事象は、このような原子の絶えざる創造と消滅の流れの一断面にすぎないと見ることができる。

3　「神の慣行」

では、神は己の欲するままに宇宙の運行を乱し、人間の運命を変え得るとすれば、宇宙の秩序、人間の行為基準というものは、いったいどうなるのであろうか。[7] いわゆる因果律としてこの世界に存在する秩序や法則は、どのように考えればよいのであろうか。ガザーリー自身ももちろんそのような秩序の存在は認める。ただそれは、原因・結果の必然的関係でないことは、前述の通りである。彼は、諸事象間の横の関係はいっさい認めず、各々の事象を垂直的に直接神に結びつける。因果の必然的関係と思われているものは、実は神の不断の創造行為における一定の秩序・順序にほかならないのである。ガザーリーはこれを「神の慣行」(sunnah Allāh)、または「神の習慣」(ʿādah Allāh)と呼ぶ。[8]

確かに彼は、「哲学批判」のなかでは因果律を否定するあまり、「神の慣行」の可変性を強調したことは事実である。しかし、実際に「神の慣行」が破られること(これが奇蹟である)はきわめて稀であり、ただ可能性としてそういうことがあり得るというだけであって、事実上はそれは因果律と変わらないものである。したがって、人間がこの「神の慣行」を知り、それを明らかにし、それを期待し、それに依存することができるわけであり、またそうしなければならないのである。ガザーリーはこう言っている。

> 原因を見て、それに寄りかかることは、神の唯一性(tawḥīd)にもとる多神崇拝(shirk)である。しかし、それをまったく無視することは、「慣行」を否定し、聖法を中傷することである。「原因」を見極めないで、それに依存することは理性にもとり、無知におぼれることである。[9]

こうして神は木綿片に燃焼を作る時は、通常、火との接触によってそれをするし、人間の空腹や喉の渇きを癒すのは、通常、その人がものを食べたり、水を飲んだりすることの中でそうするのである。したがって、人は喉が渇けば水を飲まなければならないし、そうしないで神の奇蹟を期待するのは、愚かなことと言うのである。この「神の慣行」の恒常性は、当然ながら特に彼の神秘修行論、つまり神が一方的に与える恩寵に至るための実践論において強調され、そこではしばしばこの「神の慣行」は「必然的」(ḍarūrī, muḍṭurr)とさえ呼ばれている。(10)

4　神の予定と偶因

ところで、人間自身の行為がこのような「神の慣行」によって「強制」(jabr)されているとしたら、人間はどのように行為を「選択」(ikhtiyār)することができるのであろうか。人間の道徳的責任はどのように根拠づけられるのであろうか。ガザーリーの偶因論によれば、人間がある行為をするまでには、通常、大きく分けて次のようなプロセスをたどる。すなわち、知識→意志→力→運動である。(11) あることについての知識と判断が人間の中に生まれると、ある行為をしようとする意志が生まれる。その時に力が生じ、それが実行へと続くというのである。これら一連の事象は、後のものが前のものから必然的に生まれてくるように思われるが、そうではない。それらはすべて神の「永遠なる力」(al-qudrah al-azalīyah)による。

しかし、人間の行為を含めて物事の生起には、たとえ神の力の直接的作用によるにしても、そこには一定の順序がある。すなわち、神の力から直接的に人間の意志は生まれてこない。そのためには知識や情報という条件(sharṭ)があって、それに基づく思考や判断が先行しなければならない。そのような営みがなされるのは、通常、生きた人間であるから、生命が前提とされる、といった具合である。そしてこの人間の知識も神の力の作用下にあり、究極的には神の知に帰着する。ガザーリーはこのことを一つの比喩を用いて表現している。白紙の表面がインクで黒くなるのを見た蟻が、その原因を尋ねて、最後に神そのものに到るという、先に引用した一文である（第二章第3節4を参照）。

このように人間の行為は一定の順序に従って遂行されるが、その過程における諸事象はすべて完全に神の力の支配に服している偶因である。そしてそれらは究極的には神の知と意志に帰着し、神はこれらの偶因を通して自己の意志を実現していくのである。この知と意志が永遠であれば、すべては予定されているということになる。ガザーリーはこれをコーラン的用語、「天の書板」(al-lawḥ al-maḥfūẓ)を用いて表現している。これは元来、「コーランの原本」の意味であるが(85：22-23)、ガザーリーはむしろ、「まことにわれら(神)は死者を蘇らせ、彼らがすでにしたことも、後に残したことも記録してある。われらはどんなことも明瞭な原簿につけてある」(36：12)という場合の「明瞭な原簿」(imām mubīn)としての意味を強調している。つまり、この「書板」の中に、天地創造から復活に至るまでの神の予定がすべて書き込まれているのである。ガザーリーはこの「書板」を建築家の設計図に喩えて説明している。[12] すなわち、建築家が建築しようとする家の図面を予め紙に描き、それに従って家を建てるのと同様に、天地の主は創造から復活までの世界の出来事をすべてそこに書き込んでいるのであり、それに従って神は世界とそこでの流れを創り出すのである。現象世界はこのモデルの写しなのである。

5　タウヒードと聖法

このような被造物に対する神の絶対的支配、神の超越性に対する人間の無力性・絶対的依存性という考え方は、神の恣意という形で、元来、コーランの中でくり返し強調されている点である。例えば、「天と地の主権は神に属す。神は欲し給う者をお赦しになるかと思えば、欲し給う者を罰し給う」(48：14)、「(神は)御心のままにある者を迷いの道に陥れ、また御心のままにある者を正しい道に導き給う」(14：4)。

ところが、コーランにはそれとは異なる別の主張もある。例えば、「天にあるもの、地にあるもの、すべては神に属す。されば悪をなす者には相応の報いを与え、善をなす者には最善の報いを授け給う」(53：31)。ここでは、因果応報の理、神の正義が強調されているかにみえる。このようなコーランの中の相対立するような主張は、後に厄介な神学論争を生み出すことになる。すなわち、一方の人びとは、神の「強制」(jabr)と予定(qadar, qaḍāʾ)を強調し、他方は人間の「選択」(ikhtiyār)を強調するといった具合である。いわゆる予定説対自由意志説論争である[13]。

人間の「選択」を強調し、人間の不正・悪に対する神の正義を弁護したのがムータジラ派である。これに対して、大方は、神の「強制」と予定に傾き、予定説は多数派の説として受け入れられ、自由意志説は異端として退けられることになる[14]。このような対立の中で、予定説に立ちながら、人間の道徳的責任を神学的に基礎づけることによって、両者の調和を図ろうとしたのがアシュアリー派である。具体的には、人間は神が人間の中に、特定の行為のために創った力によって、同じく神が人間の中に創ったその行為を「獲得」(kasb, iktisāb)することによって、自己の行為に対して責任をもつということである。

ガザーリーも基本的にはアシュアリー派の立場に立つものであるが、人間は神が創った力によって神の創った行為を「獲得」しないということがあり得るのか、という獲得理論についての素朴な疑問を払拭して、その立場はより明快である[15]。彼はタウヒード(神の唯一性)と聖法とをいかに調和させるか、という形で問題を提起する。タウヒードとは、神以外の行為者(fāʿil)は存在しない、ということを告白することであれば、聖法とは、各人を行為者として、それに行為を義務づけることであるから、当然この両方のテーゼをいかに調和させるか、ということが問題となるわけである。

ガザーリーの答えはこうである。[16]「行為者」には二つの意味がある。例えば、王が首切り役人に命じてある人を殺させた場合、殺害者(行為者)は王であり、また首切り役人でもある。同様に、人間は、ある意味では彼自らが行為者であり、別の意味では神が行為者である。神が行為者であるとは、神が人間の行為を創る者であり、人間が行為者であるとは、人間は、知識→意志→力→行為、の順序で、神がその中に行為を創るその場所・基体(maḥall)だということである。

また、別の箇所でガザーリーは、人間が自己の行為の「選択者」(mukhtār)であるということを、次のように説明している。

> 意志的衝動(dāʿiyah)は、理性、感覚の判断に服従し、力はその衝動に、運動は力に従う。すべては彼の知らない所で必然的なものとして(biʾl-ḍarūrah)定められており、人間はそのようなことが起こる場所なのである。彼が「強制されている」(majbūr)ということの意味は、これらすべてが彼自身から出るものではなく、彼以外の所から来るということである。人間が「選択者」(mukhtār)ということの意味は、彼が理性によってある行為が(より)善い(khayr)と判断した後、強制的に起こる意志の場所となるということである。つまり、人間は「選択するように強制されている」(majbūr ʿalā al-ikhtiyār)のである。[17]（強調は引用者）

真の意味での「選択者」は神のみである。神だけは真に自由に自己の行為を選択する。他方、真の意味で「強制されているもの」とは、無生物・自然現象のことである。人間はその中間に位置するということである。

ところで、「人間は、理性によってある行為が善いと判断した後、強制的に起こる意志の場所となる」とは、どういう意味であろうか。それがどうして、神の「強制」と人間の「選択」とを調和させることになるのであろうか。ガザーリー自身は、それ以上の詳しい説明はしていないが、こういうことになるのではないかと思われる。まず、人間は、神がその意志を実現していくその場所・基体、あるいは道具である。その意味では、人間は神の完全な強制下にあって、そこには選択の余地はまったくない。したがって、道徳的責任もないことになる。

しかし、他方では、神はその意志を人間の意志を通して実現していくと言っている。それは言い換えれば、人間が意志することは同時に神が意志することでもあり、また人間が実際に行為したことが神の予定であったということになる。個々人に関する限り、神の意志は現実にはその人間の意志としてしか現れないのである。したがって、人間は自分の意志で悪を意志することもできれば、善を意志することもできる。かりに悪を意志し選択したとすれば、当然それに対して罰を受けることになる。しかし、それは実は「理性によって判断した後、強制的に起こった意志」、つまり神の意志であったということになる。そしてそれが、神の予定でもあったということになるのである。この意味では、人間は神の創造行為に参与しているとさえ言えるのである。

しかし、タウヒードの観点に立つ限り、人間の「選択」の問題は真に神学的(論理的)に解決されたというよりは、「選択」の意識の問題に解消され、その程度にしか問題にされ(得)なかったと言えるかもしれない。ガザーリーにとって重要なことは、むしろ人間の思考や行為におけるこの神・人の二元性を超克し、自己および世界における神の一元的支配を直観し悟得し、多なる現象界の中に一者のみを見るようになることである。これが真のタウヒードだというのである。神の「強制」を強調するガザーリーの神学思想は、そのような神秘主義的(スーフィー的)な直観の概念的表現であるとも言えよう。

第4節　イブン＝シーナーの創造論

はじめに

イブン＝シーナー（アヴィセンナ、一〇三七年没）は、キンディー（八六六年没）、ファーラービー（九五〇年没）らによって基礎づけられたイスラム哲学（Falsafah）の大成者であり、またイブン＝ルシュド（アヴェロエス、一一九八年没）と共に、西洋中世哲学に大きな影響を与えたことで知られている。しかし、そのイスラム哲学の伝統は、正統派神学者ガザーリーらの批判もあって、（イブン＝ルシュドらの必死の反撃にもかかわらず）スンニー派の中では、ついに市民権を得ることはなかった。本節では、まずイブン＝シーナーの存在論と神観念を明らかにした上でその創造論を検討し、それをめぐる論争を通して問題点を明らかにしたい。

1　存在と神

イブン＝シーナーはまず存在者（mawjūd）を必然的存在者（wājib al-wujūd）と可能的存在者（mumkin al-wujūd）に分ける。彼の定義によれば、必然的存在者とは、非存在（ʻadam）を仮定した時、そこに不可能なこと（muḥāl）が生じる存在者のことである。可能的存在者とは、非存在を仮定しても、存在（wujūd）を仮定しても、そこに不可能なことが何も生じない存在者のことである。換言すれば、必然的存在者とは、存在する以外にあり得ないもの、不可避的な存在者(al-ḍarūrī al-wujūd)、非存在が考えられない存在者のことである。他方、可能的存在者は存在することも、存在しないことも可能な存在者、存在において不可避性のない存在者のことである。(1)

イブン＝シーナーはさらに別の観点から、必然的存在者を二つに分ける。それ自体で(bi-dhāt-hi)、つまり自体的に必然的な存在者と、他によって必然的な存在者である(Najāt, p. 261)。前者の存在必然性はそれ自体によるもので、他の何ものにもよらない。それは他に原因をもたないからである。他方、後者は他によって必然的なものではないが、自己以外の原因が措定されることによって、必然的存在者になるものである。例えば、4は自体的には必然的存在ではないが、2と2が措定されると、必然的存在者となる。また、燃焼も自体的には必然的存在ではない。しかし、本性的に能動的な力と受動的な力、つまり燃やすもの(火)と燃やされるもの(可燃物)が出会うと仮定すれば、燃焼は必然的存在者となる(*Ibid.*)。

すべて他によって必然的に存在するものは、自体的には可能的存在者である。逆に、すべて自体的に可能的な存在者は、他の存在が生起すれば、必然的存在者である。その理由はこうである。すべて存在者はその存在が自体的であるか、ある原因によるか、である。その存在が自体的であれば、それは必然的存在であって、可能的存在者ではない。その存在が他によるとすれば、その原因の存在によってそれは必然的となる(*Najāt*, pp. 262-63)。こうして可能的存在者の存在は他者を必要とするが、この他者は必然的であるか、可能的であるか、のいずれかである。前者の場合、それによって必然的存在者の存在が証明される。他方、後者の場合、その存在のためにさらに別の可能的存在者が必要とされる。こうして同じことが無限に続くか、自体的に必然的存在者に終わるか、である。無限に続くことはあり得ないので、自体的に必然的存在者がなければならない。こうして必然的存在者、すなわち神の存在が証明される。(2)

このように必然的存在者である神は純粋存在者(mujarrad al-mawjūd)であり、存在そのものであり、存在がその本質(dhāt)そのものであり、存在と本質は不可分である。他方、必然的存在者以外のもの、つまり可能的存在者においては、存在と本質は区別され、存在はいかなるものの本質をも構成せず、またその部分でもない。それは本質に付加される単なる偶有である。(3) 可能的存在者とは、その存在が可能的であるということ、つまり他によって与えられるもので、自体的には無だということである。その存在を与えるもの、それが必然的存在者(創造主)であり、その意味で必然的存在者以外はすべてその被造物である。

2　神の唯一性と属性

イスラム神学(カラーム)では、神の唯一性(タウヒード)についての論議がその最も主要なテーマである。それは、狭義には、神は唯一で分割不可能ということであるが、広義には、神はユニークであり、コーランに描かれた擬人的人格神をその超越性と調和的にいかに理解するかの問題であった。具体的には、神は本質において無始・無終であり、空間を占める実体ではなく、物体でも偶有でもなく、特定の方向に位置づけられることもない。他方、神は全知者・全能者・生ける者・意志者・話者・見る者・聞く者であり、したがって神は知の所有者・力の所有者などとして、知・力などの属性(ṣifāt)をもつとされる。神の本質・本体(dhāt)と属性との関係について、正統派(アシュアリー派)では、属性は相互に異なり、本質に内在し、それに付加され、それと共に永遠なものとして、本質と同一ではないが、別のものでもないとされた。これに対して、ムータジラ派は属性をすべて本質に還元して、それに独自の存在を認めなかった。

イブン＝シーナーにとっても、必然的存在者である神は唯一であり一である。それは、二つのものから一つの必然的存在者が生じるということも、そこに多(kathrah)があるということも、またそれが二つあることも不可能だということである（*Najāt*, p. 263）。必然的存在者の本質が二つないしはそれ以上のものから成るとすれば、それはこれらによって必然的なものになるということになる。また、それらの一つ、あるいは各々が必然的存在者より前にあり、原因としてそれを構成することになり、それはこれらの結果ということになる。そのようなことはあり得ないので、必然的存在者は概念的にも量的にも分割不可能である（*Ishārāt*, p. 54）。換言すれば、第一者には類（jins）も種差（faṣl）も定義（ḥadd）も証明（burhān）もない。それは完全な単純体であって、本質（māhīyah）、つまり「それは何か」の答えとして言われる「何性」（quidditas）をもたず、また原因もないので、その行為には「なぜ」もないのである[4]（*Shifā'*, II, pp. 347-48, 373）。

また、「必然的存在者」の語が二つ以上の実体に適用されることもない。かりに二つの実体があって必然的存在者と呼ばれるとすれば、そこに種差や特性（khāṣṣah）があることになる。しかし、普遍的なものの本質にそのようなことが起こることはない。とすれば、各々は必然的存在者と同じであるか、違うかのいずれかである。もし同じであるとすれば、何の違いもない二つのものがあることになり、それは不可能である。もし違うとすれば、種差などをもつことが必然的存在者の本質的条件となり、この条件が必然的存在者の本質を構成することになる。これはあり得ない。したがって、必然的存在者は二つ以上はない[5]。

第一者には本質（何性）はない。前述のように、それは純粋存在であり、何性をもつ諸実体にそれから存在が流出する。存在がその本質・本体（dhāt）であり、非存在その他の諸性質（awṣāf < waṣf）はすべて否定される。何性をもつ他のものは可能的であり、この第一者によって存在を与えられる（*Shifā'*, II, p. 347）。必然的存在者はいかなるものとも、そのものの本質を共有することはない。というのは、必然的存在者以外のものの本質がもつ存在はすべて可能的であり、存在はそのものの本質を構成せず、またその部分でもないからである（*Ishārāt*, p. 61）。したがって、必然的存在者に本質と存在が区別される実体（jawhar）の語の適用はさけられ、実体でも偶有（'araḍ）でもないといわ

れる(*Shifā'*, II, p. 348 ; *Dānish*, pp. 56-57)。

神はこのように可能的存在者とまったく異なって名状し難く、否定的にしか表現されず、積極的立言はいっさい不可能なのであり、あらゆる点で純粋に一である。しかし、それは、それからすべてが否定され、諸存在との関係が生じることはまったくないということを意味しない。そのようなことは不可能である。それは、本質において一であり、多でないということである。だが、多くの否定的肯定的関係(属性)がそれに従属的にいわれるのなら、それは本質に付帯するもの(lawāzim ＜ lāzim)、本質の結果であり、本質の構成要素でもその部分でもないとして、可能である(*Shifā'*, II, pp. 343-44)。

したがって、このような属性は否定的にないしは関係的に理解されなければならない。「必然的存在者のもつ第一の属性は存在者(inn wa-mawjūd)ということである。他の属性については、あるものは関係を表わし、他は否定を表わす。したがって、本質に多性を生じさせるものは何もない」(*Shifā'*, II, p. 368)。例えば、「第一者」(awwal)とは、この存在と他のすべてのものとのある関係を表す。それはものを最初に、あるいは間接的に必然的にし、あらゆるものの存在はそれから来る、という意味でそれは第一である。第一とは、必然的存在者に付加され、それによって必然的存在者が多化するようなものではなく、われわれがそれを他との関係においてみたにすぎない(*Shifā'*, II, p. 343)。「永遠なる者」(azalī)とは、始まりのないことを表わし(*Dānish*, p. 58)、「全能者」(qādir)とは、他の存在がそれによって初めて実在となることを表わす。

このような属性の中で特に強調されるものの一つが「純粋善」(khayr maḥḍ)であり、存在における純粋完全体(kamāl maḥḍ)ということである。善とはあらゆるものが求めるもの、すなわち存在、あるいは存在の完全性である。誰も非存在を求めない。それは悪だからである。悪(sharr)には実体がない。それは実体の欠如('adam al-jawhar)、実体の状態における善の欠如である。存在は善性(khayrīyah)、完全な存在は存在の善性である。要するに、純粋善とは、非存在が起こり得ない存在のことで、自体的に可能的存在者はその意味で純粋善ではない。それには非存在の可能性があるからである。またその意味で、悪・欠陥から自由ではない。こうして自体的に必然的存在者のみが純粋善であるということになる(*Shifāʾ*, II, pp. 355–56 ; *Najāt*, p. 265)。

必然的存在者は美(jamāl)と光輝(bahāʾ)でもある。それは、その本質が純粋知性的であり、純粋善的であり、すべての欠陥から自由で、あらゆる点からみて一だということである。必然的存在者は純粋な美と光輝として、すべての美と光輝の原理である。すべての美と適合性、善は愛好される。必然的存在者は完全性と美と光輝の極限であり、この極限性と光輝と美で、そして完全な思惟作用によって、自己を思惟する。こうしてその本質はそれ自体で最大の熱愛者(ʿāshiq)かつ熱愛対象(maʿshūq)であり、最大の歓喜者(lādhdh)かつ歓喜の対象(multadhdh)である(*Shifāʾ*, II, pp. 368–69)。

知性による知的対象の知は、対象が永続的で普遍的であるが故に、感覚対象の知覚よりもはるかに大きな歓喜である。したがって、美と光輝の必然的存在者への思惟とそれへの一体化は最大の幸福として、あらゆるものによって希求される。

必然的存在者は真実(ḥaqq)であり、純粋思惟(ʿaql maḥḍ)である。なぜなら、それは思惟を妨げる原因である質料から完全に自由な純粋存在だからである。それはまた純粋思惟対象(maʿqūl maḥḍ)であり、思惟者(ʿāqil)である。そこにはいっさいの多はない。にもかかわらず、必然的存在者は個物を知り、かつ個物の生成消滅にもかかわらず、その知には変化はない[6]。

必然的存在者は完全であり、さらに何かが期待されるという状態にはない。それはあらゆる点で自体的に必然的である(*Najāt*, p. 265)。したがって、必然的存在者には属性としての「意志」はない。それは存在の完全な領域だからである。それはあらゆるものの存在がそれ自体善であると知っており、別のものの存在も同様の性質であると知っている。こうして、それが知っているものが存在化されることに、それ以上付加的なものは何もない。それの知がすべてのものの存在に関係づけられるからである。

必然的存在者に目標や目的、願望や意図があるわけではない。その意志とは、あらゆるものにとっての最善の秩序についての知にほかならない。そしてそれは永遠であって、われわれ人間の意志とは異なるものである（*Dānish*, pp. 67-68）。必然的存在者の意志は、その知の故に本質とは異ならない。それがもつ知自体がその意志なのである。同様に、それがもつ力とは、その本質がすべてを知によって思惟するということにほかならない（*Shifā'*, II, p. 367）。つまり、本質において、知と力と意志は別々の属性ではないのである(7)（*Dānish*, pp. 69-70）。

3　世界の創造

イブン＝シーナーの創造論については、比較的よく知られている(8)。彼のそこでの哲学的関心は、前述のような絶対的に一なる神と多なる世界の関係をいかに論理的に説明するかであった。「一者から一者しか出ない(9)」(ex uno unum) の原則を認める限り、正統神学の説く神の直接的な世界創造を認めるわけにはいかない。彼はその解釈を、プロティノスによって基礎づけられ、ファーラービーによってほぼ完成されていた新プラトン主義の流出論に求めた。

一者から一者しか出ない以上、多なる世界のそれからの流出は段階的に考えるしかない（*Dānish*, p. 76）。太陽が他から何の強制もなく自ら明るく輝き、周囲に無尽蔵に光を放出して照り輝くように（*Dānish*, p. 60）、一者はその充溢した存在を放射する。それは純粋思惟としての自己思惟の結果である。そしてそれはあらゆる存在の第一原理としての自己思惟であり、それがすべてのものの流出の必然的思惟となる。その思惟が存在の原因となって、第一の存在者がそこから流出する。これが第一結果としての第一知性である。

必然的存在者はあらゆる点で一であることから、先の原則に従って、それからこの第一知性(al-ʻaql al-awwal)一つしか流出しない。しかし、この第一結果(al-maʻlūl)には、その直接的原因であり、第一原理(al-mabdaʼ al-awwal)である必然的存在者にないいくつかの側面(wajh)があり、それがそこからの多の流出を可能にする。一般に可能的存在者には二つの側面がある。一つは、自体的には偶性的であるが故に、その状態は可能的だということである。他は、その原理からみれば、その状態は必然的だということである。加えて、そのような可能体が知性であれば、その思惟対象として自己とその原理をもつということである(*Dānish*, pp. 77-78)。

> 一者は一者としては、そこから一しか存在しない。離在知性に何らかの多性があるとすれば、それはただ結果は自体的には可能的存在であり、第一者によって必然的存在であるということであり、その存在の必然性はそれが知性であることによる。それは自己を思惟し、第一者を必然的に思惟する。自己を可能的存在としてそれが思惟することの意味、そして自己が一者からの必然的存在であるとの思惟に多性がある。この多性は第一者から来るものではない。
>
> (*Shifāʼ*, II, pp. 405-06)

こうしてまず、第一知性が必然的存在者である第一原理を思惟することから第二知性が流出し、自己の存在は他によって必然的であるとの思惟から最高天球霊が流出し、自己の存在は自体的には可能的であるとの思惟から最高天球が流出する。以下、同様の過程を経て第一〇知性までの九つの離在知性が流出し、それに対応して最高天球以下、恒星天球、土星天球、木星天球、火星天球、太陽天球、金星天球、水星天球、月天球と、それぞれに対応する天球霊が流出する。最後の第一〇知性は能動知性(al-ʻaql al-faʻʻāl)とも呼ばれ、それから月下界、すなわち生成消滅する地上界の第一質料(al-hayūlā al-ūlā)と種々の形相や人間の霊魂が流出する。

諸天球は単一の質料[10]から成る生物体で、月下界にみるような生成消滅はなく、それらは各天球の知性がその霊魂を通して作用する衝動——より上位の知性、究極的には第一原理に対してそれらがもつ憧憬(shawq)と模倣(tashabbuh)の衝動——によって恒久的に回転運動をしている。これらの天体——特に太陽——の回転運動の影響を受けて四原素・四性質のさまざまな組み合わせが生じ、必要な準備が完了して形相を受け取り、無生物・植物・動物・人間の個体が生成し、やがてその形相を奪われて消滅する。この「形相の付与者」(wāhib al-ṣuwar)が能動知性である。

能動知性はまた、人間の認識活動にも関与し、人間が個物から普遍概念、事物の本質概念を抽出する働きを助け、そのような知的活動を通して各人に備わっている質料的知性(al-ʿaql al-hayūlānī)を獲得知性(al-ʿaql al-mustafād)にまで開発して高め、能動知性との合一のために大きな役割を果たす。こうして能動知性は天上界と地上界を結ぶ、神の創造の媒体として重要な位置を占めているとすれば、第一知性は「ヤヌス的二面性[11]」をもって、一なる必然的存在者と多なる宇宙の諸存在を繋ぐものとして、重要な役割を果たしているといわれる。

要するに、イブン＝シーナーにとって創造とは、神の自己の本質に対する思惟作用(taʿaqqul)のことである。自己自身の思惟、自己知がすべてのものを存在化する根源である。この思惟行為は永遠であり、宇宙の示現は神の永遠にわたる自己知である。換言すれば、創造とは神による存在付与であり、知性の光の輝きであり、それによって宇宙の各被造物は、その存在と知性によってその神的根源に関係づけられている。神はすべてのものを満たす光の溢出の根源とされる。創造は知的本質の実在化であり、存在はこれらの本質の顕現(tajallī)であり、したがって存在と光は同一である。存在を与えるとは、神的光で照らすことである[12]。

とはいえ、このような存在付与が原因・結果という必然的体系の中でなされる場合、そこに何ほどかの目的性・

有意味性があるのだろうか。神は純粋善である以上、イブン＝シーナーはこれを肯定する。

神の摂理とは、第一者が自ら最善の秩序の中で存在があるあり方について知っているということである。また、自らが可能な限りの善と完全性の原因であることを知っており、さらに可能な限り徹底した形で善の秩序を思惟しており、その思惟したものがそれから、可能な限り徹底した形で流出することである。（*Shifā'*, II, p. 415）

最も完全な思惟者であり純粋善である神は、存在の最も完全かつ最善の秩序を知悉しており、その知の存在化として現実は最善である。こうしてイブン＝シーナーは最善説の立場をとるが、その場合当然ながら悪の問題が残る。前述のように、彼は実体としての悪は認めないが、それを相対的なものと考え、全体としての善の一部として位置づける。

ところで、コーランは創造についてどのように述べているのであろうか。

まこと汝の主はアッラーである。天と地とを六日で創り、（創造が終わると）それから高御座《たかみくら》につき、昼を夜で覆い給えば、夜は昼を休みなく追っていく。太陽も月も星々もその御言葉のままである。ああ、まことに創造の業と（天地の）支配が神のものでなくて何であろう。讃えあれ、万有の主なる神に。（7 : 54）

神による天地の創造は、基本的には聖書の記述と同じである。そして、それはすべて人間のための恩恵であるとされる（五五章参照）。

（神が）何か欲しいと思われたら、「在れ！」とただ一言お命じになるだけで、もうできてしまう。
(3 : 47, 16 : 40 ほか)

いったい彼ら自身、無から創り出していただいた(khuliqū min ghayr shay')ではないか。
(52 : 35)

このような神の創造は「無からの創造」(khalq min ghayr shay', khalq lā min shay' = creatio ex nihilo)であることが明言されているようである。しかし、コーランには「無から」ではなく、素材からの創造を説いているような箇所もないわけではない。例えば、

それから、玉座がまだ水上にあったころ、六日間で天を創り、地を創り給うたのもあのお方である。(11 : 7)

……人間を泥土から創造し、その後裔を卑しい水の精から創り出し……
(32 : 7-8, 15 : 28-29)

そして事実、イブン＝ルシュド(アヴェロエス)はこの一一章七節から、神の創造は無からではなく、アリストテレス的な先在する第一質料からの創造である可能性を指摘している。[13] このようにコーランだけからは、神の天地創造はすべて無からであり、その後もそうなのか、天地は無から創り、それ以後は素材を用いての創造なのか、あるいは天地創造もそれ以降も素材を用いての創造なのか、一義的に確定することは困難のようである。

周知のように、イスラム教スンニー派神学の基礎は、多数派のアシュアリー派であると、少数派のムータジラ派であるとを問わず、原子論的存在論である。[14] それは、神以外の存在をすべて原子(jawhar fard)と偶有('araḍ)に還

元し、原子の結合・分離、物体の性質、生成消滅や変化をすべて神が創る偶有によって説明するものである。特にアシュアリー派は、偶有の持続性(baqā')を例外なく否定するために、世界は瞬間毎の創造と消滅のくり返し(khalq jadīd)であるとする。そこには自然的本性(ṭab', ṭabī'ah)のような恒常的なものはいっさい認められない。自然界の秩序は認めても、それは必然的な法則ではなく、瞬間毎の創造行為における「神の慣行」('ādah Allāh, sunnah Allāh)にすぎない。そこでは原因・結果は単なる偶因とみなされ、両者は直接的に神の行為に結びつけられる。このような偶因論的存在論においては、世界の生成消滅はすべて神の知と意志と力による創造とみなされる。

こうして世界は生成したもの(創られたもの)(ḥādith, muḥdath)である。創られたものである以上、それを創った者(muḥdith)がなければならない。それが神である――これが神学における通常の神の存在証明である。絶対的に自由な存在としての神が自己の意志と力によって世界を創るのである以上、それは「無からの創造」でなければならなかった。素朴に時間の永遠性を前提にすれば、それは、時間の流れのある時点で世界をまったくの無から創ったということになる。しかし、神学者たちは時間も神の被造物とみるために、その表現は微妙となる。曰く、「神が存在し、その他に何も存在しなかった時に、神は世界を創造した」[15](wa-kāna Allāh ta'ālā wa-lam yakun ma'a-hu shay')、「神は在ったが、世界は無かった。次に神が在り、神と共に世界が在った」[16](anna-hu subḥāna-hu kāna wa-lā 'ālam thumma-kāna wa-ma'a-hu 'ālam)。神が存在し、世界が存在しない状態が、神と世界が共に存在する状態に成った、ということである。つまり、「創造」(iḥdāth)とは、非存在の状態から存在のそれへの変化のことである。

神学者が「神は存在していた。次に創造した」(kāna Allāh thumma khalaqa)と言えば、哲学者は「神は存在し、その(同時に)創造した」(kāna Allāh wa-khalaqa)と言う[17]。イブン＝シーナーはどうか。彼の創造論を考える場合、その基礎にある階層的流出論に従って、最初の第一知性の創造、他の諸天体の創造、月下界の創造の区分を念頭に置いておく必要がある。これらの中で最も重要なのが最初の創造である。彼によれば、創造(ibdā')とは、「ものに対して絶対的非存在(lays muṭlaq)を否定し、それに完全な存在を与えること」、「絶対的非存在の後にものを存在化すること(taʾyīs)」(*Shifā'*, II, p. 266)である。こうして彼は「無からの創造」を主張する。しかし、同じ箇所で彼が第一原因とその結果の共時的持続性について述べていることから考えて、存在化前の絶対的非存在の先行性は時間的ではなく、本質的なものであることがわかる。そのことは、次の引用から明白である。

ものがもつ存在と必然性が他からであれば、それ自体からはそれがもつものは、非存在と可能性である。その非存在がその存在の前にあり、その存在がその非存在の後にある。これらの前性・後性は本質においてである。こうして一者以外すべてのものは、その存在は無の後のことで、それは本性に相応のことである。

(*Shifā'*, II, p. 343)

非存在の先行性は時間的にではなく、本質においてである。あたかも手を動かすことによって、鍵が動くようなものである。それは時間的には同時的である。とはいえ、鍵を動かすことによって、手が動くわけではない(*Ishārāt*, III, p. 112)。このような質料によらず、無媒介的かつ無時間的創造をイブン＝シーナーは「イブダー」(ibdāʿ)、あるいは「絶対的創造」(al-ibdāʿ al-muṭlaq)と呼んでいる(*Shifā'*, II, pp. 342-43；*Ishārāt*, III, p. 120)。具体的には、第一知性の流出のことである。この語は、広義には、この第一知性を介して、諸要素をもたない永遠で単純な天上的存在の創造をも指す(18)。

イブン＝シーナーはこれ以外の創造についても述べている。

「被造物」(muḥdath)の語が非存在(lays)の後に存在(ays)をもつものすべてに適用されるなら、たとえその後性が時間においてではないにしても、すべて結果は被造物である。もし適用されないなら、被造物の条件は、その前に時間があることであり……、そうなれば、その後性は前性とは同時に存在しない。

(*Shifā'*, II, pp. 266-67)

ここでは、非時間的創造が月下界にみられる時間的創造と区別されている。

時間を要しないという意味での被造物は、その存在が絶対的非存在の後であるか、それとも非絶対的非存在の後であるか、つまり既存の質料の中での個別に対応する非存在の後であるか、のいずれかである。前者の場合、その流出はかの原因からで、これがイブダーである。これは存在付与の最も優れたやり方である。

(*Shifā'*, II, p. 267)

ここでは、第一知性を通して非時間的に創造される天上界の諸存在に言及している。

こうしてイブン＝シーナーは、単に先行する非存在が時間的であるか否かだけではなく、質料や媒体の有無によって「創造」をさまざまに区分している。(1)前述のイブダー。(2)イフダース(iḥdāth)。偶有的存在の産出のことで、永遠であるか否かは問われない。(3)ハルク(khalq)。質料と形相から成る物質的存在の産出を意味し、媒体の有無、可滅・不滅のいかんを問わない。(4)タクウィーン(takwīn)。可滅的存在の媒介的産出を指す(19)。

これを整理すると、次のように三つにまとめられよう。第一は、第一原理からの無時間的無媒介的流出(イブダー)。第二は、第一知性を通して——だが、月下界のように時間的に先在する質料を媒介としてではなく——天上に諸存在が流出する。これらの創造も無時間的である(イブダー、イフダース、ハルク)。第三が、質料と形相より成り、生成消滅する月下界の諸存在の創造である。これは常に時間の中で行われる(タクウィーン、ハルク、イフダース)。

以上、われわれはイブン＝シーナーの創造論をみてきたが、これが果たしてイスラム教の創造論と言えるものかどうか、意見の分かれるところであるが、そこにどのような哲学的問題があるのか。次にこれらを検討しよう。

4　創造の問題点

ガザーリーは、その哲学批判の書『哲学者の自己矛盾』(*Tahāfut al-Falāsifah*)の第三章、「神は世界の創造主であり、世界はその被造物であるとの哲学者の主張の欺瞞性」の中で、ファーラービーやイブン＝シーナーに代表される哲学者の創造論を批判している。批判は三部に分かれていて、第一部で、哲学者のいう創造主とは単なる原因にすぎず、「行為者」(fā'il)の名に値しないこと、第二部では、哲学者のいう世界は神と共に永遠であるので、その被造物(行為)であることにふさわしくないこと、第三部では、第一者からの世界の流出の過程が批判される。そこでわれわれは、この批判を手がかりにして、以下イブン＝シーナーの創造論の問題点を考えてみたい。

まず第一に、イブン＝シーナーによれば、神と世界の関係は原因と結果の必然的関係であり、神とは世界の原因にすぎず、それを世界の創造主・行為者と呼ぶことは欺瞞である、とガザーリーは批判する。神は絶対的に自由であり、「行為」(fi'l)とは、知と自由な意志と選択があって初めて可能なのだと考えるガザーリーにとって、それらを欠いた第一原因にすぎないものを「行為者」と呼ぶことはできない。もしできるとしても、それは比喩としてである、とする。

他方、イブン＝シーナーにとって、「行為」(fi'l)とは、自然本性的行為(fi'l bi'l-ṭab')と選択的行為(fi'l bi'likhtiyār)から成るもので、意志がなくてもそれを行為と呼ぶことに何ら問題はない。ガザーリーからすれば、前者は語義矛盾であり、後者は同語反復である。こうして双方が語の用法をめぐって対立する。厄介なことに、「フィウル」(fi'l)の語には、「行為・造ること・すること」の他に、「作用」の意もあり、いずれが正しいとの決定的証拠はないようである。しかし、ガザーリーがあげる次のような例は重要であろう。ある人が他の人を火に投じて焼死させた場合、殺人者は火に人を投じた者であって、焼死の直接的原因となった火ではないと考えられる。その理由は、火に投じた人が殺人の意志をもっていたからだ、というものである。[20]

他方、神学においても神は完全であり、何の不足も欠陥もないために、神が欠を補うものとしての目的をもつことは否定される。では、全知者であるそのような神が意志をもつということはどういうことであろうか。哲学者にとっては、それは最も完全な善の秩序についての知と同一視され、神はかりにそのような知に基づいて「自由に」行為するにしても、あれかこれかの選択の余地は実質的にはないであろう。ガザーリーにとっても、神の意志とは結局のところ、神がその行為を思い直すことができるというところにおさまる。[21] しかし、神が「行為を思い直す」とはどういうことであろうか。誤りに気付いたということはあり得ない。となれば、『自己矛盾』の第一章「世界の永遠性」の中で彼が論じたように、[22] 諸天球の回転をすべて逆方向にするとか、均一な時間の流れの中で世界の創造を実際より早めるか遅らすか、といった実質的にはどうでもよい事が意志の対象ということになる(ある研究者によれば、それは硬貨を投げてどちらかを決めるようなものである)。[23]

ここで、ガザーリーの批判に対するイブン゠ルシュドの反論をみよう。[24] まず彼は、ガザーリーのいう「行為者」の定義は受け入れ難いとし、経験界と神的世界を切り離す作戦をとる。経験界では「行為者」は確かにイブン゠シーナーのいうように、自然的行為と意志的行為に区分される。しかし、この区分を神的世界にそのまま適用して、第一者がそのいずれであるか、を云々することはできない、とする。

もっとも、何かを意志し選択する者はそれを欠いているということであるが、神には欠けたものは何もない。選ぶ者とは、よりよいものを選ぶ者のことであるが、神にはよりよいものは何もない。意志は受動的資質であり、変化である。しかし、神はそのような存在ではないし、さりとて自然的行為者でもない。そもそも神が行為者であるその有り様は、この世界にそれに対応するものがない以上、明らかではない。とすれば、行為者は思慮と選択があって初めて理解されると主張することは、いかにして神に可能であろうか。

神の行為は知に基づくもので、何らかの本質的ないし非本質的な必然性によるものではない。それは神の恩恵によるとする。神には経験的意志者に固有の不完全性がないので、必然的に最高の形における意志と選択がなされるということである。実際、哲学者は神が意志することを否定しない。というのは、神は知による行為者であり、対立するもののよりよい方を必然的に実行するからである。ただ、彼が意志するその仕方は人間とは別なのだ、としてイブン＝ルシュドはガザーリーの提起した問題には直接答えることはしない。

第二が、神の行為(の結果)としての世界をめぐる議論である。ガザーリーによれば、行為とは、創造(iḥdāth)によってものを非存在から存在へと引き出すことである。したがって、永遠なるものにはそのようなことは考えられない。なぜなら、存在するものを存在化することは不可能だからである。哲学者がいうように、世界が永遠であれば、どうしてそれが神の行為であり得ようか、というのである。

哲学者(イブン＝シーナー)も、「創られたもの」(ḥādith)とは、「非存在の後に存在するもの」とする点では、ガザーリーと同じ立場のようである。しかし、前述のように、哲学者の場合、非存在の先行性はあくまでも時間ではなく本質においてである。それは、行為者は非存在とは関係をもち得ないからである。したがって、行為者が永遠であれば、行為も永遠となる。哲学者が水中での手の運動と水の運動の同時性によってそれを例証すれば、ガザーリーは、水の運動のように、それは行為が創られた後では行為者と共時的であることは可能であるとしても、その場合行為者とは手の運動ではなく、あくまで手の所有者であり、手が行為者であるというのは比喩である、と批判する。ガザーリーにとって、行為者である神は、そのように行為に先在するものである。ここにも、行為者についての理解の違いが根底にあるようである。

だとすれば、次のようなイブン＝ルシュドの指摘は適切である。もし世界がそれ自体で永遠に存在するのであれば、世界には行為者はないことになる。しかし、「永遠なる」(qadīm) の意味が、「一回的創造」(iḥdāth munqaṭaʿ) とは区別された「恒常的創造」(ḥudūth dāʾim) であり、この創造に始めも終りもないというのなら、世界はそのような意味で神の被造物となり得る。とすれば、世界にふさわしいのは創造の語であって、永遠 (qidam) ではない、とする (*IR*, pp. 269-70 ; *Bergh*, I, pp. 96-97)。

ところで、アリストテレスにより忠実であろうとするイブン＝ルシュドは、常にイブン＝シーナーを全面的に支持するというわけにはいかない。例えば、行為者が関係するのは存在か非存在であり、非存在には関係し得ないので、残るは存在のみである、とのイブン＝シーナーの前述の立論には批判的である。イブン＝ルシュドにとって、行為者が関係するのは完全な存在ではなく、非存在の状態にある存在、つまり可能態における存在だからである。他方、イブン＝シーナーにとっては、月下界は確かにそうだが、天上界ではあくまでも「無からの創造」である。

第三が、神と世界の関係についてである。イブン＝シーナーが述べる単純なる一者からの多なる世界の段階的流出に対して、ガザーリーは五つの批判を加える[25]。

(1) 第一結果における多性の一つが、それが可能的存在だということであるが、それは存在と同一であるか否か。同一だとすれば、そこから多は出ない。同一でないとすれば、第一原理の必然的存在についても同様となり、そこから直接多が出ることになり、第一結果は不要になる。

(2) 第一結果によるその原理への思惟は、第一結果の存在そのもの、その自己思惟そのものと同一か否か。もし同一でないとすれば、同じことが第一原理についてもいえる。つまり自己思惟と自己以外のものの思惟についてである。そしてそこから直接多が流出することになる。

(3)　第一結果の自己思惟は自己と同一か否か。知と知的対象は異なるので、同一ではあり得ない。とすれば、同様のことは第一原理についても考えられ、そこから多が出る。また、第一結果から流出するのは三つとされるが、むしろ四つとすべきだとする。そこにはその本質、自己思惟、その原理の思惟、自己の自体的可能性の思惟の四つの多があるからである。さらにこれに、他によって必然的存在者であることの思惟を加えると五つになり、そこから五つのものが流出することになる。

(4)　第一結果には、もっと多くの側面がある。まず、それから流出する最高天球は質料と形相から成るが、両者には別々の原理・原因が必要である。第二に、天球の大きさを決定する別の原因が必要である。第三に、天球の回転軸を決定する原因が必要である。さらに第二結果から恒星天球が流出するが、そこでの星の数は千数百個あり、それらの大きさ・形・位置・色・作用などはさまざまであり、それらに応じた原因が必要となる。このようなことが第二結果に考えられるとすれば、同様のことが第一結果にも当然考えられる。

(5)　第一結果が可能的存在であることの思惟から最高天球が流出するというが、可能的存在であることと、天球的存在の間にどんな関係があるのか。もしそのようなことが可能なら、ある人が可能的存在であることを思惟すれば、そこから天球が流出すると考えてもいいのではないか。

ガザーリーのこれらの批判はもっともである。事実、イブン＝シーナーの流出論体系のこの部分が最も弱いところといえよう。プロティノスが、一者―知性―霊魂―自然―質料と、流出の段階を述べるに止め、しかも全体をあくまで一つの「喩え」として語ったのに対して、(26) イブン＝シーナーはその体系をより論理的に精密にしようとして、かえって破綻に陥ってしまった。そもそも知性の流出が一〇で終わったということは、論理の問題ではなく、当時の天文学上の経験知にすぎなかったのである。

そのためか、この部分に対するイブン＝ルシュドの態度はひどく冷淡である。しかし、理由はそれだけではない。元来、ファーラービーやイブン＝シーナーの流出論的宇宙創成論は、かれらがアリストテレス哲学を新プラトン主義的に変容して、イスラム教の教義に接近する意図の下に出されたものであるだけに、イブン＝ルシュドがそれを単純に擁護するわけにはいかなかったのである。彼にとって、「これらすべては哲学者たちに抗して、イブン＝シーナーやファーラービーがでっちあげたもの」である。そもそも、「イブン＝シーナーがこれらの原理は相互に派生すると言ったが、そのようなことは、古代には知られていなかった理論である。彼らはただ第一原理との関連でそれらの間に序列があり、それらの存在はただ第一原理とのこの関係を通して真実となるというにすぎない」のである（*IR*, I, pp. 306-309 ; *Bergh*, I, pp. 111-12）。こうしてイブン＝ルシュドはむしろ、神学者自身の創造論の批判に矛先を向ける。

第5節　ガザーリーの哲学批判

数多い、しかも多方面にわたるガザーリーの著作の中で、哲学に直接関係するものとしては、論理学に関するものを除けば、『哲学者の意図』(*Maqāṣid al-Falāsifah*)(1)、『哲学者の自己矛盾』(*Tahāfut al-Falāsifah*)(2)および『誤りから救うもの』(*al-Munqidh min al-Ḍalāl*)(3)の三点が知られている。これらのうち『意図』は、哲学批判の前提としてガザーリーが、自己の哲学研究の成果を客観的に記述・紹介したものであり、それに続く批判書が『自己矛盾』である。これに対して、『誤り』はガザーリーが晩年に著した一種の「告白録」であるが、その中で彼は自己の精神遍歴と求道の跡を振り返り(4)、その過程における哲学研究の意味、哲学の中の有益なものと有害なものの区別を明らかにしている。

『誤り』によれば、ガザーリーは真理探究の過程で神学、哲学、バーティニー派の思想を順次検討し、最後に真理への道はスーフィズム以外にないことを悟り、その実践のために〝出家〟したことになっている。哲学研究の具体的時期については、ニザーミーヤ学院の教授としてバグダードに滞在中(一〇九一—九五年)のこととしている。イスラム法学の講義と著述という多忙な公的生活の合間、二年間で哲学を独学でマスターし、さらに一年を哲学についての批判的考察に費やした、と言っている(『誤り』p. 85)。『意図』と『自己矛盾』はこの時期に書かれたものである(5)。

このように晩年に書かれた『誤り』では、ガザーリーの哲学研究は「確実な知識」('ilm yaqīnī)——信仰の確信——の探求という求道の過程でなされたようになっている。したがって、哲学に対する態度は、少なくとも出発点では、批判を目的としない中立的、ないしは積極的なものであったはずである。ところがまさにその時期に書かれた『自己矛盾』の序文では、教養人の多くが哲学にかぶれ、その結果イスラムの正統的信仰を逸脱し、聖法を軽視する無神論的風潮が生じてきたので、それを匡正するために、哲学の実体を暴露し批判するのが執筆の動機であるとしている(『自己矛盾』pp. 37-39)。そこにみられるのは、哲学に対する求道者的な関心ではなく、あくまでも邪説を批判する正統ウラマーとしての公的な顔である。この違いはどのように理解すればよいのであろうか。本節の目的はこの問題に直接答えることではない。ただ筆者の理解し得た範囲において、『自己矛盾』におけるガザーリーの哲学批判の特徴をいくつか探り出すことである。その中でわれわれは、論理の問題とは別に、二つの世界観――イスラム的世界観とギリシア的世界観――の対立の一端をみることができるであろう。もちろん、イスラム神学と哲学の論争がこれで終ったわけではない。ガザーリーの哲学批判はやがて一世紀後、スペインのイスラム哲学者イブン＝ルシュド(アヴェロエス)によって反批判されるが、[6] これを最後に哲学は少なくともスンニー派世界では、影響力を失っていく。それはともかく、ガザーリーの哲学(理性)批判はイスラム思想史的にも、また比較思想的にもきわめて興味ある問題であり、つとに欧米の学者の関心を引くところであったが、[7] これは別の機会に論じることにしたい。

まず『自己矛盾』の構成をみると、序文で哲学批判の目的(前述)が述べられ、その対象としてアリストテレスの哲学を取り上げるが、それはイスラム共同体における最も優れた理解者であるファーラービーやイブン＝シーナー(アヴィセンナ)の理解したアリストテレスであることが明らかにされる。[8]

(1) 世界の無始性を肯定する哲学説の批判。
(2) 世界の無終性を肯定する哲学説の批判。
(3) 神は世界の創造主であり、世界は神の被造物であると哲学者が言うのは欺瞞であり、単なる比喩にすぎない。

(4) 哲学者は世界の創造主の存在を証明し得ない。
(5) 神は一つであることを哲学者は証明し得ない。
(6) 哲学者による(神の)属性否定に対する批判。
(7) 第一者(神)は類や種によって区分されないという哲学説の矛盾。
(8) 第一者は単純体・純粋存在であって、存在が付加される本質ではないという哲学説批判。
(9) 第一者は物体でないことを哲学者は証明し得ない。
(10) 世界には創造主・原因があることを哲学者は証明し得ない。
(11) 第一者は他者を知るが、類・種を一般的に知るだけであるという哲学説の批判。
(12) 第一者は自己を知ることを哲学者は証明し得ない。
(13) 神は個物を知らないという哲学説の批判。
(14) 天体は回転運動によって神に従う生物であるということを哲学者は証明し得ない。
(15) 天体の運動の目的は神への服従と接近であるとする哲学説の批判。
(16) 天体霊とは「天の書板」のことで、世界に生起することをすべて知っているという哲学説の批判。
(17) 哲学者のいう因果律の批判。
(18) 人間の霊魂は延長をもたない自立的な霊的実体で、物体ではないということを哲学者は証明し得ない。
(19) 人間の霊魂は永遠であるという哲学説の批判。
(20) 肉体の復活を否定する哲学説の批判。

これら二〇項目は大きく三つのグループにまとめることができよう。すなわち、(1)から(4)までは世界について、(5)から(13)までは神の本質と属性について、(14)から(20)までが霊魂(天体霊と人間の霊魂)についての議論であることがわかる。そして、これらのグループの各々が、死に値するとガザーリーがいう三つの不信仰(クフル)、すなわち世界の永遠性、個物についての神の無知、肉体の復活否定に関するものである。

ガザーリーの哲学批判の方法を一言でいえば、対話形式によって哲学者たちの推論の過程に論理の飛躍があって、彼らの証明が真の証明として成立していないこと、あるいは哲学者の議論をさらに論理的に推し進めて、それが彼らの別のテーゼと矛盾すること、あるいは不可能なことを帰結することを示すことにある。これはまさに古代ギリシアの哲人たちが用いた問答法ないしは弁証法である。その際ガザーリーがフルに活用したのが、彼が哲学の中に見出したアリストテレスの形式論理学である。彼がいかにそれを重視したかは、次節でみるように、論理学について数点の著作を残していることからもわかる。

こうして哲学説は矛盾を含むものであり、徹底的な論理的検証に耐え得ないこと、つまり「哲学者の自己矛盾」(『意図』p. 31 参照)を暴露するのである。そして人間の理性は、神・来世といった超感性界・超理性界のことについては何ら確実な知識をもたらさないこと、それは啓示によってのみ与えられることを明らかにする。この意味で、ガザーリーの哲学批判は理性批判であり、同時に啓示の真実性の証明でもある。したがって『自己矛盾』は、ガザーリー自身くり返し述べているように(『自己矛盾』pp. 123, 142, 153 ほか)、一貫して否定的性格のものであり、そこには否定された哲学説に代わるべき一定の自己の立場が具体的に示されているわけではない[9]。

この小論では、ガザーリーが取り上げた問題すべてを個々に紹介することはできないので、そのうちの主要なものだけを取り上げることにする。まず「世界の永遠性」の問題。この問題が最初に、しかも最も多くのスペース(全体の約五分の一)を費やして論じられていることは、それがいかに重要な問題であるかを示している。イスラム神学書の通常の構成では、まず世界が始まりをもつ(muhdath)ことが証明され、次いで世界に始まりを与えるもの(muhdith)がなければならない、ということから神の存在が証明される。したがって、世界が永遠であるか始まりをもつかは、その後の議論に重大な影響をもってくるのである。この問題は、⑴世界の無始性(qidam)と⑵無終性(abadīyah)に分けて論じられているが、ガザーリー自身が述べているように(『自己矛盾』p. 124)、後者は基本的には前者と同質の問題であるので、ここでは⑴についてだけ考察する。

　ガザーリーは哲学者の証明を四つにまとめ、それらを個々に論駁している。そもそも哲学者にとって神とは、第一原因・不動の動者——ガザーリーの用語では、「第一原理」(al-mabdaʾ al-awwal)・「第一者」(al-awwal)——として要請されたものであり、世界はその結果である。つまり、神と世界は、太陽とその光、水中における手の運動と水の動き、指の運動と指輪の動きのように、原因・結果の必然的関係として連続的に捉えられている。これが、世界を神による無からの創造物とするガザーリー——およびイスラム正統神学——の立場と著しい対照をなす、哲学者の基本的前提である。この原因・結果の前後関係は本質的な意味においてであり、時間的には共時的関係である。したがって、第一原因が始まりも終わりもなく、永遠に存在するならば、その結果としての世界もまた永遠に存在する。もしそうではなくて、神が過去のある時点で世界を創造したとすると、因果律の原則に従ってそこに当然神をして創造するようにさせた決定因(murajjih)が神の中に新たに生じたことになる。かりにそれが神の意志であるにしても、その時点でそのように意志するようになるには別の原因(sabab)がなければならない。こうして世界の創造ということは、不変なる神の中に変化を認めることになるので不可能である、と哲学者は言う。

　これに対してガザーリーは、神は永遠なる一つの意志ですべてのことを予定し、それに従って世界を創造したのであって、そこには神自身の変化は何ら問題とはならない、とする。

　しかし、全能なる神がよしと知ることはそれが直ちに実現されることであるとして、神の「意志」(irādah)を「知」(ʿilm)に解消して考える哲学者にとって(『意図』pp. 235-39 参照)、世界の創造を意志しつつ——つまり、それをよしと知りつつ——なおかつそれがある時点まで実現されないということは考えられない。しかもまた時間は、どの点をとってもすべて均一であるので、神が世界を創造するために自らの意志で均一なものの中から特定の時点を選び出すということはあり得ない。

ところが、ガザーリーによれば、神の意志についてのそのような立論は、すべて人間の意志から類推した蓋然性にすぎない。神は世界から絶対的に隔絶した存在であり、後者からの類推は不可能である。これがガザーリーの基本的立場である。神は論理的に不可能でなければ、何でもできる。類似のものの中から一つを選び出すこともできるし、それをするのがまさに神の意志の働きなのである。ここにわれわれは、基本的に相異なる二つの神観念をみることができよう。

こうして哲学者は、「永遠なるもの」(qadīm)から「生成物」(ḥādith)が生じることはないとする。しかし、考えてみれば、このテーゼ自体第一原因としての神の概念そのものに矛盾する。なぜなら、哲学者によれば、世界はまさに第一原因の結果として、「永遠なるもの」から生成するものに他ならないからである。もちろん、哲学者が不可能とするのは、非存在であった世界が存在に変わるという意味の生成であって、すでに述べたような共時的な意味での生成ではない。しかし、この場合でも、依然として「永遠なるもの」からの生成という「事実」は残る。

(3) 神は世界の創造主(ṣāniʿ)であるという哲学説は哲学の基本原則に矛盾することの証明。ガザーリーはこの問題を「行為者」・「行為」・両者の関係、という三つの側面から論じている。まず、「行為者」(fāʿil)についてみるに、神が行為者であるという場合、哲学者によれば、それは神が原因(sabab)であり、そこから結果が必然的に出てくる存在だということである。そもそも行為(fiʿl)には、「自然的性質によるもの」(biʾl-ṭabʿ)と「意志によるもの」(biʾl-ikhtiyār)とがあり(『意図』p. 190参照)、原因としての神は前者の意味における「行為者」なのだとする。しかし、ガザーリーによれば、「自然的性質による行為」というのは言葉の乱用である。なぜなら、「行為」には本来、その対象についての知識と意志が含まれているのに、原因・結果の必然的関係にはそれらが欠如しているからである。したがって、哲学者が神を行為者・創造主であるという場合、それは比喩としてであり、欺瞞である。

次に、行為についても、哲学者とガザーリーは真っ向から対立する。哲学者によれば、行為者(原因)が関係をもち得るのは存在(wujūd)であって非存在(ʻadam)ではない。つまり、それは世界の質料(māddah, hayūlā)であり、この質料そのものは不変である。生成・変化するのはその相(ṣūrah)である。哲学者が世界は永遠であるというのは、この意味である。これに対して、ガザーリーによれば、神の「行為」という場合、それはあるものを非存在から存在へと「生成させること」(iḥdāth)でなければならない。したがって、この意味でも哲学者のいう神は「行為者」ではないことになる。

最後が、神(一)から世界(多)の生成する過程。哲学者によれば、第一原理の中にはその行為の多性(kathrah)を生み出す要因がないので、それからは一つのものしか生じない。こうして生じたものは自立的存在で広がりをもたず、自己とその原理を知る「純粋知性[10]」(ʻaql mujarrad)である。ところが、これからさらに「第二知性」(al-ʻaql al-thānī)・「最高天球霊」(nafs al-falak al-aqṣā)・「最高天球」(jism al-falak al-aqṣā)が生じ、この「第二知性」から次に「第三知性」・「星辰天球霊」・「星辰天球」が流出し、この「第三知性」からさらに「第四知性」・「土星天球霊」・「土星天球」が流出し、……「第九知性」から「第一〇知性」・「月天球霊」・「月天球」が順次流出する。地上(月下界)の現象はすべてこれら諸天体の回転運動によって生じる、地球との関係の変化によって必然的に結果するものと考えられる(『意図』pp. 288-296 参照)。

ところで、第一者から一つの「第一知性」が生じたとして、この第一知性から三つのものがいかにして流出したか、この点にまずガザーリーの批判が向けられる[11]。これについては、すでに前節で紹介したので、ここでは省略する。

(4)　このように世界が永遠であって創造されたものではないとすれば、創造主の存在は不要となる。世界の永遠性を主張し、なおかつ創造主の存在を認めることは自己矛盾であり、したがって唯物論者(dahrīyah)のように、創造主なしとする方がむしろ論理的には一貫している。哲学者は、無限の因果の連鎖を断つために第一原因としての神を要請したのであるが(『意図』pp. 194-200)、その要請自体けっして論理的に必然的なことではない。なぜなら、哲学者は無限の因果連鎖を不可能とするが、それは何ら確実な根拠に基づくものではないからである。

事実、始まりのない生成物や時間、その部分は生成するが全体は永遠である天体の回転を彼らは認めているし、相互に作用し合って無限に生成・変化していく四原素(al-ʻanāṣir al-arbaʻah)を想定することも不可能ではない。さらに、変化するのは質料に現れる形相や偶有であり、それらの変化は因果的な相互作用によって起こり、最終的には天体の回転運動に帰着するので、この天体をもって最終原因(神)とすることも不可能ではない。ただその際、天体の唯一性の問題は残るが、それも次にみるように解決不可能なことではない。

(5) これは次の(6)と共に、神の唯一性(タウヒード)の問題に関連するものである。本問では神の数の問題が、(6)では神の内的構造の問題が扱われる。さて、哲学者は必然的存在は一つでなければならないという。しかし、ガザーリーによれば、無限の因果の連鎖を断つために、哲学者が要請した第一原因・「原因を要しない存在」としての神からは、そのような存在が二つあること、つまり互いに他の原因とならないような「原因を要しない存在」を二つ認めることは不可能ではないのである(そして二つが不可能でなければ、三つ、四つ、……も不可能ではなくなる)。

まず、哲学者の証明によると、かりに二つの必然的存在が考えられるとすれば、①それらはあらゆる点で類似か、②ある点で違うか、のいずれかである。①の場合、時間・場所まで同一であれば、それは二つではなく一つである。②の場合、各々が共通点と相違点をもち、そして各々が合成体(murakkab)となる。合成体はそれを合成させる者(murakkib)を必要とする。したがって、合成体は必然的存在ではなくなる。ガザーリーの批判はこの点に向けられる。すなわち、その合成がある時点で合成されたのであれば、それを合成させる者が当然問題になるが、合成体が永遠にそうであるとすれば、合成させる者は問題にならない（事実、アシュアリー派においては、神の本質と属性の関係はそのように考えられているのである）。そして、これがまさに次の神の本質と属性の問題に関係するのである。

(6)　哲学者は神の属性（ṣifāt）を次のように否定する。かりに属性が存在するとすれば、本質（dhāt）と属性の関係は、①両者とも独立していて互いに他を必要としない、②互いに他を必要とする、③一方が他方を必要とし、他方は必要としない、のいずれかである。このうち、①は、両者とも必然的存在であることから、二元論となり不可能、②はいずれもが必然的存在ではなくなり、③では、一方が原因で他方が結果となり、必然的存在が原因として〔他方と〕結びついていることになる。[12]　したがって、必然的存在は一つであることから属性は認められない。

これに対して、ガザーリーは次のように批判する。①が不可能でないことは(5)で述べた通りであり、②はよいとして、③については、問題がないわけではない。すなわち、本質と属性の関係は原因・結果の関係ではなく、本質が属性の場所・基体（maḥall）だということであり、その意味で両者とも永遠であることに何ら問題はない。ともあれ、こうして哲学者は属性を否定し、神に帰せられている名称をすべてその本質に還元して解釈する。にもかかわらず、神が知者であることは肯定する。そこでもしイブン＝シーナーの言うように、神は自己以外のものをも知るとすれば、その場合、神の自己知と他者知は同一であるか否か。同一だということは狂人の戯言であり、同一でないとすれば、それは神に多性を肯定することになる。たとえ哲学者が、神は自己を他者の原理としてのみ知っているのであり、神の他者知は自己知の中に含まれるので、そこに多はないと抗弁しても（『意図』p. 230）、「原理性」（mabdaʾīyah）と「自己」（dhāt）とはあくまでも別物であり、多は免れない。もしこのような多性を避けるために神の他者知を否定するならば、神は、自己を知り、他者をも知る被造物以下の存在であることを結論づけることになる。もし神の本質は思惟であり、知であり、神の本質に内在するような知ではないというなら、ガザーリーにとって知はあくまでも属性であり偶有であるので、それは神をそれ自体では存立し得ない偶有の地位に貶めることになる[13]。

(8)(9)では、第一者は単純体(basīṭ)であり、物体ではない、とする哲学者の証明が取り上げられるが、第一原因としての必然的存在からは、そのようなテーゼは必然的に出てくるものではないことが明らかにされる。

(11)(12)(13)は特に、神の知の問題に当てられている。それは、この問題が人間の倫理と終末論に深く関わっているからである。まず神の全知性について、神は純粋知性('aql maḥḍ)であり、認識を妨げるのは質料だけであるという根拠は何か、とガザーリーは問う。さらに、神からの世界の流出が自然的かつ必然的であるとすれば、そこには何ら知は必要とされない。世界の神からの流出の原因は、まさに世界についてのこの神の知なのだと哲学者が言うなら、その点についての哲学者の見解はまちまちであること、そもそも神からの世界の流出は段階的であって、神から直接流出するのは第一結果だけであり、神の知はこの第一結果にしか及ばないことが指摘される。こうして神が他者を知らないということになれば、神はまた自己をも知らないことになる。

哲学者によれば、神の知は普遍(kullīyāt)についてのみであり、時間の流れの中にある個物(juz'īyāt)には及ばない。なぜなら、対象である個物は変化するが、これが知の変化を生み、知の変化は知者の変化を生むからである(『意図』pp. 233-34)。これは、神は人間一般については知っているが、個々の具体的人間については知らないということである。このことは、個人の倫理と最後の審判を説くシャリーアの基礎を否定することを意味する。

これに対して、ガザーリーはいくつかの反論をあげる。第一に、例えば、日食の前・中・後を考えた場合、変化するのは関係についての知であって、当の日食についての知そのものには何の変化もない。神はそのことを永遠なる一つの知によって知っているだけである。第二に、かりに個物についての知が知者の変化をもたらすにしても、哲学者は永遠にして同時に変化するものの存在を認めている(例えば、天球)。第三に、もし神自身の中に知が生成すれば、それは、①神自身からか、②神の外からか、のいずれかである。①は、永遠なるものから生成物は出ないので不可能。②は、神が神以外のものに支配されていることになるので不可能。したがって、神の中に知の生成・変化を認めることができないので、神の知は個物には及ばない。このように哲学者がいうなら、ガザーリーは次のように批判する。①については、すでに(1)で反論している。②については、哲学者自身「変化する永遠なる者」を認めているのであるから、個物の生成・変化が神の中に知の生成・変化を生むことになっても不都合はない。しかも神は間接的にではあるが、個物の生成の原因であるので、個物の生成によって神の中に知の変化が起こったとしても、その究極的原因は神であるから、外界物の神支配ということにはならない。

(14)(15)(16)は天球霊に関係するものである。哲学者によれば、諸天球は回転運動をする生物である。それを動かすのは霊魂であり、この霊魂と天球の関係は、人間の霊魂と肉体のそれと同じである(『意図』pp. 271-72)。この天球霊こそ伝統的に「天使」(malak)と呼ばれているものであり、またすべての現象を知っているという意味で「天の書板」(85 : 23)ともいわれているものである。天球の回転運動は、これらの天球霊がその属性において神に接近しようとする意志から生じているのである(『意図』pp. 279-83)。

これに対するガザーリーの批判を要約すると、次のようになる。すなわち、天球の回転運動は天球霊によるというが、それに対する哲学者の証明は単なる一つの可能性にすぎない。また、天球の回転運動の目的は、天球が属性において神に近づくことであり、それは具体的には、可能な限り多くの空間的位置を占め、天体相互の関係の変化が月下界に多様な形で善を流出させることだとするが、それについての哲学者の証明も成立し得ない。最後に、天球霊は世界の個々の現象をすべて知るということについても同様である。

(18)(19)人間の霊魂は霊的実体(jawhar rūḥānī)であり、不可分な自立的存在である。それは物体ではなく、物体の中に挿入された(muntaba')ものでもなく、物体とは結合も分離もしておらず、また消滅もせず永遠である、と哲学者は言う。その主張自体は問題はないとしても、それは理性によって証明し得るものではなく、啓示によって初めて知り得ることを、ガザーリーは明らかにする。

⒇では、哲学者の肉体の復活否定が批判される。彼らにとって肉体の復活は、因果律に反するのでそのままに解釈することはできない。それは、肉体の死後に各々の霊魂が受ける精神的喜びや苦しみを比喩的に表現したものである(『意図』pp. 247-49)。そこでガザーリーは、まず前提として、哲学者のいう因果律を批判するが、これについては、すでに本章第3節で論じているので、ここでは省略する。

そこでのガザーリーの因果律批判は、直接的には哲学者による復活否定に向けられたものであるが、因果の必然的関係という観念は、哲学者の思考方法のすべてを支配する基本的原理である(『意図』p. 140)。そもそも哲学者にとって、神とは第一原因であり、世界はその結果として、神と世界の関係は原因・結果の関係で考えられる。神が合成体でないのは、もしそうだとすれば、それを合成させる別の原因がなければならないからである。世界が永遠であるのは、原因がある限り結果は必然的に存在し、原因が永遠であればその結果としての世界も永遠となるからである。かりに神がある時点で世界を創造したとすれば、神をしてその時点で創造するようにさせた原因がなければならない。このことは必然的に神の中に変化を想定させることになるので、世界は永遠でなければならない。こうして哲学者は第一者、およびそれからの多なる世界の流出を理性によって——因果律に従って——すべて説明しようとする。

これに対して、ガザーリーは因果律を否定する。もっとも、厳密に言えば、原因と結果の存在を認めないというのではない。ただ「原因」はすべて神の直接的創造行為だということであり、またこの「原因・結果」の関係は、例外のない必然的なものではなく、神の自由な意志によるということである。言い換えれば、感性界における諸事象間の「因果」の規則性は認め、この規則性の探究として経験科学の存在意義を認める。ただし、この規則性は必然的法則ではなく、神の「慣行」にすぎないので、いつでも変更される。この神の行為に対して、人間は何故を問い得ない。それは超感性界に属することであり、超感性界においては人間の理性は無用だからである。そもそも、感性界と超感性界は不連続であり、後者を前者からの推論によって合理的に説明することは不可能なのである。そのことをガザーリーは、哲学者の超感性界についての所論が矛盾だらけで成立しないことを示すことによって、証明したのである。人間がこの超感性界について知り得るのは、神の啓示によるのみである。したがって、神が自らを「全能である」と言えば、神の全能なる力が具体的にいかに作用するかについての人間の合理的説明は、いっさい不要だということになる。このように哲学者の世界観が、因果律の必然的関係によって緊密に秩序付けられ、完結し閉ざされたものであるとすれば、ガザーリーのそれは、感性界と超感性界を分けてはいるが、両世界は神の力を通して相互に浸透し合っていて、この感性界といえども、あらゆる可能性を秘めた開かれた世界であるといえよう。

第6節　ガザーリーと論理学

はじめに

ガザーリーには、論理学に関する著作がいくつかある。だが、この方面に関するガザーリーの研究はこれまであまりなされてはいない。わずかに『正しい秤』(*al-Qisṭās al-Mustaqīm*)の仏訳とその分析(1)、論理学をめぐるイブン＝ハズム(一〇六四年没)、ガザーリー、イブン＝タイミーヤ(一三二八年没)の三人の思想家の態度に関するブランシュヴィクの比較研究(2)、および法理論におけるガザーリーの推理論(キヤース)についての研究(3)、論理学を含む古代ギリシアの諸学に対するスンニー派ムスリム学者たち(ガザーリーを含む)の見解についてのゴルトツィーハーの研究(4)がある程度である。ガザーリーの論理学思想がイスラム哲学の流れの中において、またイスラム思想史全体の中でいかなる位置を占めるのか、あるいはガザーリー自身の思想的宗教的営みの中で、彼の論理学研究がいかなる意味をもったのか、などの問題は今後に残された研究課題と言わざるを得ない。

ここで言う論理学(manṭiq)とは、言うまでもなくアリストテレスによって確立され、後に注釈家たちによって研究され、イスラム世界に移入された形式論理学を指す。したがって、前述のような問題に答えるには、その前にイスラム哲学内部における論理学史的研究、ならびにそれとの関係におけるイスラム内の——特に法学における——固有の伝統的推論形式についての研究が前提となるが、これがまた未開拓の分野であるというのが実状である(5)。

トータルな形でのガザーリー研究を目指している筆者が本節で試みようとすることは、そのようなガザーリー研究の予備段階として、彼が論理学をどのように理解し評価していたのか、それに対する彼の態度とその変化を彼自身の著作の中で探り出し、その史的意義と、それがガザーリーの思想発展の中でもつ意義について、若干の問題点を指摘することである。

1　著作の成立年代

ガザーリーには多くの著作があるが、(6)その中で論理学に関係するものとしては、次の五点が知られている。すなわち、①『哲学者の意図』(*Maqāṣid al-Falāsifah*)、②『論理学における知識の試金石』(*Mi'yār al-'Ilm fī Fann al-Manṭiq*)、③『論理学における論証の基準』(*Miḥakk al-Naẓar fi'l-Manṭiq*)、④『正しい秤』(*al-Qisṭās al-Mustaqīm*)、⑤『法理論精要』(*al-Mustaṣfā min 'Ilm al-Uṣūl*)である。このうち①は、論理学・神学・自然学の三部よりなる「哲学」(falsafah)の概要書であって、論理学プロパーの著作ではない。同様のことが⑤についても言える。後者は法理論に関する大著であるが、その序論の中で多くのスペースが論理学の解説に当てられている。しかし、その分量や内容からみて、これら両者とも独立の一書とみなし得るものである。④も厳密に言えば、シーア派の過激な一分派であるタァリーム派(バーティニー派)の批判書として書かれたものである。しかし、批判の方法として用いられた論理学的基準がそこに明らかにされており、一般には本書は論理学書として広く読まれてきたと言われる。(7)

ところで、ガザーリーは自著の中で自分の他の著作について言及したり、予告したりしているので、これを手掛かりにまず前述の論理学書の執筆順序を考えてみよう。初めに、『意図』の序文と跋文には、(8)続いて執筆される予定の哲学批判の書『自己矛盾』が予告されている。このことから執筆順序として、(a)『意図』→『自己矛盾』が当然ながら成立する。次に、『自己矛盾』の中で、その内容の理解のために『試金石』の執筆が予告され、(9)またこの

『試金石』では『自己矛盾』がしばしば言及されている。[10] このことから、(b)『自己矛盾』→『試金石』の関係が成り立つ。また、『基準』の中で『試金石』が言及されていることから、[11] (c)『試金石』→『基準』という順序が成立する。さらに、『秤』の中で『試金石』と『基準』が言及されていることから、[12] (d)『試金石』→『基準』→『秤』の関係がなり立つ。次に、『イスラムと不信仰の弁別の基準』(*Fayṣal al-Tafriqah bayn al-Islām wa'l-Zandaqah*)という別の著作の中で『秤』が言及され、[13]『精要』の中で『弁別の基準』が言及されていることから、[14] (e)『秤』→『弁別の基準』→『精要』という関係が成立する。以上の(a)―(e)の事実から、『意図』→『試金石』→『基準』→『秤』→『精要』という執筆順序が結論づけられる。

次にわれわれは、これらの著作が具体的に、ガザーリーの生涯のいかなる時期に成立したのかを決定しなければならない。いま便宜上、彼の生涯を(1)勉学期(一〇五八―一〇九一年)、(2)バグダード期(一〇九一―一〇九五年)、(3)引退期(一〇九五―一一〇六年)、(4)ニーシャープール教授期(一一〇六―一一〇九年頃)、(5)最晩年(一一〇九頃―一一一一年)、の五期に分けて考えてみたい。

ガザーリーの自伝では、彼がバグダードに滞在中、二年間は哲学の研究に努め、さらに一年を哲学についての思索と批判に費やしたとなっている。[15] したがって、『意図』が執筆されたのはこの頃とすることに異論はない。また、『精要』についても、その序文では、ニーシャープールのニザーミーヤ学院で再度教鞭を執っていた頃、学生たちの求めに応じて執筆したことになっているので、[16] その間の作であることは明らかである。『秤』については、筆者はすでにこれを別の論文でトゥースでの引退の時期(それもニーシャープールに赴任する前の時期)の作として、その根拠を述べたので、[17] ここでそれをくり返すことはしない。

残る二点のうち、『試金石』はその執筆の動機からみて、『自己矛盾』の直後と考えられるが、問題は『基準』である。これは『神学綱要』(*al-Iqtiṣād fi'l-I'tiqād*)で言及されていることから、[18] 当然それ以前に書かれたことになる。

ところで、この『神学綱要』の執筆時期について、ブイジュ神父は「『自己矛盾』に対する著者の関心がまだ強く生きている」[19]ことから、一〇九五年の引退前としており、シェルオも同様である。[20]マッシニョンもバグダード期の作としている。[21]このように『神学綱要』が引退前の著作とすれば、当然『試金石』も『基準』もバグダード滞在中の、しかも『神学綱要』以前の時期に書かれたということになる。[22]かなりの分量の、しかもこれほどの数の著作を、これほど短期に集中的に執筆することが、果たして物理的に可能であろうかとの疑問が残るが、だから精神的危機に陥ったのだ、という理屈も成り立つ。いずれにしても、ガザーリーの論理学への関心は、単なる一時的なものではなく、バグダード滞在中から最晩年まで続いていたと言うことができよう。

2　イスラム哲学における論理学

前述のように、ガザーリーは批判のための予備段階として、哲学の全容を紹介する『哲学者の意図』を書いた。同書は、彼が理解したものを批判をまじえずに客観的に記述することに終始している。したがって、形式的にみれば、同書の内容はガザーリー自身の思想ではない。[23]そこでわれわれはここで『意図』の中の「論理学」を紹介し、後にそれがガザーリーの思想として、どのように受け入れられたかを検討することにしたい。

論理学は『意図』の第一部で扱われており、序論でまず論理学の目的が明快に述べられる。知識（ʿilm）は〈概念〉（taṣawwur）と〈判断〈命題〉〉（taṣdīq）よりなり、各々は探究（ṭalab）によって得られるものと、それを要しない自明のものとに分かれ、前者は究極的には後者に帰着する。概念の探究は〈定義〉（ḥadd）と〈記述〉（rasm）により、判断の探究は〈証明〉（ḥujjah, burhān）によってなされる。証明には、三段論法（qiyās）、帰納法（istiqrāʾ）、類推（tamthīl）などがある。論理学は、正しい定義と推論によって正しい確実な知識を獲得するその基準を明らかにする学問である。

人間の永遠なる幸福は、霊魂の浄化(tadhkiyah)と美化(taḥliyah)によって得られるが、前者は性格の改造によって、後者は知識の獲得と真理の追究によって可能とされる。この知識獲得の方法が論理学であるから、その効用は大きい。

三段論法(シロジスム)は二つの〈前提〉(muqaddimah)よりなる。各前提は〈主概念〉(mawḍū')と〈賓概念〉(maḥmūl)よりなり、概念は〈名辞〉(lafẓ)によって表わされる。そこでまず、名辞と概念の関係が論じられる。

第一章「語の指示」(dalālah al-alfāẓ)。第一節では、言葉の意味(ma'nā)の表わし方として、〈直意〉(muṭābaqah)・〈含意〉(taḍammun)・〈転意〉(iltizām)の三つが明らかにされる。直意とは、「家」という語が家そのものを表わす通常の場合を指す。含意とは、「家」という語によって特定の壁を意味する場合を指す。転意とは、「屋根」の語によって壁を表わす場合を指すが、学問において用いられるべきものは直意と含意のみである。

第二節は語の形態上の二区分について述べる。一つは〈単一語〉(mufrad)である。これは、分割すれば意味をなさなくなる単一の語のことである。例えば、"insān"(人間)を分割して"in"と"sān"にした場合、もはや意味をなさない。他は〈複合語〉(murakkab)である。これは"'Abd Allāh"(人名)のように、"'Abd"(僕)と"Allāh"(神)に分割しても、各々が意味をもつ語である。

第三節は、「ザイド」(人名)、「この馬」「この本」のように、その意味が〈部分的(特殊的)〉(juz'ī)であるか、「馬」「木」「人間」のように、〈一般的〉(kullī)であるかによる語の区分を扱う。第四節は、名詞(ism)・動詞(fi'l)・辞詞(ḥarf)の文法学的区分を論じている。第五節は、さらに言葉相互の意味の異同関係から語を五つに分類している。すなわち、類概念に相当する〈同類語〉(mutawāṭi')、〈同義語〉(mutarādif)、異なる概念に対応して異なる通常の語を意味する〈異語異義語〉(mutabāyin)、〈多義語〉(mushtarak)、および〈共通語〉(muttafiq)の五つである。この最後の共通語は、「実体」(jawhar)と「偶有」('araḍ)に対する「存在」(wujūd)の語のように、同義語と多義語の中間にあってそのいずれでもないものを指す。

第二章「普遍概念(al-maʿānī al-kullīyah)とその相互関係」。第一節では、まず普遍概念のうち、人間に対する動物性のように人間に〈本質的なもの〉(dhātī)と、色の白い人間の白さのように、人間にとって〈偶然的なもの〉(ʿaraḍī)が区分され、第二節ではさらに、この〈偶然的概念〉が「笑い」のように人間と不可分であるもの、すなわち〈必然的なもの〉(lāzim)と、「白さ」のように可分なものに大別される。第三節では、本質的概念としての〈類〉(jins)と〈種〉(nawʿ)が明らかにされ、さらに最下位の種概念としての個物と最上位の類概念としての一〇のカテゴリー、すなわち一つの〈実体〉と九つの〈偶有〉、そして類・種の系統関係(いわゆる〈ポルピュリオスの樹〉)が説明される。第四節では、ものそのものの本質(ḥaqīqah dhāt al-shayʾ)を表わすものとしての「類概念と(本質的)種差(faṣl)」が真の〈定義〉であるとし、これが単なる偶然的ないしは必然的種差を述べるにすぎない〈記述〉(rasm)と区別される。最後に、定義に際しての誤謬の原因として四点をあげる。すなわち、定義されるべき概念自体を定義に用いること、同程度の曖昧な語を定義に用いること、より曖昧な語でそうすること、定義されることによってしか知られない語で定義すること、である。

第三章「単一概念の結合と命題の区分」。第一節では、命題(qaḍīyah)の種類として〈定言命題〉(qaḍīyah ḥamlīyah)・〈仮言命題〉(qaḍīyah sharṭīyah muttaṣilah)・〈選言命題〉(qaḍīyah sharṭīyah munfaṣilah)の三つが明らかにされる。定言命題とは、通常の平叙文のことで、〈主語〉(mawḍūʿ)と〈述語〉(maḥmūl)よりなり、仮言命題とは、〈前件〉(muqaddimah)と〈後件〉(tālī)よりなる条件文のことである。第二節は、命題の質について、それが〈肯定〉(mūjib)であるか〈否定〉(sālib)であるかの区分について述べ、第三節では、命題の量について述べられる。まず述語が人格的(shakhṣī)と非人格的(ghayr-shakhṣī)に大別され、後者がさらに〈限定の曖昧なもの〉(不定称)(muhmal)と〈明白なもの〉(定称)(maḥṣūr)に区分される。定称命題はさらに〈全称〉(kullī)と〈特称〉(juzʾī)に区分され、これが肯定・否定という命題の質の区分と組み合わされて、四つの命題が導き出される。同様の区分が、仮言・選言命題についても可能なることが指摘される。

第四節では、主語と述語の関係が〈可能的〉(mumkin)・〈不可能的〉(mumtaniʿ)・〈必然的〉(wājib)の三つに区分される。第五節では、命題の肯定と否定の関係が述べられ、〈矛盾命題〉(naqīḍ)の条件として、主語・述語が同一であること、部分・全体(命題の量)、可能性(quwwah)・現実性(fiʿl)、関係、時間・場所において同一であること、があげられる。最後に、主語と述語の〈換位〉(ʿaks)の可能性が、第三節で述べられた四つの命題について検討され、換位可能なのは全称否定と特称肯定のみ、ただし全称肯定は特称肯定に換位され得ることが明らかにされる。

第四章「命題の結合」(tartīb al-qaḍāyā)。本章は大きく二部に分けられ、推論の〈形式〉(ṣūrah)と〈素材〉(māddah)が説明される。第一節では、まず証明の種類として三段論法(qiyās)・帰納法(istiqrāʾ)・類推(tamthīl)の三つがあげられる。そこで最初に三段論法が定義され、これを〈結合的〉(iqtirānī)と〈分離的〉(istithnāʾī)の二つに大別する。まず、結合的(定言的)三段論法の基本構造として、〈大前提〉(al-muqaddimah al-kubrā)・〈小前提〉(al-muqaddimah al-ṣughrā)、およびそれらの結合(iqtirān)の結果としての〈結論〉(natījah)が明らかにされ、次いで三つの〈格〉(shakl)が解説される。第一格は、媒概念(al-ḥadd al-awsaṭ)が一方の前提(大前提)の主語になり、他方の前提(小前提)の述語になる形式、第二格は媒概念が共に二つの前提の述語となる形式、第三格はそれが共に主語になる場合である。そしてこれらの三つの格の各々の特徴とその成立条件が、命題の量と質、すなわち全称・特称×肯定・否定の可能な組み合わせの検討によって明らかにされる。まず、第一格は他の格がすべてそれに帰着される基本的なものであり、成立条件としては大前提が全称であり、小前提が肯定であること、である。第二格では、結論は常に否定。条件としては第一に、二つの前提の〈質〉(kayfīyah)が異なること、つまり一方が肯定命題なら、他方は否定命題であること、第二に、大前提が常に全称であること、である。第三格では、結論は常に特称、条件は小前提が肯定であり、大小いずれかの前提が全称であること、である。[24]

次に、分離的三段論法は〈仮言的〉と〈選言的〉に分けられる。〈仮言的三段論法〉は大前提が仮言命題、小前提・結論が定言命題の型であり、前件の肯定から後件の肯定を、後件の否定から前件の否定を結論するものである。〈選言的三段論法〉は大前提が選言命題であり、一方の選択（肯定）が他方の否定、他方の選択（肯定）が一方の否定を結論するものである。

三段論法に基づく第二の証明は〈帰謬法〉（khulf）である。これは対者の主張を大前提とし、これに正しいことの自明な小前提を組み合わせて誤りの明白な結論を引き出し、そこから大前提、つまり対者の主張の誤りを証明するものである。[25]

第三が帰納法（istisqā'）。これは特殊から普遍を、多くの個々の事例から一般的判断を引き出すことである。この方法では、個々の事例をすべて検証して初めて確実な証明が得られるが、そのようなことはきわめて困難であることから、そこに「確実な知識」（yaqīn）を期待することはできない。したがって、この方法は法学（fiqhīyāt）にのみ有効だとする。

第四が類推（tamthīl）である。これは法学者や神学者が〈キヤース〉と呼んで、彼らが主として用いる推論の方法である。これは、二つの事象（命題）がある点で似ていることから、一方の事象から他方を類推することである。しかし、類推の〈根拠〉（'illah）に不確実性が免れないために、この方法では確実な知識は期待できないが、会話や議論などで対者を説得したり論駁するのには用いられる。そこで類推法のこの欠陥を正すために法学者や神学者たちはいくつかの方法を考え出しているが、それらが有効なものでないことが示される。[26]

最後に、以上に述べた三段論法のいくつかの組み合わせでできた複合的三段論法について、ユークリッド幾何学からの例を引きながら説明して、第一節を終る。

本章後半の第二節では、三段論法の〈素材〉の問題が論じられる。推論の〈形式〉がいかに正しくとも、その内容である各前提が正しくなければ、不良の材料を用いて建てた家が役に立たないのと同様、正しい結論は得られない。まず、前提を確実性の度合いに応じて五つのランクに分ける。

(Ⅰ) 真実で確実なもの (yaqīnī ṣādiq)。これに基づく推論は〈証明的〉(burhānī)と呼ばれる。

(Ⅱ) 〈確実〉に近いが、誤りの可能性が皆無ではない。これによる推論は〈論争的〉(jadalī)と呼ばれる。

(Ⅲ) かなり確実度は高いが、誤りの可能性がある。これによる推論を〈修辞的〉(khiṭābī)と呼ぶ。

(Ⅳ) 一見確実のようであるが、実は誤り。これによる推論を〈詭弁的〉(sūfasṭā'ī, mughāliṭī)という。

(Ⅴ) 虚偽であるとわかっていても、想像力によって心が傾くもの。このような推論を〈詩的〉(shi'rī)という。

次に、知識をその源泉によって一三に分ける。①原理的知識 (awwalīyāt)。これは理性の必然的要請として否定しようもなく認められるもの。②感覚的知識 (maḥsūsāt)。③経験的知識 (tajrībīyāt)。④広く知られた伝聞(mutawātirāt)。⑤媒概念によって確定された命題知。⑥想像的知識 (wahmīyāt)。⑦周知のこと (mashhūrāt)。これは多くの人びとが認めているだけの知識。⑧権威による知識 (maqbūlāt)。⑨一方の側、あるいは双方の側で受け入れられていること (musallamāt)。⑩紛らわしい知識 (mushabbahāt)。つまり、〈原理的〉〈経験的〉〈周知の〉知識と紛らわしい知識のこと。⑪一見〈周知のこと〉に似ているが、よく検討してみると正しくないもの。⑫臆測(maẓnūnāt)。⑬幻想的知識 (mukhayyalāt)。誤りであることがわかっていても、なお人の心を支配している知識である。いまこれらの知識を前述の確実度の五つのランクに対応させてみると、〈証明的〉推論に用いられるのが、①から⑤、〈論争的〉推論に用いられるのが⑦と⑨、〈詭弁的〉推論に用いられるのが⑥と⑩、〈修辞的〉法学的推論には、⑧、⑪、⑫が、〈詩的〉推論には⑬が用いられる。

最後に、推論における誤謬の原因とその対応について述べる。まず、⑴推論の過程を検討し、もしそれが三段論法であれば、いかなる種類・格・形式であるかを確かめた上で誤謬を探り出す。(2)媒概念が二つの前提において同一の意味で用いられているかを検討する。(3)大概念と小概念について、その二者とそれらの否定概念による命題(ṭarafay al-naqīḍ)の間にいっさいのくい違いがないようにする。(4)前提における三つの概念および結論(ṭarafay al-natījah)に多義語がないかを検討する。(5)代名詞(ḥurūf al-ḍamīr)の使用には注意をする。(6)限定の曖昧な語(muhmalāt)は避ける。その限定を明確にすると虚偽がはっきりする。(7)前提の承認が、単にその逆のことが考え出せないからなのか、あるいはそれが真に存在しないからなのかを検討する。(8)証明しようとしていることを前提の中に用いないこと。(9)証明されていないことを根拠にしないこと。(10)〈想像的知識〉・〈周知のこと〉・〈紛らわしい知識〉に注意すること。認めてよいのはただ〈原理的知識〉と〈感覚的知識〉だけである。以上の点を注意すれば、正しい結論が得られる。

第五章「補遺」。四つの節に分かれ、第一節では、探求の仕方の種類について述べられる。まず、〈……であるか〉(hal)形式。これはものの状態と存在を問うもの。第二が、〈……とは何か〉(mā)形式。これはものの説明・本質を問うもの。第三が、〈いずれであるか〉(ayy)形式。これはものの特性・種差を問うもの。第四が、〈なぜ〉(li-mā)形式。これはものの原因(ʿillah)を問うもの。

第二節は、ある判断を証明する場合、判断が結果であってその原因を求めるのか、あるいは逆にその判断が原因であってその結果を問うものかで、これを〈原因の証明〉(burhān li-mā)と〈結果の証明〉(burhān inna)に分けて説明する。

第三節では、学問の基礎について、四つのレベルを明らかにする。第一が〈主題〉(mawḍūʿāt)。どの学問にも主題となる分野がある。この主題の成立根拠そのものはその学問で扱う必要はない。第二が、〈学問に本質的な特性〉(al-aʿrāḍ al-dhātīyah)。一つの学問が取り扱うのは、その主題のすべてではなく、その一定の側面である。例えば、医学は人体の疾病に関わる側面を扱うように。第三が、〈問題〉(masā'il)。各学問には証明し解決すべき固有の問題があり、それを解決するための前提になるのが、第四の〈原理〉(mabādi')である。

第四節では、証明の前提における述語の条件として、(a)真実であること、つまり原理的知識や感覚的知識、あるいはそれら両者を兼ね備えるもののように確実であること。(b)必然的なること。これは、例えば、人間に対して〈書記であること〉ではなく、〈動物であること〉のごときものである。(c)原理的であること。これは〈動物は物体である〉のように、主語がそのままでそれに対する述語が成立することである。これに対して、〈人間は物体である〉の場合、人間が物体であるのは、それが動物であるからであって、したがって述語付けはそのままでは成立しない。〈動物〉と〈物体〉のこのような関係を〈原理的〉という。

以上が、ガザーリーの紹介する哲学者の論理学である。いかに論理学史が変化に乏しいとはいえ、そこに述べられていることは今日、伝統的形式論理学の教科書として十分使えるものである。ただ、イスラム哲学において特徴的な点は、単なる推論の形式だけではなく、推論の素材、つまり実質的な内容(認識論)をも問題にしていることであろうか。次にわれわれは、ガザーリーがこのような論理学をどのように受け入れたかを考察しなければならない。

3　ガザーリーの論理学思想

ガザーリー自身の論理学思想は、『意図』以後に書かれた他の論理学書の中にある。われわれはこれらの諸著の内容を分析し、『意図』の「論理学」と比較してそこにどのような異同や変化があるかを検討しなければならない。

(1)『論理学における知識の試金石』——本書は『意図』の次に書かれたもので、三〇〇頁にも達する、ガザーリーの論理学書としては最大の著作である。その序文には執筆の動機として、①思考や論証の方法を明らかにし、推論の道を解明すること、②哲学批判の書として既刊の『自己矛盾』の哲学用語を解説してそれを理解せしめること、の二点があげられている(pp. 59-60)。さらに本書で示された方法が、理論的学問(al-'ulūm al-naẓarīyah)の一つである法学に対しても有効であることが述べられ(pp. 60-61)、法学に関係する問題が例文として多く引用されている。

しかし、このことはゴルトツィーハーの言うように[27]、本書が主に論理学の法学への適用という観点から書かれたことを必ずしも意味するものではない。やはりガザーリー自身が執筆の動機の一つとして述べていることから明らかなように、哲学——否定すべきもの(形而上学)としてであれ、あるいはそれを否定する上できわめて有効な方法として肯定されるべきもの(例えば、論理学)としてであれ——への強い関心が背後にあったとみるべきであろう。それは、例えば、末尾に付された神学・自然学・数学に関する不釣り合いなまでに数多くの用語の定義を羅列していることをみてもわかる。また、努力して論理学を学んで自ら真理を求めるよりも、伝統的信仰に安住していたいという者に対して、それは王になる条件をもちながら、自分にはそのような能力がないとして親譲りの掃除夫に留まるのが最善と考えるような敗北主義であるとし、人は生涯、能力の許す限り最高の至福に到達できるように、もてる可能性を実現するように希望をもたねばならないとして、ガザーリーは論理学に対する大きな期待と信頼を表現しているのである(pp. 66-67)。

本書の全体は大きく四章に分かれ、序文に続いて第一章「序論」では、語の指示[28]、普遍概念とその相互関係、概念の結合(命題)の問題が扱われ、第二章「三段論法」では、三段論法を初めとする証明の形式と内容、およびそれに付随するさまざまな問題が扱われる。第三章「定義」では、定義の必要性、本質、探究の方法、種類、誤謬などについての基準、さらに「定義の実地に慣れ、哲学者の用いた用語の意味を理解させるために」(p. 284)、神学、自然学、数学からの定義の実例を多くあげている。最後に、第四章「存在の区分」で、一〇のカテゴリーの問題が扱われる。

以上のような本書の内容を『意図』のそれと比較してみると、『意図』の第一章「語の指示」、第二章「普遍概念とその相互関係」、第三章「概念の結合」に相当する部分が本書の第一章「序論」で扱われているが、必ずしも正確に対応しているわけではない。というのは、『意図』の第二章の一部は本書の第三章「定義」、第四章「存在の区分」へと拡大され、そこで実際に定義を行う場合のさまざまな基準や問題点が論じられているからである。そしてこの叙述の仕方は、以後の諸著の「定義」の章に引き継がれていく。このように本書では、定義に関係する部分が非常に重視されているのがわかるが、それだけに『意図』と比べて、全体の構成にやや統一を欠くという印象は免れない。

この点で注目されるのは、ガザーリーが『基準』の跋文として述べた次のような言葉である。


本書を理解しようと努めるならば、私が要説した箇所の説明が欲しくなるであろう。それについては、すでに一部を『諸知識の試金石の書』(29)(*Kitāb Mi'yār al-'Ulūm*)でしている。ただ私はその写本をあまり広めていないので、まだそれほど人手に触れてはいない。というのは、それは多くの修正を要し、省略したり、付加したり、訂正したりする必要があるからである。しかし、これまで運命によって、それができずにいる。もし寿命が続き、障害が除かれ、改めるべき所を改めたなら、その中に汝は本書に欠けているものを見出すであろう。私は今は汝の忠言に従い、著書を著し、知識を広めるという私の意図を全うすべく神に祈っている。私がそれによって求めるのは、神の御顔だけである。(p. 145)

このような記述からみると、あるいは本書は改訂以前の写本であったのかもしれない。それはともかく、内容の点では本書は、『意図』の「論理学」を全面的に肯定して受け入れ、それを敷衍し（特に定義に関して）、さらに批判者に対しては、これに反論して論理学を積極的に弁護しようとする姿勢が見られる[30]（pp. 235ff. 参照）。

(2)『論理学における論証の基準』――まず、序文でガザーリーは次のように述べている。

さて、同信の友よ（神が、われらと汝を共に互いに敬愛し合う者たちの仲間と一緒に蘇らせ給わんことを！）。狭隘なる思索の道を通過する上で思わぬ誤謬に陥ることのないように、「論証と思考の基準」(Miḥakk al-Naẓar wa'l-Iftikār) なる著書を執筆するようにとの汝の真摯なる要請は、私を憂鬱な気分から抜け出させ、私の心の中に再び立ち上がるきっかけを与え、私が嫌悪と苛立ちをもって投げ捨てた学問に私を立ち向かわせたのである。私は、一度放棄したものにまた帰っていく者のように、再びその学問に帰っていった。一度放棄したものに帰っていくのは耐え難いことである。(p. 5)

ここには、『試金石』に見られた論理学に対する明るい積極的な態度は消え、逆にそれに対する嫌悪感やうんざりした気持ちと、執筆を依頼した友人の熱心さに負けてようやく重い腰を上げた様が語られている。このような態度の変化は何に起因するのであろうか。われわれには正確なところは不明であるが（後注(51)を参照）、いずれにしてもガザーリーは再び論理学に帰っていくのである。

本書の内容は〈判断的知識〉('ilm taṣdīqī) と〈概念的知識〉('ilm taṣawwurī) に対応するように、大きく〈証明〉と〈定義〉の二部に分けられる。第一部の〈証明〉は三章に分かれ、第一章で語と概念、命題が扱われ、第二章では三段論法の形式と内容、第三章では、不完全三段論法、帰納法と類推、誤謬の原因などが論じられる。第二部の〈定義〉では、第一章で定義の本質、条件、方法、定義における誤謬などに関する六つの〈基準〉(qānūn) が述べられ[31]、第二章ではこれらの基準が具体的に〈検証〉(imtiḥān) される。

このような本書の構成は、『意図』とはちょうど逆の順序になっている。この点では『試金石』により近いと言えよう。いずれにしても、内容に大きな違いがあるわけではない。ただ、叙述のスタイルに著しい変化が見られる。『意図』がどちらかといえば全体的にバランスよく整理された教科書だとすれば、『試金石』は学生の講義録、『基準』は分量が少ないだけに重要な点を完全に自分の言葉で的確に述べているエッセイと言えようか。したがって、この書には必要に応じて新しい説明が加えられているが[32]、全体が有機的に関連づけて記述されていて不自然な感じを与えない。

この点で注目されることは、できるだけ論理学の生硬な専門用語を避けようとしていることである(p. 48 参照)。例えば、ʿilm taṣawwurī → maʿrifah (概念的知識)、ʿilm taṣdīqī → ʿilm (判断的知識)、mawḍūʿ → al-mukhbar ʿan-hu, mubtadaʾ, al-maḥkūm ʿalay-hi (主概念)、maḥmūl → khabar, ḥukm (賓概念)、ḥadd awsaṭ → ʿillah (媒概念)、mūjib → muthbit (肯定)、sālib → nāfī (否定)、kullī → ʿāmm (全称)、juzʾī → khāṣṣ (特称)、などのように文法学や法学の用語に替えたり、また al-qiyās al-ḥamlī (定言的三段論法) → namṭ al-taʿādul (平衡法)、al-qiyās al-sharṭī al-muttaṣil (仮言的三段論法) → namṭ al-talāzum (条件法)、al-qiyās al-sharṭī al-munfaṣil (選言的三段論法) → namṭ al-taʿānud (矛盾法) のように、自ら造語している。そして、これらの用語はその後の著作にも踏襲されている(もっとも、『正しい秤』では多少変わって、それぞれ mīzān al-taʿādul〔天秤〕、mīzān al-talāzum〔竿秤〕、mīzān al-taʿānud〔対立秤〕のように、秤 mīzān の名で呼ばれている)。

(3) 『正しい秤』――本書は、前述のように異端のタァリーム派批判のために書かれたものである。彼らは理性による真理認識は、結果として対立し矛盾するさまざまな意見や立場を生むだけであるとして、その可能性を否定し、専らイマームからの〈タァリーム〉(教示) によらなければならないとする。これに対してガザーリーは、理性による真理認識・知識獲得は可能だとし、その方法として三段論法による論証の方法を明らかにする。したがって本書では、『意図』にある概念論・定義論・命題論に相当する部分は省かれ、専ら三段論法の形式に関する部分が〈五種の秤〉として述べられる。しかも注目すべき点は、これらの〈秤〉はすでにコーランの中で用いられ、推奨されているとして説明されていることである。ガザーリーはこう言っている。

知識がすべて明白にコーランにあるのではなく、可能性としてあるのである。それはそこにある無限の知恵の扉を開ける正しい秤によって初めて見出されるのである。(p. 91)

例えば、〈大天秤〉(定言的三段論法の第一格)について、

神がアブラハムに王権を授け給うたことから、主について彼と論争した例の男(ニムロド)を汝は見なかったか。アブラハムが、「私の主は生かしも殺しもし給うお方である」と言った時、あの男は、「余が生かしも殺しもするのだ」などと言った。そこでアブラハムが、「神は太陽を東から昇らせ給う。汝は西から昇らせてみよ」と言うと、その信仰なき者はうろたえてしまった。(2 : 258)

というコーランの一節を引き、そこに説かれているのは、

「太陽を昇らせ得るものは、すべて神である」(大前提)。
「私の神は昇らせ得る」(小前提)。

故に、「私の神こその神である」(結論)。

という三段論法であるとする。そしてガザーリーは、こうして見出した〈秤〉の各々をより複雑な問題に適用してみせ(pp. 49-54)、他方では、タァリーム派の論理を〈サタンの秤〉とし、その主張を批判するのである。

(4) 『法理論精要』——本書は法理論の書であるが、ブーラーク版で五〇頁を越すその序論でガザーリーは、法学を中心とする学問論に始まって論理学の概要を述べている。まず神学は、「それとの関連で個別的である宗教諸学の原則をすべて定立することをその目的とする」(p. 6)。具体的には、最も一般的なものである〈存在するもの〉(mawjūd)を対象とする(このようなアプローチは、古典的なカラームに見られない哲学〔形而上学=神学〕的発想である)。まず、〈存在するもの〉を分類し、そのうち〈永遠なるもの〉(qadīm)については、それが一つであること、〈生成物〉(muḥdath)とは別であること、さらにそれに固有の必然・可能・不可能を明らかにし、そのような存在が使徒を遣わし、その真実性を奇蹟で証明することを明らかにする。神学が関わるのはここまでで、それ以上具体的なことについては、使徒の伝える啓示を受け入れるだけである。

これに対して、注釈学は特にコーランの解釈の問題を、伝承学は使徒のスンナを研究の対象とし、その確定の方法を解明する。他方、法学は人間の行為を啓示の命令との関係で究明するだけであり、「自由意志的行為を人間に定立する証明や……啓示の有効性を証明する必要はない」(p. 7)。さらに法理論は、「法規範の根拠(adillah)を明らかにすること」(p. 9)、つまり「神学者がその真実性を証明した使徒の言葉について、それと行為規範の関係を解明するが、その考察の範囲は使徒の言葉を越えるものではない」(p. 6)。こうして部分的学問に携わる学者は、その学問の原則に関しては模倣者(muqallid)である。それ以上さらに原則的なことについて議論することは、すでにその学問の範囲を越え、別の学問に足を踏み入れたことになる(p. 7)。

このような学問論の中で、論理学はいかなる位置を占めるのであろうか。これについてガザーリーは、端的に次のように言っている。

本序〔に述べられること〕〈論理学〉は、法理論の序ではなくて、まさに学問全体の序である。したがって、それについて無知なる者の学問は信頼に値しない。……全学問が必要としていることは、法理論にも必要とされるのである。(p. 10)

つまり、論理学はすべての学問の序であり、まさに〈オルガノン〉である。そうであれば当然のこと、論理学は法理論においても必要だというのである。

本書の内容についてみると、大きく二部に分かれ、第一部で〈定義〉、第二部で〈証明〉が扱われる。定義の部では、第一章「定義の基準」、第二章「定義の検証」に分かれ、第二部の〈証明〉はプロローグ・本論・エピローグの三章に分かれる。第一章で概念論・命題論、第二章で三段論法の形式と内容、第三章では、その他の推論形式、三段論法の有効性などが論じられている。構成からみる限り、『意図』とでは〈定義〉と〈命題〉の部分が入れ替わっており、また『基準』とでは、〈定義〉と〈証明〉の順序が逆になっている程度の違いはある。しかし、叙述の内容やスタイルにおいては、『基準』とほとんど変わらないが、最晩年の著述であるだけに最も平明によくまとめられている。

以上、われわれは個々の著作についてその構成や内容を考察してきた。全体として結論的に言えることは、細部の点、用語、並びに構成や叙述の仕方に若干の違いはあるが、『意図』とそれ以降の著作の間には本質的な違いはないということである。つまり、少なくとも『意図』の「論理学」に関する限り、それは実質的にはガザーリー自身の思想でもあるということである。こうしてガザーリーは哲学者の論理学を丸ごと積極的に肯定し、受け入れただけではない。彼は難解な論理学の専門用語や表現を、親しみやすい平易な言葉に置き換えてわかりやすくし、またコーランによって論理学を正当化して一般の学者にも受け入れやすくした。さらに彼は、論理学の批判者に対しては知識獲得の方法としての論理学、特に三段論法の有効性を弁護し、数学や医学のように宗教に無関係な中立的な学問だからというだけではなく、伝統的な推論形式よりもはるかに厳密な諸学の〈オルガノン〉として論理学を積極的に評価しているのである。こうしてガザーリーは、論理学を哲学から分離し、イスラム諸学の中にそれを受け入れ易くしたことを、彼の功績としてN・レッシャーは高く評価している。(33)

4　今後の問題点

論理学に対してガザーリーが示したような積極的評価は、伝統的なスンニー派イスラムの中ではきわめて異例なことであった。そこでは、論理学を含めて古代ギリシアの諸学全体（ʻulūm al-awā'il, ʻulūm al-qudamā', al-ʻulūm al-qadīmah）が「不信仰に染まった学問」として猜疑の目でみられたのである。(34) 学生たちは、将来の出世のことを考えて、哲学者と交わったり、彼らに師事することを極力避けようとした。このような状況の中では、表立って哲学研究を標榜することはきわめて困難であった。特にスンニー正統派が最も反感をもったのは、アリストテレスの形而上学（神学）である。中でも論理学に対する彼らの闘争は、教義の基本に関わる対立という原則的な意味をもつものであったといわれる。(35) このような論理学に対する不信は、「論理学を学ぶ者は不信仰に走る」（Man tamanṭaqa tazandaqa）という標言に示されている。(36) また、「法学に対しては否定的でも肯定的でもない算術や論理学について、それは異端の哲学者たちの学問だと言われると、信心家の心はとたんにそれから離れてしまう」(37)とガザーリー自身も言っている。

論理学に対するこのような反感や非難の中でも、ハンバリー派のイブン＝タイミーヤによる批判は、論理学の不毛性・非生産性を暴露したもので、はるか数世紀後のJ・S・ミルの形式論理学批判を予想するものとして注目される。(38) もちろん、遠い過去に消滅してしまったザーヒリー派の法学者イブン＝ハズム（一〇六四年没）のように、論理学をキヤースに代わる法学の方法論として積極的に評価する学者がいなかったわけではないが、(39) それはむしろ例外であった。このような流れの中に、われわれはガザーリーの論理学に対する立場を置いて考えなければならない。

そこから当然いくつかの疑問が生じてくる。第一に、なぜガザーリーはあれほどに論理学を積極的に肯定し、しかもそれについてなぜあれだけ多くの著作を書かなければならなかったのであろうか。この疑問にたいしてファン・エスは、ガザーリーの論理学への傾倒はバーティニー派（タァリーム派）批判のためであった、と言っている。(40) 確かに当時、シーア諸派の中で最も過激な一分派であったバーティニー派はエジプトのファーティマ朝を拠点として、スンニー派アッバース＝セルジューク朝体制と軍事的・政治的・イデオロギー的に激しく対立していた。そしてガザーリー自身スンニー派ウラマーの代表として、バーティニー派を批判する著書や論文をいくつか書いている。(41) その一つが『正しい秤』であることはすでに述べた。

しかし、論理学への傾斜の原因をバーティニー派批判のためだけに限定するのは適切な見方とは思えない。ガザーリーはバーティニー派の他に、哲学も批判している。しかもその武器が哲学者の論理学であり、その批判を理解させるために、彼は論理学についての大著『論理学における知識の試金石』を著したのである。要するに、ガザーリーはバーティニー派に限らず、あらゆる異端・異説を批判・撲滅しなければならないと考えていたのである。(42) そのためには〈類推（キヤース）〉を中心とする伝統的な論証方法はきわめて不備であること、それに比してアリストテレス的論理学はその厳密さにおいてはるかに優れていることを知ったのである。

このことは、彼がしばしば論理学と対比する形で従来の推論の方法を批判していることから理解される。例えば、

『意図』における"tamthīl"(類推)の記述において、これを法学者や神学者の言う〈キヤース〉[43](qiyās)と同一のものだとして、類推の根拠の曖昧さから、この方法によっては確実な知識は期待できないと批判する[44](pp. 90-94)。もっとも、病人に薬を勧める際に、「この薬は某が飲んでよく効いたので、あなたにもよく効きます」と言うように、それは時として会話や議論において人の心を納得させることはできる。

そこで論証家たち(jadalīyūn)は、そのような類推の欠陥を補うために二つの方法を考え出したが、これをもガザーリーは批判する。一つは、〈否定と逆転〉(tard wa-ʿaks)と言われるもの。これは、もとの命題の主概念を矛盾概念にして転換した命題を検証し、その成立からもとの命題の正しさを確立するものである。例えば、A「すべてかたちあるものは、生成したものである」→B「すべてかたちのないものは、生成したものではない」として、Bの成立からAの正しさを主張する方法である。しかし、Bの命題が自明でない場合、その成立は帰納法によって証明するしかない。ところが、帰納法はすべての場合を検証しない限り確実な証明とはなり得ないので、この補正方法も有効ではない、とガザーリーは批判する(しかし、この批判は、推論の形式の問題を命題の内容の問題にすり替えるものと言えまいか)。

第二の方法は、〈探究と分割〉(sabr wa-taqsīm)、つまり消去法である。これは、ある判断の根拠となり得るものをすべて列挙し、それを一つ一つ消去して、最後に残ったものを真の根拠とする方法である。しかし、可能性のあるものをすべて列挙することはきわめて困難であること、またかりにすべてを列挙し、一つを残して他をすべて消去したとしても、この一つが求める根拠だということには必ずしもならない。例えば、列挙が完全でないかもしれないし、列挙した根拠のいくつかの組み合わせが真の根拠であるかもしれないし、また残った一つのその一部がそうかもしれないからだ、とガザーリーは批判する。

こうしてガザーリーは、伝統的推論形式に比してアリストテレス的論理学の厳密性に魅せられた。それを単に批判のためだけではなく探究したのは、神学や法学を初めとする諸学を確実な基盤の上に再構築するためにきわめて有効だとみたからではないだろうか。(45)

第二の問題として、そのようなガザーリーの努力は、イスラム神学史上どのような結果をもたらしたのであろうか。確かなところは今後の研究に俟つより他はないが、ファン＝エスは、ガザーリー後のアシュアリー派神学におけるキヤースの批判者として、ファフルッディーン・ラーズィー（一二一〇年没）、バイダーウィー（一二八二年または一二九一年没）、イージー（一三五五年没）の名をあげて、ガザーリーの影響を認めつつも、依然として多くの学者は旧来の道を歩み続けたし、アリストテレスがそれを駆逐してしまうようなことはなかった、と述べている。(46)

これと対照的な見方をしているのがイブン＝ハルドゥーン（一四〇六年没）である。

初期のムスリムや神学者たちは、この学問（論理学）の研究を大いに非としたことを知るがよい。彼らは激しくそれを攻撃し、それに対して警告をした。彼らはその研究と教授を禁じた。その後、ガザーリーとイマーム・イブン＝ハティーブ（ラーズィー）が出て、学者たちはこの点やや寛容になった。その時以来、彼らはずっと（論理学を）研究している。ただし、少数の者はそれ（論理学）に関する昔の人びとの意見にしがみつき、それ（論理学）を否定し激しく非難しているのである。(47)

と述べて、彼はガザーリーの影響を大きく評価している。

次いでイブン＝ハルドゥーンは、神学者たちの反対の理由を明らかにし、ガザーリーらの出現によって神学がどのように変わったかについて述べている。(48) これを要約すると次のようになる。すなわち、理性によって正統信条を弁護しようとして思弁神学が生まれたが、その際特定の証明を拠り所にしていた。例えば、創られた存在としての偶有、物体には偶有が不可欠なこと、創られた存在を欠き得ないものはそれ自体創られた存在であること、したがって世界は創られたものである(被造性)、とした。また、可視的なもの(shāhid)から超自然的なもの(ghā'ib)についての結論を引き出すという方法で、神の永遠なる属性の存在を肯定した。次に彼らは、これらの証明のための前提となる基本的原理を考え出すことで、その証明を強化しようとした。こうして、例えば、〈原子〉(jawhar fard)や原子的時間(zamān fard)、〈虚空〉(khalā')の存在を肯定し、〈自然〉(tabī'ah)や諸々の本質の知的結合の観念を否定したのである。さらにアシュアリー、バーキッラーニー(一〇一三年没)、アブー＝イスハーク・イスファラーイニー(一〇二七年没)が出て、これらの論証の誤りは信条そのものの誤りであるとして、両者を同一視するようになってしまった。

他方、論理学は五つの普遍概念——類・種・種差・特性・偶有——の知的結合をめぐって展開するが、これらは観念的存在であるのみならず、外的にも実在するものとされる。ところが神学者はこれを否定する。普遍的かつ本質的なものは、彼らにとって外的に何の対応物ももたない単なる観念にすぎない。こうして五つの普遍概念、それに基づく定義、一〇のカテゴリー、本質的属性などはすべて誤った概念とされる。こうして論理学は、論証の方法においてのみならず、信条においても神学と対立するものとみなされたのである。これが初期の神学者たちが論理学を激しく非難した理由である。しかし、ガザーリー以後の、最近の神学者たちは、信条そのものとそのための論証とを区別し、論理学は護教のためのいくつかの論証とは矛盾するかもしれないが、信条そのものとは矛盾しないと考え、普遍概念の実在とそれらの知的結合についての論理学的見解を認める。他方では、神学者の原子論、虚空の存在を批判し、偶有の持続などを肯定する。これが、ラーズィー、ガザーリー、および今日の彼らの支持者たちの見解である。

以上がイブン＝ハルドゥーンの見解である。これを言い換えると、論理学の勝利は、イスラム的唯名論に対するイスラム的実在論の勝利であったということになろうか。これと先のファン＝エスの見方のいずれが正しいのであろうか。今後追求すべき研究課題である。(49) いずれにしても、その際、先にその要約を紹介したイブン＝ハルドゥーンの記述は一つの重要な手掛かりになるであろう。

第三の問題は、一〇九五年におけるガザーリーの回心と引退、スーフィズムへの転向は、理性の認識能力に対する不満の表明であったとみることができるとすれば、このようなガザーリーの内的展開とほぼ並行する形で書かれた彼の論理学書に示された、理性に対する信頼とはどのように調和するのであろうか。

いま自伝の記述(50)を要約すると次のようになる。ガザーリーは〈確実な知識〉を求めて人間の認識能力を検討していく。まず五感、中でも特に視覚による感覚的知識が一番確実のようであるが、実はしばしば人を欺く。このような感覚の誤りを正すのが理性であるから、人は理性によって確実な知識が得られると一般に考える。ところが感覚的認識の誤りを理性が正したように、理性的認識にも理性の知り得ない誤りがあり、それを指摘し正す上位の認識が存在しないと誰が断言できるであろうか。あたかも夢を見ている者はそれを夢とは知らず、醒めてから初めてそうだと知るように。そしてそれがスーフィー（イスラムの神秘家）の言う〈霊知〉（ma'rifah）ではないのか、と考えてガザーリーは懐疑論に陥る。

このようにして疑惑が私の心に浮かび、私の心がそれにとりつかれると、私はこれを癒そうと努力した。しかし、それはけっして容易ではなかった。なぜなら、それが可能なのは論証によるのみであり、論証は原理的知識の結合によって初めて可能になるものだからである。この原理的知識が受け入れられなければ、論証を進めることは不可能である。ほとんど二ヵ月の間、私はこの病気に悩み続けた。その間、口に出して語ったり書いたりしたわけではないが、事実上、私は懐疑論者であった。しかしながら、神は私の病を癒し給い、私は健康と平静さを取り戻し、理性による必然的真理をいま一度受け入れ、それへの信頼を回復したのである。[51] これは論理を組み立てたり、議論を積み重ねたりして得られたのではなく、いと高き神が私の心に注ぎ給うた光によってなされたのである。この光こそ大部分の知識の鍵なのである。[52]

こうしてガザーリーは、「神の光」によって理性に対する信頼を回復し、それによって真理の探求者として知られる神学者、バーティニー派、哲学者、スーフィーのいずれが正しいかを自ら検証し、結局、スーフィーの道が正しいことを知る。そこでガザーリーは、スーフィーの言う真理をまず書物によって——知的に——理解しようとするが、不可能と悟る。そこで長い苦悩と逡巡の後、真理の把握のため、ついに現世の絆を断ち切ってスーフィーの道の実践に踏み切るのである。

ここに述べられていることは、理性に対する懐疑であり、やがて「神の光」によって理性に対する信頼を回復したとはいえ、理性によっては(スーフィーの言う)究極的真理に到達することはできないということである。そこにみられる理性に対する無力感と、先にわれわれがその内容を分析した論理学書にみられる無条件的とも思える理性への明るい信頼、神の存在、属性、行為、使徒の派遣とその真実性の証明といったことをも証明し得る理性[53]への信頼とはどのように調和するのであろうか。

それは次のように考えればよいのかもしれない。すなわち、ガザーリーは一方で理性による知的努力で究極の真理(信仰の確信)に到達できないことを悟った。それは、神学や、何よりも理性の学である哲学の研究によってであった。このような哲学に対する絶望的な気分が、先に引用した『基準』の序文に見られるガザーリーの言葉に表れているのかもしれない。

他方、「神の光」によって理性への信頼を回復した、ともガザーリーは述べている。このことは、理性は万能ではなく、一定の限界をもつことを意味する。つまり、それによって究極の真理（超自然的真理）に到達することはできない。しかし、その限界内であれば、理性は十分に信頼できる。それを実証したのが、彼の哲学批判ではなかったのか。全能の神でさえ論理学の基準に反するような行為をすることはできないのである。論理学に対するガザーリーの信頼、明るい期待は、彼のこのような態度、あるいは当初彼がそれに対して懐いた期待を表明したものではなかろうか。

第7節　神の予定と正義

はじめに

スンニー派イスラムの正統的信条では、神の予定(決定)[1]ということが、神・天使・啓典・預言者・来世と並んで、いわゆる「六信」の一つに数えられている。神の予定とは、神以外のいっさいの存在は予め神によって定められた通りに、神の意志と力によって生起するということである。このような考え方はけっしてイスラムに固有のものではない。しかし、神の力の絶大性・神の主性(ルブービーヤ)と人間の無力性・僕《しもべ》性(ウブーディーヤ)を強調するイスラム教においては、この予定思想はことのほか強調されるようである。むろん、コーランの中には、神の絶対的支配・予定と並んで、人間の道徳的責任・自由意志(選択)が等しく説かれているが、多数派ではこの方はいつしか脇へ押しやられ、自由意志を強調するカダリー派やムータジラ派は異端として斥けられるようになったのである。

いずれにせよ、神の予定とその普遍的な直接的支配が強調されればされるほど、それだけいっそう人間の罪や不正、この世の悪や悲惨を神の予定とどのように調和させるか、いわゆる神義論(theodecy)の問題が大きく浮かび上がってくる。ここでは、ガザーリーがこの問題に対してどのように考えたかを明らかにしたい。

1　神の予定と人間の選択

ガザーリーはまず、予定についての二つの極端な立場をあげ、それらがいずれも誤りであることを指摘する。(2) まず第一が、ジャブリー派である。この派は、世の中のいっさいの現象や出来事は、善悪を問わずすべて神の意志と力によるとする。そこには、人間の「選択」(ikhtiyār)の余地はまったく認められない。人間とその行為の関係は、あたかも自然物とその運動の関係のようなものと考えられる。

ガザーリーによれば、たとえこのような立場が神を高め、己を卑しくし、神の予定の普遍性を強調する目的から出たものであるにしても、人間の行為を狂人や幼児のそれと等置し、道徳的責任を回避させる結果となり、神の啓示や使徒の宣教の意義を否定することになるのである。こうして彼らは、もっぱら神の「強制」(jabr)を強調するのである。

これと対極にあるのが、カダリー派(とムータジラ派)である。彼らは、神は善であり正義であることを強調する立場から、人間の道徳的悪や不正を神に関係づけることはできない。そこで、人間の意図と意志の直後に彼から出る行為はすべて、人間の力と選択によって起こり、神の意志と力とは無関係だと言うのである。こうして彼らは、人間の意志的行為に対する神の「予定」(カダル)を否定するために、カダリー派と呼ばれたのである。

ガザーリーによれば、彼らの立場は、たとえ人間の不正や悪は神の予定と創造の結果であるとの結論を回避するためのものであっても、神の決定を不能とする可能性、つまり神の普遍的支配の否定を認めることになるのである。

そこで、ガザーリーにとってとるべき正しい立場は、人間から出る行為は、すべて自然界の運行と同じく神の予定と力によるものであるが、同時に人間の「選択」を認めるものでなければならない。そこで言われるのが、「決定は神から、獲得(kasb)は人間から」である。つまり人間は、神が創造した行為を(神が創造した力で)獲得する、それによって人間は自己の行為に道徳的責任を負うことになる。これがアシュアリー派の立場である。しかし、人間は神が創造した行為を、獲得するかしないか、の「選択」をすることはできない。それでもなお、人間は自己の行為に責任を問われるのであろうか。

では、神の「予定」とは、具体的にどのようなものであろうか。これを説明するために、ガザーリーはいくつかの例をあげている。その一つが、先に第二章第3節4(一一〇—一一一頁)で紹介したものである。すなわち、白い紙の上を這っている蟻が、ペンの動きによって黒く文字が書かれていくのを見て不思議に思い、理由を尋ねて紙からインクへ、さらにペンから人間の手、それから人間の内部の力、意志、理性・心・知識、さらに神的ペン、天使の右手、神の力へ、そして最後に力の持主である神そのものに至る、というのである。これは、神の決定が実現されていくその順序を述べたものである。

今一つの例はこうである。(3) 礼拝の時を告げる一定の仕掛けをもった水時計を作るには、次の三つのことが必要になるという。第一が、プラン(tadbīr)である。これは、起こるべきことが起こるように、必要な道具・原因・運動について予め考えておくことである。第二が、基本となる道具を作り出すことである。つまり、水を入れる円筒形の容器、水面に浮かべる空洞の容器、その内部に張る糸、球とそれを入れる容器、落下する球の受け皿、等々である。第三が、運動を始動させる原因を作ることである。それは円筒形の容器の底に、正確な計算に基づいて一定の大きさの穴を開け、そこから水を少しずつ落とすことである。

こうして水の落下という原因が始動する。それから水面の下降→水面上の容器の下降→糸が引っ張られる→球を入れた容器の傾き→球の落下→皿への衝突→音の発生→人間の知覚→礼拝という経過をたどるのである。これらすべては、最初の運動の設定によって、予め定められた原因に従って起こるものである。すなわち、原因が生起すれば、少しの狂いもなく、予定された事象がおこるのである。

天や天球、星々や地球、太陽、月、海、空気等々、世界の中のこれらの巨大な物体や存在はまさに神の道具と同じである。これらを一定の計算に従って運動させる原因は、一定量の水の落下を必然的にする穴と同じである。太陽、星々、月の運動から球の落下へと至るあの一連の運動の生起に対応するものである。これが神の「決定」であり「予定」である。そして天地創造から終末に至るまでのこの神の予定は、コーランにいう「天の書板」(85：21-22)に記録されているのである。

このような例からみると、神の決定は恣意的であるどころか、それはまるで、宇宙を創造し、それに一定の法則を与えて始動させ、後はその運行に何の干渉もしない神のようである。果たしてそうであろうか。

2　人間の選択と獲得

神の予定はすべて一定の順序によって実現されるということは、ガザーリーの場合、神をアリストテレス的な第一原因、究極の始動因と考え、神の世界支配は因果律に基づく自然法則を通しての、間接的なものということではない(図5)。端的に言って、ガザーリーは哲学者のいう因果律を認めない。原因・結果の間には必然的な関係があるのではない。原因と言われるものは、実は神が結果と呼ばれるものを創り出すための偶因ないしは条件にほかならない。原因も結果も、先の例の時計仕掛けの道具と同じように、神が直接に創造したものである。前述のように、これは一種の偶因論(occasionalism)である。

これを図示すると(図3)、A……→Eという一連の事象は先の二つの例でいえば、紙に字を書くまでの一連の事象、および水の落下から球が落ちて時を告げるまでの事象を表す。これは通常、因果の系列と考えられているものである。しかし、ガザーリーにおいては、A……→B……→C……→D……→Eの間には何の関係もない。つまり、B、C、D、Eそれぞれの真の原因はA、B、C、Dではなく、神だということである。しかし、現実にA……→Eという一定の順序・秩序がみられるのは、それが「神の慣行」であるからにほかならない。それは慣行であるか

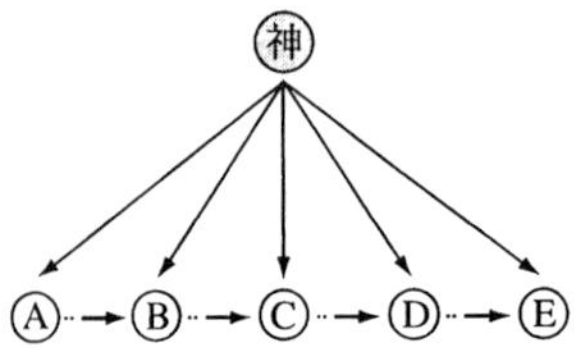

図3

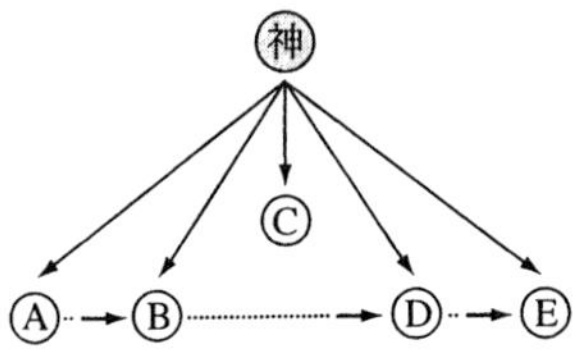

図4

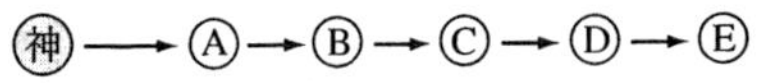

図5

ら必然的なものではなく、いつでも——といってもきわめて稀であるが——変更することが可能なのである（もっとも、この「変更」は予定の変更ではなく、すでにそれも神の予定の中に組み込まれているものであることは言うまでもない）。これが図4で示した「奇蹟」(muʿjizah, karāmah)である。

このような中で、人間の「選択」ないしは「獲得」はどのように考えられるのであろうか。先述したように、神が創った行為を人間は、同じく神が創った力で獲得するが、その際、獲得するかしないかの選択の余地は人間にはない。それでどうして人間の道徳的責任が正当化できるのであろうか。アシュアリー派のこの「獲得」理論はわかりにくい概念であるが、この派の神学者バグダーディー（一〇三七年没）は次のような例をあげて説明している。(4)

すなわち、大きな石があり、Aという人はそれを運べない。しかし、Bという人はそれができる。そこでこの二人が一緒にその石を運ぶ場合、石の運搬を可能にしたのはBである。しかし、それによってAが運搬者でなくなるわけではない。同様に、人間は単独では行為をなし得ない。もし神が単独で人間が獲得する行為を生成しようと思えば、可能である。しかし、実際には、人間の行為は神の力による創造と人間の獲得によって実現する。だからといって、人間は行為者でなくなるわけではない、と。

また、ガザーリーは次のように説明している。[5]

神が人間の行為を単独で創るということは、それらの行為が「獲得」という形で、人間の力の対象でもあることを妨げるものではない。神は〔人間の〕力と力の対象〔の双方〕を創り、選択とその対象〔の双方〕を創るのである。力は人間のもつ属性であり、その創造は主のものであり、主の獲得ではない。行為は主の創造であり、属性は人間のものであり、獲得も人間のもの。〔人間の〕行為は〔神の〕属性である力の対象として創られたものであり、それは力と呼ばれる他の〔人間の〕属性とも関係をもち、この関係の故にそれは「獲得」と呼ばれる。人間が必然的に、力の対象となる行為と強制的な震えとの区別を知っている時に、どうしてその運動がまったくの強制であると言えようか。

以上の説明からわかることは、人間の意志的行為には神と人間の双方が関わっている。神が創り、人間が獲得する。しかし、先の石の運搬の場合のように、人間は自己の行為の創造には何ら関わっていないとすれば、「獲得」とはいったい何なのか。人間は意志的行為と震えの区別を知っている、とガザーリーが言っていることから考えて、行為を震えから区別するもの、つまり意志が獲得を表わすということであろう。

ガザーリーによれば、人間が自己の行為の「選択者」であるということの意味は、人間は神がその意志(予定)を実現していく場所・基体であるということである。つまり、知識・意志・判断・力・行為、といった一連の事象が生起する場所だということである(ガザーリーは人間を「操り人形」にも喩えている)。このことは、別の面からみれば、人間は単に場所であるだけではない。たとえ神が人間の中に創造した意志であっても、人間はそれを自分の意志として行為をするのである。自分の意志は神の意志だということである。そのようにして人間は、自己についての神の予定実現に直接参与しているということになる。これが「獲得」の意味であるとすれば、当然人間はその獲得の結果に対して、責任を問われることになるのではなかろうか。

3　善悪の彼岸

この世の出来事はすべて神の意志と力によって生起するのであれば、人間や動物の世界に見られる悪、不正、災難、悲惨はどのように理解されるのであろうか。それらが神の予定(決定)の下に生じていることは、これまで述べてきたことから明らかである。だとすれば、それは神の正義とどのように調和するのであろうか。

この問題に、初めて真正面から体系的に取り組んだのはムータジラ派である。「神は悪をなさず、悪を選ばない。神はしなければならないことを必ずする。その行為はすべて善である」(6)――これがムータジラ派のいう神の正義である。中でも神は被造物に対して「最善」(aṣlaḥ)をしなければならないことを最も強調したのがナッザーム(八四五年没)であるが、最善説は広くこの派の受け入れるところとなった。それだけに、ムータジラ派は現実の自然的悪と道徳的悪の説明に苦慮することになるが、彼らは自然的悪については人類的文脈の中でそれを合理化したり、来世における応報や補償と結びつけて正当化して、結果的にすべては善であること、道徳的悪については、もっぱら人間の意志と力によるものとして、神を免責しようとした。そもそも彼らにとって、ものの正邪・善悪は基本的には神からの啓示がなくても知り得るもので、啓示の役割はこの理性の判断を強化したり、理性の一般的判断を具体化するものである。このような立場から、彼らは一見不正・不合理と思われる神の行為について説明を試み、またそれが可能であると信じていたのである。

このような「合理主義的客観主義」(7)(rationalistic objectivism)に反旗を翻したのが、アシュアリー派の祖となるアシュアリーであった。彼が長年師事したジュッバーイー（九一五／六年没）と袂を分かつ時に、彼が師と交わした問答が「三人兄弟の話」である。(8) すなわち、三人の兄弟がいて、長男は行い正しい信仰者として、次男は不信仰者として、三男は幼くして死んだ。この三人の死後の運命について、アシュアリーは師に尋ねた。師は、長男は天国の最高位を占め、次男は地獄に堕ち、三男は天国の最下位を占める、と答えた。そこでアシュアリーは問う、三男が神に、もっと長生きしていれば善行を積んで長兄と同じ地位に就けたであろうに、なぜ私を早く死なせたのですか、と尋ねたとすると、神は何と答えるであろうか、と。そこで師は、神は次のように答えるであろうと言う、「もし汝をそれ以上生かしておけば、汝は不信仰者となって地獄に堕ちることを私が知っていたので、汝のためにそのように取り計らったのである」と。アシュアリーはさらに問う、そこでそれを聞いた次男が、「ではなぜ私だけ、そうと知りつつ長生きをさせたのですか」と問えば、神は何と答えるだろうか、と。師は黙してついにその問いに答えなかった、といわれる。

アシュアリーによれば、(9) 神は来世で無垢の幼児を苦しめることもできるのである。そのようなことをしても、神は正義（ʿādil）である。有限な罪に無限の罰を与えたとしても同様である。また、ある動物を他の動物に従属させ、あるものにのみ恩恵を与え、不信仰者になることを知りつつ人間を創ったりすること、これらすべては正義である。信仰者を罰しても、不信仰者を天国に入れても、神にとってそれは悪ではない。ただ、神はそのようなことはしない、とわれわれが言う唯一の理由は、神は不信仰者を罰するであろう、とわれわれに伝えたことであり、神が何かを伝える時は、けっして嘘をつき得ないからである。

神は何でも自由になし得る根拠は、神は、自分に対して命令したり、禁止したり、許容したり、規範や限界を定め、非難したりする上位者のない最高の君主であるということである。したがって、神にとって悪となるものは何もないのである。われわれにとって、何かが悪であるということは、われわれが定められた規範や限界をもっていて、なすべき権利のないことをするからである。また、嘘をつくことが悪いのは、神がそれを悪としたからである。もしそれを神が善とすれば、それは善となったであろう。そして神がそのようなことを命令したとしても、それに反対するものは誰もいない。神は何ものにも拘束されず、したがって神にとって何ものも悪ではないのである。そこから当然、人間に対して神は最善のことをする義務はない、ということになる。

ここには、神の存在の絶対性、絶対的自由、神は人間によるいっさいの相対的判断を超越した存在であること、しかも神がなすことはすべて正義であることが強調されている。また、人間世界における善悪・正邪は神の規範によることが主張され、最善説が否定される。このような立場は、基本的にはその後のアシュアリー派に引き継がれていく。ガザーリーにおいても同様である。ただガザーリーは、それをより理論的に、論理的に提示している点が特徴的である。

ガザーリーは、神の正義と人間の不幸や災難との関係について、次のように述べている。

神の正義は人間の正義によって推し量ることはできない。なぜなら、人間の場合、他人の所有物に対して勝手な振舞いをすればそれが不正(ẓulm)と考えられるが、そのような意味での不正は神には考えられないからである。神が他者の財産に手をつけ、それによって神の行為が不正になるということはないのである。なぜなら、人間、ジン、天使、サタン、天、地、動物、植物、鉱物、実体、偶有、理性や感覚によって知られるもの等々、神以外のものはすべて、神が無から創り出したものだからである。……神は人間にさまざまな罰を与え、さまざまな苦しみや病気で人間を試みることができる。たとえ神がそれをしたとしても、それは神にとって正義であり、悪(qabīḥ)や不正ではない。神は信じる僕の服従行為に報いを与えるが、それは神の寛大さと約束によるもので、人間の側の当然の権利としてではない。なぜなら、神には誰に対しても行為をしなければならないということはないからである。また、神に不正は考えられることもないし、誰も神に対して権利をもつことはないからである。(10)

要するに、「不正」とは、他人の所有物に勝手な振舞いをすることだとすれば、神にとって、自己以外のものはすべて神の所有物である以上、それに神が何をしようと、そこに不正はあり得ない、というのである。

次に、ガザーリーはムータジラ派に対抗して、神には人間にとって最善のことを配慮する義務はない、として明確に最善説を否定する。ガザーリーはこのことを、「善」「悪」「義務」の概念を明確に定義することによって証明する。まず、善・悪について、彼は次のように述べる。

行為は一般に行為者に対して三つに区分される。①行為者に適合するもの、つまりその目的に合致するもの、②その人の目的に対立するもの、③その人の目的がその行為をすること・しないことの中にないもの、である。この区分は理性によって確定している。行為者に適合するものが、彼にとって「善」(hasan)と呼ばれる。それが善であるということは、それが彼の目的に合致するということ以外に意味はない。行為者の目的に対立するものは「悪」(qabīh)と呼ばれる。それが悪であるということには、それが彼の目的に対立するということ以外に意味はない。対立(munāfāh)も適合(muwāfaqah)もしないものは、たわむれ('abath)と呼ばれる。つまり、そこには何の益もないということである。……

以上はすべて行為者以外の人を度外視した場合、あるいは行為が行為者以外の人の目的とは無関係に考えられた場合である。そこで次に、行為者以外の人との関係で見ると、①その人の目的に適合するものは、適合する人にとってその行為は善と呼ばれる。②もしそれが対立するものであれば、悪とよばれる。③もしある人に適合し、別の人に適合しないならば、一方の人にとってそれは善であり、他方の人にとっては悪である。というのは、善悪の語は適合と対立を表わすものであり、両者は人によって異なり、また一人の人間でも状況によって変わり、さらに同じ状況の中でも、目的によって変わる相対的なものだからである。[11]

このように善悪とは目的に対する適合・対立のことであり、その意味で相対的概念であり、関係によって変わることのない本質的概念ではないというのである。

とはいえ、「悪ということで創造主の目的(gharaḍ)に対立することを意味するのなら、それはあり得ないことである。なぜなら、神には目的はなく、神に対して悪を想像することはできないからである」[12]。他方では、神の行為は善であると言われる。それはなぜかについて、ガザーリーは次のように説明している。

〔善悪の語の〕意味が理解されたならば、「善」の語の用法に三つあることを知るがよい。第一は、現世においてであれ来世においてであれ、目的に適合するものすべてに用いられる。第二は、特に来世の目的に適合するものに限定される用法である。そして聖法によって善とされたもの、つまり実行を勧められ、それに対して報奨が約束されているものである。これがわれわれの学派の用法である。〔この場合〕「悪い」はあらゆる派にとって「善い」に対立する。……その語(善)には第三の用法がある。至高なる神の行為は、それがどのようなものであれ、善であるとしばしば言われる。神には目的がないのにである。その意味は、それについて神には何の責任も咎もなく、神は誰の関与も受けないその王国における行為者だということである。[13]

次に、「……することが義務的である」と言う場合の「義務的」(wājib)について、ガザーリーは次のように定義する。まず、実行することがしないことに優先することもなく、また行為者からそれが出ることが出ないことよりもいっそうふさわしくもないような行為は、義務的とは言えない。とはいえ、その実行が優先され、それがよりふさわしいことであっても、それだけで「義務的」とは言えない。その行為の実行を優先させる特性がなければならない。行為の中には、それをしなければ害が生じることが知られているものがある。しかし、有害であっても、軽微で受忍できる行為の回避は義務的とは言わない。義務的とは、それを実行しなければ、現世ないし来世において明白な害があり、また聖法によってそのことが知られている行為のことである。「義務的」(必然的)の今一つの意味は、それが生起しなければ、不可能なことを帰結すること、つまり反対が不可能なことである。ところが、神については害はいかなる形でもあり得ない。また、最善のことをしなくても、それが不可能なことを帰結することもない。こうしてガザーリーは、先のアシュアリーの「三人兄弟の話」を引用して、ムータジラ派の最善説を批判する。

「最善をすることは、人間の利益のために義務である」との反論に対しては、「神以外のものの利益に神の利益がない時、神以外のものに利益があっても、それは神には義務ではない」[14]と答える。

4　最善の世界

ところが、ガザーリーの著作には、彼が否定したはずの最善説を肯定するように思われる言辞が散見されるのである。例えば、

(1)「神以外の存在物はすべて神の行為によって生成するものである。それは最もよく最も完全で最も正しい仕方で、神の正義から流れ出ているものである。神はその行為において賢明であり、その判断において正義であ

る」[15]（強調は引用者。以下同じ）

(2)「神が創った天地に目をやり、それに永く思いをめぐらせば、そこには何一つ矛盾や齟齬を見出さないであろう。神が人間に与えた糧、寿命、喜びや悲しみ、無力と能力、信仰と不信仰、服従と罪はすべてまったくの正義であり、そこに不義はない。すべてはまったくの真実で、不正はない。すべては当然そうあるべき状態と分量で、真実の必然的な秩序の中にある。それ以上よりよく、より完全に、より完璧になる可能性はない。もし力がありながらそうすることを控えたとすれば、それは寛大さに反する吝嗇であり、正義に反する不正である。またそうし得なかったとすれば、それは神性に反する無力である。一人の人間についての来世における減少は、他の人間に関しての恩恵である。もし夜がなければ、昼の価値がわからず、病気がなければ、健康者の健康の享受はない。地獄がなければ、天国の住人は恵みの大きさがわからないだろう。人間の生命が動物の生命を犠牲にすることは不正ではない。完全なものを不完全なものに優先させることは正義そのものである。人びとの間の現世・来世における運命の相違についても同様である。これらすべては正義であり、そこに不義はない。これも今一つの深い大海であり、その波は高く、その広大さは神の唯一性の大海に近いものがあり、未熟な者は溺れる。彼らは、それが知者だけが理解する深みであり、その背後には、大多数の人びとが困惑し、それを明かされた者が公言することを禁じられている予定の秘密があることを知らない。要するに、善悪は予定されたものであり、予定されたものは意志の先行の後に必ず起こるものである。神の判断を退けるものはないし、神の予定や命令を修正するものもない。大小にかかわらず、すべては記載されており、それは既知の期待通りの程度で成立する。「汝に降りかかったことはけっしてはずれることはなかったのであり、汝に降りかからなかったことはけっして汝に当たることはなかったのである」[16]」

(3)「この世の姿ほどすばらしいものはなく、構成においてそれよりよく、造りにおいてそれより完全なものはない」[17]

(4)「これらの神の決定は最も完全かつ最もよい形で秩序づけられており、それ以上によくかつ完全なものはあり得ないほどである」[18]

このようなガザーリーの言辞をめぐって、それらはムータジラ派的最善説を否定する伝統的アシュアリー主義に矛盾するのではないか、現実をより完全にすることは不可能ということは、無限なる神の力を限定することではないか、神は己の欲するまま自由にではなく、その本性の必然性によって創造するということは哲学説ではないか、などの批判が出され、ガザーリーを擁護する者との間で、一二世紀から一九世紀にかけて、永い論争が続けられてきた。このことを、ガザーリーの主著、『宗教諸学の再興』に付した膨大な注釈の書『敬虔なる貴顕に贈る「宗教諸学の再興」の秘密についての解説』[19]の序論の中で、著者ザビーディーは詳しく述べている。この論争に参加した人三九名と無名の著作四点の名があげられており、批判者は法学派では、マーリキー派、シャーフィイー派、神学派では、アシュアリー派とさまざまである。しかし、擁護者はアシュアリー派ないしスーフィーに限定されているのは当然かもしれない。この論争を詳細に研究したのがE・L・オームズバイの『イスラム思想における神義論――ガザーリーの「可能な限り最善の世界」をめぐる論争』(本節注(6)参照)である。そこで、次にこの書の内容を紹介しつつ、この論争について考えてみたい。

5　神の意志と必然

この書は序論と結論、五つの章よりなっている。まず、序論では、神義論の中での最善説(optimism)の位置が、西洋とイスラムの場合で跡づけられる。第一章で、論争の発端となったテクストが紹介され、第二章で、論争の参加者とその概要が解説される。

第三章では、論点の一つである「神の力と可能性」の問題が扱われる。まず、伝統的アシュアリー派を代表する批判者ビカーイー(一四八〇年没)の基本的立場は、神が現状よりもっとすばらしいものを創ることは可能ということである。そもそも現実が最善だとすることは事実に反するとする。これに対して、最善(abdaʻ)は個々の具体的なものについて言うのではなく、相対的かつ全体的であり、ザイドの盲目も不完全の存在も全体的には最善であり、そこに神の知恵と力がある、とするのがガザーリーである。ビカーイーにとっては、神の力は無限であり、そして可能なものとは人間の想像し得るものすべてである(tajwīz)。現実世界は無限の可能性のほんの一つにすぎないもので、それが最善ということにはならない。それはいつでも別様になり得るし、そうなることに何の理由も必然性もない。ガザーリーも神の全能性を認める点では同じであるが、そこでは神の力は知恵(hikmah)と共にあり、現状はこの知恵と力の反映であるとされる。

では、神の全能性と不可能性の関係は何か。著者はここで「全能とは、いかなることでも例外なくする力ではなく、すべての可能的なことをする力」(p. 152)とする一般的な定義に従う。これはガザーリーの考えとも一致するものであるが、批判者の中には、全能を「いかなることでも例外なくする力」と解して、論理学の基準さえ無視することも可能とする者もいる。そこで著者は、「不可能」を①それ自体では不可能ではないにしても、他によって不可能なもの、神の本性に反するもの。例えば、虚言、不正、肉体的行為。②それ自体で不可能なもの。例えば、対立物の同時定立など。この後者の意味での「不可能」が真の不可能であり、これには神の力も及ばない。そこで神に最善が不可能というのは、②の意味ではなく、①の意味において、つまり神の知恵と意志によって不可能であるにすぎない。しかるにビカーイーは②の意味に解し、しかもそのような不可能性は神の力の制限である、と誤解したのである。また、マーリキー派のイブン゠ムナッイル(一二八四年没)はそれを神の「無力」を意味するとして非難する。しかし、これは誤解である、とシャーフィイー派のサムフーディー(一五〇五年没)は反論する。絶対的に不可能なことを神がしないのは「無力」ではない。つまり、それは元来存在する力を否定する(intifā' al-qudrah)のではなく、力の非存在('adam al-qudrah)をそのまま認めることであり、神の力の制限にはならないとする。

第四章では、「自然的必然性としての創造」の問題が扱われる。ガザーリーが非難を招いた今一つの問題は、世界は最善であるのみならず、それは必然的な正しい秩序に従ってそうなったとしている点である。ただ、ガザーリーにとって、それは自然的必然性ではなく、神の予定によってそうなのである。それが反対者には異端の哲学説と思われて、非難を招いたのである。

哲学においては神の知がすべての流出の原因であり、完全な知に従って神から必然的秩序の中で事物が完全な形で流出する。それが哲学者の言う摂理('ināyah)であるが、こうして宇宙は合理的な必然的秩序を示し、その結果としてそれは最も美しく最もすばらしいものなのである。世界の存在は、神の本質そのものにより必然的に生起する(本章第4節参照)。これがガザーリーの先の主張に近いことは、前述の通り。しかし、哲学者はこうして神の意志と自由な創造を否定する。他方、アシュアリー派は意志を認めるし、その点ではガザーリーも同じである。ただ、彼においてはこの意志は知恵(hikmah)の要請に基づくものであり、すべては必然的に起こるとはいえ、それは「先行する神の意志の後に」そうなるのである。従って、それはけっして本質的必然(ījāb dhātī)によるものではない。ビカーイーにはこれすら容認できない。神は理性や知恵に縛られることはない。欲するものを欲し、行為する。神はいかなる一般原則にも従わない、絶対的に自由な存在なのである。

これに対してマーリキー派のラマティー(一七四二年没)は、神の意志や知の先行は何らその作品の最善性を証明するものではない、とする。知恵を持ち出すことは因果律(ta'līl)の肯定と神の自由意志の否定に行きつくか、ムータジラ派の立場に逃げ込み、不正や吝嗇という非難を避けるためにのみ、神の知恵を支持するか、のいずれかである。こうしてラマティーは、問題のテクストはむしろ後代の挿入であるとする。

要するに、ガザーリーは哲学を批判したが、彼の哲学に対する態度は是々非々の立場であり、したがって哲学の影響を受けたとしても不思議ではないし、そのことは用語の中に見ることができる。しかし、彼は哲学の必然主義はこれを否定している。それは第一に、神に自由と意志を制限し、第二に、そこから因果律と世界の永遠性が帰結するからである。しかし、必然性を完全に否定したのではない。でなければ、宇宙はまったく偶然の支配するところとなり、現実に反する。そこで彼は因果の必然性を否定し、宇宙を神の意志、その瞬間的創造の結果とするが、その規則性は神の慣行とした。だが、ガザーリーは神の意志とその対象の間の必然的関係の説明に苦慮することになる。

第五章の「最善の問題」では、ムータジラ派の最善説とガザーリーのそれとを対比して、後者の特徴を明らかにする。神義論の一つの極は、現実を最善とし、そうすることを神の義務とするムータジラ派の立場である。他は、現実を神の不可測な意志の結果とする主意主義に立ち、神はその結果がどうであれ、いっさい関知しないとする伝統的アシュアリー派の立場である。この中にあってガザーリーは、現実を最善とする点ではムータジラ派に近づいたと言えるが、両者の間には大きな違いがある。まず、ムータジラ派ではすべてが各々存在理由をもち、たとえわれわれが知り得ないにしても、それらはすべて善とされる。ところがガザーリーはそうはみない。善は善であり、不完全は不完全、苦は苦である。ただ、それは相対的にそうであり、全体的にみれば、それらはそのままで最善なのである。ムータジラ派の言うように、個々人にとって最善なのではなく、それは宇宙的次元で考えられているのである。

正義の概念についても同様である。ムータジラ派にとって正義とは、理性の立場からみた正義である。神が正義であるとはそのような意味においてである。したがって、目的のない行為は愚かであり、神の行為にも目的がある。

被造物への利益、最善がそれである。他方、アシュアリー派では、神の行為に対して理性の尺度は適用できない。不正とは、「他人の所有物を勝手に扱うこと」、または「物事を本来の場所に置かないこと」だとされる。前者の立場では、世界は神のものであるが故に、それに対して神がどのように振る舞っても非難されるいわれはない。後者の意味だと、「本来の場所」を定めるのは神自身であるから、この場合も神の不正は問題になり得ない。著者はサムフーディーに従って、ガザーリーの立場は後者であるとする。そしてガザーリーの最善説は摂理(予定)の神秘に結びつけられ、ムータジラ派のそれと異なり不透明となる。また、彼らと違って、神には最善をする義務はない。神は自由である。ただ、神はまったくの寛大さから最善をするのである。こうして神はその力と自由を原理的に保持しつつ、常に最善をなすのである。これは実は、著者の言うように、神は悪をなし得るが実際にはそうはしない、とする初期ムータジラ派の立場に近いものである。

結論として、著者はガザーリーの神義論を次のように特徴づける。①現実世界は各瞬間において最も正しいが、それは神の予定によって決定されたものである。②世界は根源的に偶然的なもので、けっして本来的に必然的なものではないが、それは他によって、つまり知恵によって必然的である。③世界にある不完全は世界の最善性に資するもの。神の遠大なスキームの中ではそれらも最善である。不完全も必然的に存在する。そう神は意志したからである。それこそ神の自由・力・意志を証明するものである。つまり、ガザーリーの神義論は究極的には彼の神学的著作にみられる「伝統的アシュアリー神学」と両立するものであり、それからの(特にその正義論からの)論理的展開であるとする。そしてそこに作用したのが、スーフィズムとムータジラ派と哲学なのである。

6　大いなる肯定

以上がオームズバイの研究成果であるが、筆者も基本的にはその結論は妥当だと考える。ただ、それには若干のコメントが必要である。まず、ガザーリーが最善説を否定しているのは、彼のバグダードからの引退直前・直後に執筆された公式の神学書、『神学綱要』と『エルサレム書簡』(*al-Risālah al-Qudsīyah*)においてであり、他方、最善説を容認するような彼の言辞が出てくるのは、いずれも彼がスーフィズムとの関係をますます深めていった晩年のスーフィー的著作(『再興』や『四〇の書』など)においてだということである。そこから当然、スーフィズムの影響が考えられる。さらに、ガザーリーの最善説批判は常にムータジラ派を意識し、彼らを対象としていたということである。このことから少なくとも、ガザーリーは最善説一般を否定していたとは言えない、ということである。また、『エルサレム書簡』が後の『再興』の一部として採録されていることからみて、彼自身はそこに矛盾があるとは意識してはいなかったと思われる。

事実、先に引用したガザーリーの最善説的言辞の中には、しばしば神の「正義」の語が用いられている。ということは、彼は「最善」を常に伝統的な「神の正義」のコンテクストで考えていたということである。この意味で、彼の最善説をこの伝統的な神の正義の発展とみるオームズバイの見方は正しい。ただ、伝統的なアシュアリー派のいう「神の正義」は、神は何をしても不正義ではない、正義である、というように、ニュアンスとしては消極的である。ところが、ガザーリーの言辞は現実の大いなる積極的な肯定を示している。この違いを生んだもの、それがスーフィズムではないか、と筆者は考えるのである。

ガザーリーは『四〇の書』の中で、「満足」について次のように言っている。ちなみに、「満足」(riḍā')とは、スーフィーが永い修行の果てに到達する最高の境地であり、ガザーリーはそれを「愛」(mahabbah)の一つの現れとしている。

〔それは〕個々の不思議の背後に、一つの、いや複数の神の好意的配慮(laṭīfah)が隠されていることを信じることである。そうすれば、人はもはや、なぜとか、いかにとか言って抵抗しなくなり、愚者が混乱、無秩序、正道からの逸脱と考えるようなことが世界に起こっても、驚かなくなる。[20]

そしてガザーリーは、コーランに出てくる、不思議な伝説的な賢者ヒドルの話を引用する(18:59-81)。モーセは質問はいっさいしないという条件で、ヒドルと旅をする。その間、ヒドルは船底に穴を開けたり、道で出会った若者をいきなり殺したり、崩れそうになった他人の壁をわざわざ修理したりする。そのたびにモーセは我慢できず、質問してしまう。結局、二人は別れることになるが、その際ヒドルは彼がした「理不尽な」行為には深い理由があったことを説明する。

続けてガザーリーは、類似の話を二つ紹介する。[21] その一。ある所に何が起こっても「神が決定したことにはよいことがある」と言っている人がいた。ある時、家族と共に砂漠に出た。持物としてはテントとそれを運ぶロバと番犬と時を告げる鶏だけであった。ところがある日、狐が来て鶏を奪った。家族は悲しんだが、彼はそれはよいことだと言った。ところが今度は、狼がやって来てロバを殺し、犬もやられた。そんなある日、周囲の人びとが皆、賊に襲われて捕虜にされたり奴隷にされたりした。ある人は犬が騒いだために見つかり、ある人は鶏の鳴き声で居場所を発見され、ある人はロバの鳴き声で捕らえられたのであった。ところが、彼の家族はそれらを皆失っていたので、発見されずに助かったのである(これはまさにイスラム版「塞翁が馬」であるが、中国との歴史的関係が当然予想される）。

その二。ある預言者が山で修行をしていた。近くに泉があり、そこを通りかかった騎士が水を飲んで行った。その時、彼は千ディーナール入りの財布を忘れた。次に、別の人がやって来て、その財布を見つけ、持ち去った。その後で、貧しい人がやって来て、水を飲み、そこで一休みしていた。そこへ騎士が戻ってきて、財布について尋ねた。騎士はその貧乏人が取ったものと思い、彼を殺してしまう。これを見ていた預言者は、これは一体どうしたことですか、と神に尋ねた。そこで神は答える、「汝は修行に専念していればよいのだ。これにはわけがある。この貧しい人は、騎士の父親の殺害者だったのであり、その父は財布を持ち去った人から千ディーナールを盗んだことがあったのだ」と。

結局、ガザーリーにおける、消極的な「神の正義」から現実世界の完璧性・最善性の積極的主張への変化は、スーフィズムの影響によってもたらされたと言えよう。(22) 神の意志に基づく宇宙の運行の必然性は哲学から来ているとみることができようが、ムータジラ派については、彼らに対するガザーリーの態度からみて、その影響はなかったであろう。

終章　神学と哲学の間

第1節　ガザーリーとアシュアリー派神学

はじめに

ガザーリーがアシュアリー派の神学者であるということは、これまで自明のこととされてきた。だが最近、筆者にはそれが疑問に思えてきたのである。その経緯はこうである。ガザーリーの作とされている著作の一つに、*al-Maḍnūn al-Saghīr*（『小秘説[1]』）がある。研究者の中には本書を偽作とみなす者がいるが、若干の研究者はこれをガザーリーの著作として扱っている。[2] 中でもD・B・マクドナルドは本書に示されている、「空間を占有しない」(lā mutaḥayyiz) 非物質的実体としての霊魂観を、スンニー派神学の伝統的な霊魂思想の流れにおけるターニング・ポイントとして位置づけている。[3]

ところが、W・M・ワットがその後、論文「ガザーリーに帰せられている著作の真実性[4]」の中で、ガザーリーの著作の真偽を弁別するための原則を三つあげ、それを適用して著作の真偽、後代の挿入の可能性についての判断を行った。その中でワットは、『小秘説』について五つの理由をあげて、これを偽作と断定している。その有力な理由の一つが、その著作の中での反アシュアリー派的言辞である。ガザーリーがアシュアリー派であれば、そのようなことはあり得ないと言うのである。

ワットの言う三つの原則とは、第一に、理性を超えた啓示の領域という明白な主張が出てくるのは、晩年の『誤りから救うもの』以降であること。第二に、ガザーリーの著作の論理的構成、そして第三が、ガザーリーの正統教義・正統的立場への配慮である。これは彼の生涯を通して変わらぬ態度であり、ガザーリーは忠実なアシュアリー派(アシュアリーの支持者)であった、と言うのである。

さて、『小秘説』についての、ワットの推論はこうである。

(1) イブン＝アラビーはそれをガザーリーの真作であることを否定し、アブー＝ハサン・アリー・ムサッフィルの作としている。

(2) アシュアリー派への批判がなされている。すなわち、

問――ではなぜこれらの人びと(ムータジラ派とアシュアリー派)にこの(霊魂の)秘密が明かせないのか。

答――それは、彼らが神以外のものにこれらの属性(方向をとらない非物質性)はあり得ないとするからである。もし汝が彼らの誰かにこのことを話すならば、彼らは汝を不信仰者とみなし、汝は自分にも神だけの属性とされている性質があると主張している、と言うだろう。それはあたかも汝が自らに神性を主張するようなものである、と言うだろう。(5)

(3) 著作全体を通じて、真の信仰(true belief)は理性的基準によって、他の劣った諸々の信仰から区別される、としている。このことは、理性を最高の能力とみなしていることを意味する。したがって、理性を超えた世界を認める『誤り』以後に、ガザーリーがそのような著作を書くことはあり得ない。

(4) 本書は、それ以前の『再興』期に書かれたはずもない。なぜなら、本書では、ガザーリーは「自存性」

(qayyūm, qā'im bi-nafsi-hi) の属性を、神の本質を構成するものとみなしていないからである。その上、『再興』の第二書の初めの「信条」で、神は「その諸属性においてその被造物とは区別される(bā'in)」と言っており、これは『小秘説』の主テーマの一つである、神と人間の類似性(analogy, similitude)と真っ向から対立する。

こうして本書は、『再興』期にも、『誤り』期にも、またそれ以後に書かれたはずもない。また、『再興』と『誤り』の間にも書かれたはずもない。故に、それは偽書である。(5)

以上がワットの推論である。個々の原則や理由付けについて批判の余地はあるが、本稿ではさし当たって、『小秘説』を偽作とする重要な決め手となっているガザーリーの正統主義、アシュアリー批判の問題を取り上げたい。ガザーリーはアシュアリーの忠実な支持者に留まっていたのか。あるいは、従来のアシュアリー派神学の枠を超え出ていたのか。(6)

1　ガザーリー自身の証言

いったい、ガザーリーは自分をどのように見ていたのであろうか。まず、全体的に彼の著作とその文体から受ける印象から言えることは、彼は優れた知的才能に恵まれ、またそのことについて大きな自信と自負をもっていたということである(例えば、晩年の自伝『誤り』を参照)。そこから知性の劣った人や異端や敵対者に対する彼の言葉は辛辣を極め、相手を高所から見下し、徹底的に軽蔑し愚弄する者となる(例えば、バーティニー派を批判した『バーティニー派の破廉恥』*Faḍā'iḥ al-Bāṭinīyah* を参照)。

そのことは、彼の同時代人の一人、アブドル＝ガーフィル・ファーリシーの次の言葉からもわかる。

私は彼〔ガザーリー〕をしばしば訪ねたし、これは私の単なる推測ではないのだが、昔、私は彼の中に人びとに対する意地の悪さと高慢さを見てきたし、また神がせっかく与えてくれた言葉・思想・表現の巧みさと、地位と名誉を求める心から、いかに人びとを軽蔑的に見下してきたかを知っているが、今や彼はそれとはまったく逆であり、これらの汚れからは清められていたのである。(7)

この証言は回心後のガザーリーの変化を強調しているが、晩年の「自伝」を見る限り、そのスタイルはそれほど変わっているとは思えない。このような自信家のガザーリーが、はたしてアシュアリーの単なるエピゴーネンに甘んじるであろうか。

彼は最晩年の著作の一つ、『イスラムと不信仰の弁別の基準』(*Fayṣal al-Tafriqah*)の中で、次のように言っている。

さて、悩める兄弟にして忠節を尽くす友よ、宗教的行為の神秘について私が書いた若干の著作をねたむ一団の人びとが〔わたしを〕非難するのを耳にして、君は怒りに胸を膨らませ、千々に思い乱れているようだ。彼らは、それらの書の中には先達の学者仲間(al-aṣḥāb al-mutaqaddimīn)や神学上の師たち(al-mashā'ikh al-mutakallimīn)の教えに反するものがあり、またアシュアリーの教説(madhhab al-Ash'arī)にいささかなりとも違うことは不信仰であり、またたとえ微細な点であれ、それから離れることは誤謬であり破滅であると言う。忠実なる悩める兄弟よ。気持ちを楽にもち、心を広くもって少し冷静になりなさい。彼らの言うことに耐え、彼らからきっぱりと身を引きなさい。そしてねたんだり悪口を言う者を軽蔑し、不信仰も誤謬もその何たるかを知らない者は無視しなさい。(強調は引用者)

(『弁別の基準』p. 127)

同書の別の箇所では、こうも言っている。

不信仰(kufr)とは、アシュアリーの教説、ないしはムータジラ派の教説、ないしはハンバリー派その他の教説に反することだと言う者がいるなら、彼はタクリード(盲従)に縛られた未熟者・愚者であることを知るがよい。彼を正そうとすることは、時間の無駄である。……バーキッラーニー〔一〇一三年没〕がアシュアリー〔九三五年没〕と対立したからといって、なぜアシュアリーではなくバーキッラーニーの方が不信仰者となるのか。一方が正しく、他方がそうでないとするのはなぜか。時間的に先行するためか。とすれば、彼以外のムータジラ派が彼に先行しているし、その先行者が正しいとしなければならない。それとも知識や徳の多寡によるのか。とすれば、いかなる基準によって徳の程度を計測し、人びとに服従され(matbūʿ)模倣される(muqallad)人に勝る有徳の人はないとなるのであろうか。

（『弁別の基準』pp. 131-32）

また、『神学に関する四〇の書』(*Arbaʿīn*)では、次のように言っている。

たぶん君はこう言いたいのであろう。私はあまねく知られていること(mashhūr)に反し、多数の人びととの間で否定されているようなことを主張している。なぜなら私は、来世におけるさまざまな罰は心眼の光と観照(mushāhadah)をもってすれば、単に聖法に盲従するだけの理解を超えた認識が得られると主張しているからである。もしそうだとして、罰の種類やその具体相を私が確定できるのか、と。知るがよい。私が多数の人びとに反していることは否定できない。求道の旅をする人びとが多数の人びとと対立することをどうして否定できようか……。

（『四〇の書』p. 289）

『行為の秤』(*Mīzān al-ʻAmal*)では、学派(madhhab)の意味を明らかにして、こう言っている。

……であれば、学派に依存することを止め、論証によって真実を求めて学派の主となれ。盲人のようになって、君を導いてくれる指導者に盲従することなかれ。

(『行為』p. 409)

以上のような言葉を見ると、ガザーリーはけっしてアシュアリーの神学的立場に汲々として従っていたわけではなく、むしろ主体的にそれが真実であると思ったが故に従っていたのであり、したがって時にアシュアリー派の伝統的立場を逸脱することもあり得る、ということである。(8)

2 イブン=ハルドゥーンの証言

われわれは次に、ガザーリー以外の人が彼を、イスラム神学思想史の中でどのように位置づけているかをみることにしたい。その代表としてイブン=ハルドゥーンを取り上げる。

イブン=ハルドゥーンによれば、古代の諸学の一つである論理学は、神学者たちの反対にもかかわらず、ガザーリー(やラーズィー)の努力によって、一般に受け入れられるようになった、と言われる。

初期のムスリムや神学者たちは、この学問(論理学)の研究を大いに非としたことを知るがよい。彼らは激しくそれを攻撃し、それに対して警告を発した。彼らはそれについての研究と教授を禁じた。その後、ガザーリーとイマーム・イブン＝ハティーブ（ラーズィー）が出て、学者たちはこの点やや寛容になった。その時以来、彼らは〔論理学を〕研究している。ただし、少数の者はそれ（論理学）に関する昔の人びととの意見にしがみつき、それを否定し、激しく非難している。[9]

このように述べて、ガザーリーの影響を大きく評価している。

次いでイブン＝ハルドゥーンは、神学者たちの反対の理由を明らかにし、ガザーリーらの出現によって神学がどように変わったかについて述べている。[10] これを要約すると、次のようになる（本書、二三七頁以下参照）。

理性によって正統教義（al-ʻaqāʼid al-īmānīyah）を弁護しようとして思弁神学が生まれたが、その際特定の証明（adillah khāṣṣah）を拠り所にした。例えば、創られた存在としての偶有、物体には偶有が不可欠なこと、創られた存在を欠き得ない物体はそれ自体創られた存在であること、したがって世界は創られたものであるとした。また、此岸のもの（shāhid）から彼岸のもの（ghāʼib）についての結論を引き出すという方法で、神の永遠なる属性の存在を肯定した。次に彼らは、これらの証明のための前提となる基本的原理（qawāʻid wa-uṣūl）を考え出すことで、その証明を強化しようとした。こうして例えば、原子（al-jawhar al-fard）や原子的時間（al-zamān al-fard）、虚空（khalāʼ）の存在を肯定し、性質（ṭabīʻah）や諸々の本質（māhīyah）の知的結合の観念を否定したのである。さらにアシュアリー、バーキッラーニー、アブー＝イスハーク・イスファラーイニー（一〇二七年没）が出て、これらの論証の誤りは教義そのものの誤りでもあるとして、両者を同一視するようになってしまった。

他方、論理学は五つの普遍概念（al-kullīyāt al-khams）——類・種・種差・特性・偶有——の知的結合をめぐって展開するが、これらは観念的存在であるのみならず、外的にも実在するものとされる。ところが神学者はこれを否定する。普遍的かつ本質的なものは、彼らにとって外的に何の対応物ももたない、単なる観念的なものにすぎない。こうして五つの普遍概念、それに基づく定義、一〇のカテゴリー、本質的属性(al-ʿaraḍ al-dhātī)などはすべて誤った概念とされる。こうして論理学は、論証の方法においてのみならず、教義においても神学と対立するものとみなされた。これが初期の神学者たちが論理学を激しく攻撃した理由である。しかし、ガザーリー以後の最近の神学者たち(mutaʾakhkhirūn)は、イスラムの教義そのものとそのための論証とを区別し、論理学は護教のためのいくつかの論証とは矛盾するかもしれないが、教義そのものとは矛盾しないと考え、普遍概念の実在とそれらの知的結合についての論理学の見解を認める。他方では、神学者の原子論、虚空の存在を批判し、偶有の持続などを肯定する。これがラーズィー、ガザーリー、および今日の彼らの支持者たちの見解である。

以上がイブン＝ハルドゥーンの見方であるが、それによると、イスラム神学はガザーリー以降大きく変わったということである。そこにわれわれは、アシュアリー派に代表される従来のイスラム神学思想からガザーリーが一歩大きく踏み出したことが示唆されているものと解したい。次に、われわれはそのことを具体的な問題を通して例証したい。

3　ガザーリーの独自性

(1)　最善説(al-aṣlaḥ)

アシュアリー派はムータジラ派との対抗上、伝統的に最善説に否定的である。ガザーリーも公式の神学書では、最善説を否定する見解を表明している。まず、『神学綱要』(*al-Iqtiṣād*)についてみる。この書は、彼がニザーム＝ムルクによってバグダードのニザーミーヤ学院の教授に任命され、その四年目の最後の年(一〇九五年)の、半年にわたる精神的危機の前か、その期間中、そして哲学批判の書『哲学者の自己矛盾』の後に書かれたものとされている。[11]これによれば、

神には人間のために最善の配慮(ri'āyah al-aṣlaḥ)をする義務はない。むしろ、神はムータジラ派と違って、欲することをなし、望むままに判断を下すことができるのである。なぜなら、彼らは至高なる神の行為を制約し、最善の配慮をすることがその義務としているからである。このようなことが誤りであることは、前に証明した神の義務性の否定と現実に見られる事実から知られる。そこでわれわれは彼らに、神の行為の中には人間にとって善ではないと告白せざるを得ないようなものがあることを示そう。(『神学綱要』p. 184)

こう言って、ガザーリーは有名な三人兄弟の話を述べる(第三章第7節、二四九頁参照)。こうして最善説は現実にそぐわないとするのである(『神学綱要』pp. 184-85)。

次に、ガザーリーが回心してバグダードを離れて間もなくの、エルサレム滞在中にそこの住民のために執筆し、後に『宗教諸学の再興』の一部(Rub' I, Kitāb 2, Faṣl 3)を構成することになる『エルサレム書簡』に述べられている彼の神学的立場をみよう。

〔至高なる〕神は人間に対して欲することをなし給う。神には人間のために最善の配慮をする義務はない。それは、前述のように神にはいかなる義務もないからである。そもそも神について義務(wujūb)を考えることはできないのである。[12]

として、ムータジラ派の最善説を批判するために、前述の三人兄弟の話を引用する。そしてさらに次のように彼らの説を批判する。

問——人間に対して最善を配慮することができるのに、罰をうけるようなことを神が人間にさせることは悪(qabīḥ)であり、〔神の〕叡智に相応しからぬことである。

答——「悪」とは目的(gharaḍ)にそぐわないことであり、したがってあることがある人の目的にかない、別の人にそうでない時、その人にとってそれが善(ḥasan)であるが、別の人にとっては悪となる。ある人の殺害をその人の友人たちは悪とみなし、その敵は善とみなす。もし悪の意味を造物主の目的に反することとすれば、それは不可能である。なぜならば、神には目的がないからである。したがって、神について悪を考えることはできない。それは、他者の財物を侵害することが〔考えられ〕ないが故に、不正(ẓulm)が〔神に〕考えられないのと同様である。もし悪の意味を他人の目的に反することだとすれば、どうしてこれが神に不可能だと汝らは言うのだろうか。……次に賢者(ḥakīm)とは、事物の真実について知り、自己の意志に従ってそれらの働きを完成することができる者のことである。このことがどうして最善の配慮を義務とするのであろうか。われわれにとって賢者とは、己のことを考えながら最善のことを配慮して、この世で賞賛を得、来世で報奨を得るか、さもなければ己から〔害を〕除くことにすぎない。しかし、これらすべては、神にはあり得ないことである。[13]

以上が最善説を否定し、神の全能性を強調する伝統的なアシュアリー派(および広く正統派神学)の立場に立つガザーリーの言辞であるが、彼には実はそれと矛盾するような、つまり最善説を肯定するような別の主張があるのである。これら両者の「矛盾」をめぐっての、長年にわたるムスリム学者の間での論争、およびそれについてのE・L・オームズバイの研究については、すでに第三章第7節で紹介した。

結論としてオームズバイは、ガザーリーの神義論は究極的には彼の神学的著作に見られる「伝統的アシュアリー神学」と矛盾するものではなく、スーフィズム、ムータジラ派、哲学の影響を受けつつ、それからの論理的展開であるとする。しかし、問題は、さまざまな可能性の中で、なぜそのような論理的展開をとったのか、ということである。私見では、それは、神秘体験(ファナー)の中で、二元的対立を超え、すべてが神の中で一となり融合した世界、したがってすべてがそのままで肯定される世界を見ることを可能にするスーフィズムの影響によるものと思われる。別の言い方をすれば、ガザーリーはもはや単なる(アシュアリー派)神学者に留まらず、神学をスーフィズム化したスーフィーでもあったということである。こうしてガザーリーは、伝統的アシュアリー派の立場から大きくはみ出すことになったのである。

(2)　原子論

ムータジラ派であるとアシュアリー派であるとを問わず、カラームは原子論に立っている。物体(実体)は原子(jawhar fard)よりなり、原子とは「分割されない部分」(juz' lā yatajazza'u)と定義される。それは「空間を占有する」(mutaḥayyiz)が、大きさをもたない。[14] 結合・分離・運動・静止を含め原子の性質をすべて偶有('araḍ)と呼ぶ。つまり、原子は偶有の基体(maḥall)であり、偶有を欠き得ない。なぜなら、もし偶有が持続するならば、それは「持続」という偶有によることになるが、定義上偶有は他の偶有の基体とはなり得ないからである。これに対して、ムータジラ派は例外的に「持続」など若干の偶有の持続を認める点が異なる。

ガザーリーはその公式の教義書『神学綱要』において、伝統的アシュアリー派の原子論を次のように説いている

（『神学綱要』p. 24）。彼はまず、すべての存在者（mawjūd）を「空間を占めるもの」とそうでないものに分ける。前者をさらに原子（jawhar fard）とその合成体である物体（jism）に分ける。次に、後者、つまり空間を占めないものを、自存的（qā'im bi-nafsi-hi）であるか否かによって、神と偶有に分ける。ちなみに、あるものがある空間を占有するということは、他のものがその同じ場所に存在することを妨げるという意味である。つまり、存在するものは神、原子（物体）と偶有以外にはないということである。ということは、人間の霊魂や天使・サタンなどは皆、「微細な物体」ということになる。

ところが、ガザーリーの別の著作、特に哲学批判の書『哲学者の自己矛盾』には、原子論に対する懐疑的言辞が見られるのである。本書は論争の書であるということで、その取り扱いには十分注意する必要があるが、その中で、例えば、「空間を占めず、方向をもたず、肉体の内にも外にもなく、肉体と結合も分離もしない」非物質的な独立実体としての霊魂の、哲学者による存在証明を批判する中で、次のようにガザーリーは述べている。すなわち、知識には分割されない単位（aḥad）がある。もし知識が内在する基体が物体であれば、基体は分割され、知識も分割されることになる。したがって、知識の基体たる霊魂は非物質的なものでなければならない、と哲学者が言うのに対して、ガザーリーはこう反論する。

知識の基体は、不可分割的で空間を占める原子であるという人に対して、〔哲学者は〕いかに反論するのであろうか。そして事実、このことは神学者の学説として知られているのである。もしそれを認めるとすれば、それに対する論駁は、原子のようなものはあり得ない、とするしかない。……ただわれわれは、この批判を強調したいわけではない。というのは、不可分割的部分（原子）の問題をめぐる議論は長く、また哲学者たちにはそれに対する長々とした幾何学的証明があるからである。その一つは、次のような議論である。今二つの原子の間に一つの原子があるとする。〔その場合〕真ん中の原子の一端が接するものは、他の一端が接するものと同一であるか否か。もし同一であるとすれば、それは不可能である。なぜなら、そうなれば、両端が接することにならざるを得ないからである。つまり、原子Aが原子Bに接し、Bが原子Cに接すれば、AはCに接することになるからである。もし異なるとすれば、それは多性(ta'addud)と可分割性(inqisām)を認めることになる。これは、解決するのに長い議論を要する困難な問題である。(強調は引用者)　(『自己矛盾』p. 257)

同様の問題に対して、次のようにも言っている。

問――知識は、空間を占め、分割されない実体としての物体、つまり原子に内在するという言い方で君たち(神学者)はどうしてこれらの証明に反論しないのか。
答――それは、原子についての議論は幾何学的な問題が絡んでいて、その解決には長い議論が必要であり、さらにその中には、〔当面の〕難点を解消するものは何もないからである。〔原子説をとるとすれば〕必然的に力と意志が共にその部分に内在することになる。だが、人間が行為をする場合、それが考えられるのは力と意志によるのみであり、意志が考えられるのは知識によるのみである。〔ところが〕字を書く力は手と指にある。しかし、そうする知識は手の中にはない。なぜなら、手を切断しても知識は残るからである。また、意志も手の中にはない。なぜなら、手が麻痺しても人は時に字を書こうと意志することがあるが、それができないのは、意志が欠けているからではなく、力が欠けているからである。(強調は引用者)　(『自己矛盾』p. 261)

これらの言辞は、いずれも哲学者の原子論批判ではなく、ガザーリー自身が述べたものである。これだけでは彼自身の原子論に対する明確な批判を云々するには不十分であるにせよ、少なくとも伝統的な原子論がある種の破綻をきたしつつあると感じていた、と言えないだろうか。それが最も鋭い形で出てくるのが、次の霊魂論である。

(3) 霊魂論

伝統的なアシュアリー派の原子論によれば、人間の霊魂(nafs, rūḥ)は原子の結合体であり、その意味では他の物体と同じであるが、ただ霊魂は感覚でとらえることのできない微細な物体であるということである。この点では天使も同様である。

このような物質的霊魂観はアシュアリー派のみならず、多くのムータジラ派や広く正統派ムスリムに共通する立場である。H・シュティークレッカーによれば[15]、神学者たちに広く認められる教説では、霊魂は三次元において延長をもつ実体であり、空間を占め、位置を特定できるものである。その意味では、天使・ジン・サタンも同様に物質的であり、哲学者の言う、空間を占めない非物質的な純粋実体は存在しない。

ハンバリー派の重鎮イブン＝タイミーヤの弟子、イブン＝カイイム・ジャウジーヤの『霊魂の書』(*Kitāb al-Rūḥ*)は研究者の間でよく知られているが、それによると、

それ(霊魂)は感覚的実体とは本質的に異なる物体(jism)である。それは動く生きた軽い高貴な光のような物体(jism nūrānī)で、肢体の中を貫流し、バラの中の水のように、またゴマの中の油や炭の中の火のようにその中を移動している。この肢体が健全で、この微細な物体から流れ出る作用を受けられる限り、この微細な物体は肢体を制御しており、それに感覚や意志的運動の作用を与え続ける。粗い要素がそれを支配するようになって、肢体の働きが駄目になり、その作用が受けられなくなると、霊魂は肉体を離れ、霊の世界に戻る[16]。

(*Rūh*, pp. 178–79)

そして彼は、これがコーラン、スンナ、教友たちのイジュマー(合意)、理性、人間の本性(fiṭrah)に支持された唯一の正しい立場だとする。

ところで、イブン＝カイイムによれば、広く正統派の神学者たちが霊魂を一種の物体と見るのは、「啓示、理性、五感が示す属性・行為・判断、つまり〔霊魂の〕運動、移動、上昇、下降を認め、〔それが〕賞罰・快苦を直に受けたり、拘束されたり解放されたり、捕まえられたり入れられたり出されたりすることを認めるためである」(*Ibid.*, p. 201)。逆に「物質性や空間の占有から自由な」(*Ibid.*, p. 195)純粋存在(wujūd mujarrad)(*Ibid.*, p. 196)という哲学者の霊魂観に反対するのは、コーランやハディースに具体的に描かれている、死後や睡眠中に天上に上げられたり、天使に(肉体から)引き抜かれたり、といった事がらがそれでは起こりにくくなるからであった。

イブン＝カイイムによれば、大多数のアシュアリー派の立場は次のようになる。すなわち、偶有は二つの瞬間(zamānayn)にわたって持続しないが、

……今の人間の霊魂(rūḥ)はそれ以前の霊魂とは別である。それは、不可避的にその人に新たに創られ、次にそれが変化し、次に別の霊魂が創られ、次にそれが変化し、という具合に無限に続く。こうして一瞬の間、ないしはそれよりも前に、千ないしそれ以上の霊魂がその人の中で交代する。

(*Ibid.*, p. 111)

これはもちろんアシュアリー派の原子論的霊魂観を述べているのであるが、霊魂を物体的なものとみる点では、先の記述と共通している。

ところがガザーリーには、このような伝統的なアシュアリー派神学の霊魂観を超え出ているのではないか、と思わせるような言辞が、『自己矛盾』にみられるのである。

> 人間の霊魂は、自立的で空間を占有しない（lā yataḥayyazu）霊的実体であること、また物体（jism）ではなく、物体の中に刻印されたり、肉体とは結合も分離もしていないこと、それはあたかも神が世界の外にあるのでも、その中にあるのでもなく、また天使についてもそうであるのと同じであること、これらを彼ら（哲学者）が理性によって証明し得ないということが、本章の主題である。（『自己矛盾』p. 252）

では、そのような霊魂自体に対するガザーリーの態度はどうであろうか。

> われわれが彼ら（哲学者）の主張について批判したいのは、ただ霊魂が自立的実体であるということを理性的証明によって知り得る〔という彼らの〕主張だけであって、そのようなことには神の力は及ばないとか、あるいはそのようなことは聖法に矛盾すると考えるからではない。むしろわれわれは、聖法はそのことを確証していることを、たぶん終末や復活について詳論する際に明らかにすることになろう。われわれが批判するのは、理性だけでそのことを証明でき、それについては聖法に依拠する必要はない、という彼らの主張である。（強調は引用者）（『自己矛盾』p. 256）

こうしてガザーリーは、『自己矛盾』では哲学者の霊魂観を肯定すると言っているようである。もっとも、彼は後に『神学綱要』の中で、次のように述べて、そのような主張を撤回したかに見える。

われわれはすでにこの問題に関しては『哲学者の自己矛盾』の中で詳述し、彼らの説を否定する中で彼らの言う、空間を占めない霊魂の存続を承認し、それが肉体——生前と同一の肉体であるか否かはともかく——に帰ってそれを支配することを仮定した。しかし、それはわれわれの信じる所とは一致しない、必要止むを得ないことであった。なぜなら、その著作は彼らの立場を批判するための書であって、真実の立場を明らかにするためのものではないからである。

（『神学綱要』p. 215）

しかし、筆者にはどうもそれがガザーリーの本心とは思えないのである。『神学綱要』に述べられている教説はあくまでも他の神学者や一般民衆のための、神学者としてのガザーリーの公式的な立場であると言える[17]。すでに最善説についてみたように、ガザーリーは後にそれと矛盾するような立場を表明していることから、オームズバイはガザーリー思想の変化・発展を認めた。だが、最善説を述べた『再興』と『行為の秤』は各々『神学綱要』より少し後、およびそれとほぼ同時期のバグダード滞在末期であり[18]、また最晩年の『民衆を神学から遠ざけるべきことの書』(*Iljām al-ʿAwāmm ʿan ʿIlm al-Kalām*)における彼の公式的立場は以前と変わっていないことを考えると、ガザーリーにはかなり早い時期——バグダード滞在末期以降——からアシュアリー派神学者としての公式の立場と、それに収まりきれない、それを越え出た立場とがあったと言える。彼の言い方を借りれば、前者は一般民衆や神学者向けの教科書的教説であり、後者はエリート向けの教説ということになる(例えば、来世における肉体的感覚的快苦が前者のものであり、精神的霊的快苦が後者のものであるとされる[19])。つまり、ガザーリーは公式的には伝統的アシュアリー派の霊魂観を支持しながらも、私的には(非公式には)哲学的霊魂観をとっていたのではなかろうか(たとえ哲学用語を用いていないにしても[20])。われわれはこのことを他の著作によって検証しなければならない。

ガザーリーは、「霊魂」(nafs)とは「心」(qalb)のことであるとして、次のように論じる。「心」を意味するアラビア語のqalbには、肉体的生理学的な意味での「心臓」(al-laḥm al-ṣanawbarī)と抽象的な意味での「心」の二つの意味がある。ガザーリーがqalbについて論じる場合、もちろんそれは後者の意味においてである。それは人間の中にある「何か絶妙不可思議なもの(laṭīfah)、主的なもの(rabbānī)、霊的なもの(rūḥānī)」(『再興』III, p. 3)で、五感によっては把握できないものである。この心はまた、「霊」(rūḥ)とも、「静寂なる魂」(al-nafs al-muṭma'innah)(89:27)とも、あるいは「高貴なる実体」(jawhar nafīs)、「貴重なる真珠」(durr 'azīz)とも呼ばれる(『再興』I, p. 54)。それは、人間の肉体的感覚的部分以外のものであるが、ごく少数の者しか知り得ないような形で、心臓と関係づけられていると言われる(『再興』III, p. 3)。心は、「人間の中の、知覚し(mudrik)、認識し('ālim)、そして直覚する('ārif)部分」(同)であり、肉体や五感はその道具・器としてあるものである。つまり、人間の中にある永続的実体であり、思考し、知覚し、肉体を動かす主体である。

しかし、この「人間の本質」には神的次元がある。つまり、それはまた「神の神秘の一つ」(sirr min asrār Allāh)、「神の絶妙不可思議の一つ」(laṭīfah min laṭā'if Allāh)(『再興』I, p. 54)、あるいは「わが主のアムルに属する」(min amr Rabbī)、「神的なもの」(amr ilāhī)とも呼ばれる(同)。それは、神が人間に預けた「委託物」(amānah)である。神がそれを天や地や山に託そうとした時、それらはいずれもひるんで固辞したようなものである(33:72)。つまり、それは人間を他の諸存在から区別する何ものかであり、アダムが楽園追放以前にもっていた原初的純一さである。それは、人間の肉体の中では何か異質なものであるという意味で、人間の真の本質なのである。つまり、人間の中にあって人間のものではないもの、「人間的なるもの」(basharīyah)とは何か別のものである。それは、「心を知る者は己を知り、己を知る者はその主を知る」と言われるようなものである(『再興』III, p. 2)。それは、神を知る何ものかであり(al-'ālim bi-Allāh)、神に近づく何ものかであり(al-mutaqarrib ilā-Allāh)、神のために行為する何ものかであり(al-ʿāmil li-Allāh)、神に向かって行こうとする何ものかであり(al-sāʿī ilā-Allāh)、神のもとにあるものが開示されるもの(al-mukāshaf bi-mā ʿinda-Allāh wa-laday-hi)である(同)。要するに、心(霊魂)は、人間と神との越えがたい絶対的相違性(tanzīh)にもかかわらず、人間が神を知り、神を愛するような関係を可能にする何ものかである。

このように霊魂は、人間の肉体とは異なる神的存在である。では、それはまったくの非物質的で自立的な実体、つまり哲学者の言う霊魂と同一のものであろうか。もどかしいことであるが、以上の記述だけからは積極的な断定はできない。それは、肉体とは異なる微細で特殊な物体である可能性を否定しきれないからである。ガザーリーはそれ以上深入りすることは修行とは無関係の秘事であり、啓示の領域に属することとして、直接的言及を慎重に避ける。

では、『神学に関する四〇の書』(*Arbaʿīn*)の中の、次のような記述はどうであろう。

> 霊魂の本質(ḥaqīqah)とは汝自身(nafs-ka)であり、汝の本質である。それは汝から最も隠されたものである。それは、汝自身を知らない限り、汝の主を知ろうと欲しないものである。汝自身ということは、汝の霊魂ということであり、それは、「言え。霊魂とはわが主のアムルに属する、と」(17:85)、「われ(神)はわが霊を彼(アダム)の中に吹き込んだ」(32:8)という神の言葉にあるごとく、至高なる神に関係づけられる特殊なものであって、微妙な物質的な霊(al-rūḥ al-jusmānī al-laṭīf)ではない。(強調は引用者)(『四〇の書』p. 279)

ここでは霊魂は神に関係づけられるものであって、微妙な物質的霊ではないと明言している。もっとも、それとて単に人体を貫流する「微細な精気」(bukhār laṭīf)(『再興』III, p. 3)ではない、と言っているに過ぎない、と反論されるかもしれない。

（死によって汝の肉体は消滅しても、汝は残る。）つまり、汝を汝たらしめる汝の本質は残る。なぜなら、現在の汝は、子供時代の人間と同じだからである。〔今日に至るまでに〕おそらくその肉体的部分は汝の中には残っておらず、すべては分解し、栄養の摂取によってそれに代わるものが生まれ、汝は汝でありながら、汝の肉体はその頃の肉体ではないのである。

（『四〇の書』p. 282）

ここでは、霊魂とは人間の肉体とはまったく異なる不変なる恒常的実体であるとしている。だがこれとて、肉体と違って霊魂は不変なる非物質的実体だということではなく、単に肉体の諸部分は新陳代謝によって変化するのに対して、霊魂はそのような変化はしないが、一つの原子がそこで持続的に瞬間瞬間創造されていると言っているにすぎない、と反論されるかもしれない。

霊魂（心）と肉体（心臓）との関係は、大多数の人間の知性を悩ませる問題であるとして、ガザーリーは次のように言う。

その関係は偶有の物体との関係、性質とその性質をもつ実体との関係、道具を使用する者と道具の関係、あるいは場所をしめるものと場所の関係に対応する。

（『再興』III, p. 3）

つまり、両者の間には本質的な関係はないし、両者はまったく異質な存在である、と言っている。[21]

ガザーリーは『宗教諸学の再興』の中で、霊魂と同一視する知性（ʿaql）について、次のように述べている。

……知性は死によって変わらない。変わるのは肉体と諸器官である。そうであれば、死者は苦痛や快楽を思惟し認識し得るのである。他方、知性は何も変化しない。認識主体の知性はこれらの諸器官とは異なり、それには長さも幅もない、内的なものである。それ自体分割されないもの、それが事物を認識するのである。人間の諸器官がすべて分解して、残るのはただ部分に分けられず(lā yatajazza'u)、分割もされない(lā yanqasimu)部分となれば、その完成を思惟する人間が残存することになろう。死後も同様である。その部分は死によって分解せず、また無となることもないからである。

(『再興』IV, p. 487. Cf.『四〇の書』p. 280)

ここでいう「分割されない部分」とは、まさに原子であると考えられるかもしれないが、そうではない。なぜなら、伝統的(アシュアリー派の)原子論では、原子は単独では存在し得ないし、他の原子と結合してのみ存在するからである。つまり、そこで「分割されない」というのは、原子の次元での不可分割ということではなく、物質世界とは次元のまったく異なる存在、つまり空間とは無関係な純粋存在という意味で言われているのではなかろうか。このことは、霊魂が「アムルの世界」に属するものであることから言える。

ガザーリーは世界を現象界(ムルク)と不可視界(マラクート)に分けるが、また両者を各々「ハルクの世界」「アムルの世界」とも呼んでいる。前者は量と大きさの世界、計量(taqdīr)の対象になる世界、後者は量や大きさを超えた世界であると説明している(『再興』III, pp. 370-71)。換言すれば、後者は「神がその永遠なる命令によって一挙に存在化した世界で、その後増減することはいっさいなく、同一の状態で存在している世界」(『口述』p. 187)であり、天使や霊的存在(rūḥānīyāt)の世界でもある(『珠玉』p. 11)、と言っている。

ちなみに、ガザーリーが最も哲学の影響を強く受けた頃の著作の一つ、『行為の秤』(*Mīzān al-'Amal*)では、こう言っている。

汝はすでに次のことを知っている。すなわち、霊魂の幸福と完成は神的なことの真実(ḥaqā'iq al-umūr al-ilāhīyah)が刻み込まれ、それらと一体になり、ついにはそれらと同じものであるかのようになることである。

(p. 221)

(強調は引用者)

……霊魂はあたかも神的知識が刻まれる基体であるかのように考えよ。汝がそうするには、二つの方法がある。……第二は、外からの刻みを受ける準備をすることである。ここでの「外」(khārij)とは、「天の書板」であり、天使の霊魂である。なぜなら、それらには恒常的かつ現実に真実の知が刻み込まれているからである。

(『行為』p. 226)

上の文中の「天使の霊魂」「天の書板」は、明らかに哲学者の言う「能動知性」を、「神的なことの真実」との合体とは、人間の霊魂(知性)が獲得知性となって、能動知性と合体することを想起させる。となれば、そこでの霊魂は「微細な物体」ではなく、空間を占めない(原子ではない)非物質的自立的実体を考えてもよいであろう。それ以降ガザーリーの霊魂観は本質的に変わったのではなく、ただその表現がより慎重になっただけだと考えられないだろうか。[22]

むすび

ガザーリーの最善説、原子論、霊魂論についてわれわれは検討してきたが、結論として言えることは、彼はそれらにおいて伝統的アシュアリー派の立場とかなりの違いを見せているということである。(23) したがって、ワットの言うように、伝統的アシュアリー派に忠実であることをもって、ガザーリーの著作の真偽判断の基準とすることはできない、ということである。思想的には、そのようなガザーリーの変化の背景に、哲学の影響をみることは十分可能である。しかし、その影響は、最近しばしば言われるように、ガザーリーをしてアシュアリー主義の一線を越えさせるほどであったのか。つまり、ガザーリーはアシュアリー主義で偽装された哲学者であったのか。それとももし、アシュアリー主義に留まっていたとするならば、それはどのような点においてであろうか。

第2節　ガザーリーは哲学者か？

これまで議論してきたことから、ガザーリーはもはや古典的な意味でのアシュアリー派ではないことは、今や明白となった。では、彼は哲学者なのであろうか。これについて、一応の結論をここで出すべきであろう。しかし問題は、彼の思想が、哲学的・神学的な一貫したスタイルではなく、コーラン的・比喩的な用語で語られていて、明確さを欠いていることにある。人はそれを、同僚神学者やウラマーたちに哲学思想をできるだけ受け入れ易いようにしようと、ガザーリーが配慮した結果とみることもできよう。他方では、それは、ガザーリーが自己の思想を当時の最新の思想である哲学を利用して表現しようとする試みである、とみることも可能である。見方によって、どちらとも解釈することが可能な部分が多いのである。究極のところ、そこに哲学者をみるか、ネオ・アシュアリー主義神学者をみるかということであるが、どの視点から見るか、何を背景においてガザーリーを読むかで、いずれにもなり得るということである。

最近、それも特に九〇年代に入ってから、新しい研究動向が出てきた。それは、従来のように、ガザーリーに仮託された特定の著作、あるいは真作とされる著作の特定の部分を取り上げ、そこに見られる哲学的思想を彼の「秘説」とみなし、彼の哲学者性を論じるというのではなく、真作として「受け入れられた」彼の著作全体にわたって、その神学的・スーフィー的・コーラン的表現の背後に、イブン＝シーナー的哲学思想を読み取り、その影響を強調し、限りなく哲学に引きつけてガザーリーを理解しようとする傾向である。その代表がR・M・フランクである(1)。ガザーリーは伝統的アシュアリー派の原子論や偶因論を否定し、哲学的因果律を採用したとして、彼はそれを証明しようとしている。

このような傾向に対して、その行き過ぎを批判する研究者もいる。その代表がM・E・マルムラである。彼は一連の論文の中で、[2]例えば、ガザーリーが用いる「原因」(sabab)、「結果」(musabbab)の用語を、哲学的因果律で理解するよりも、ガザーリー自身がいうように原子論的偶因による神の直接的創造、つまり原因も結果も神が直接創造するものとし、両者の関係の必然性を否定し、それを「神の慣行」(ʿādah Allāh, sunnah Allāh)とみる、という枠組みの中で解釈すべきだとして、ガザーリーは依然としてアシュアリー主義に留まっていた、ということを強調する。

また、H・A・デヴィドソンは、ガザーリーの『光の壁龕』の宇宙論・霊魂論から、イブン＝シーナーらの哲学思想を炙り出そうとしている。[3]彼は言う。

> 要するに、イブン＝シーナーを背景にしてガザーリーの『光の壁龕』を読めば、そこに予期せぬ絵が現れる。そこには、イブン＝ルシュドがわれわれに予告していたもの〔哲学者の顔〕があったのである。
>
> (*Alfarabi*, p. 142)

ガザーリーは、第一原因からの非物質的世界の流出や預言者による未来の予知の仕方についてのイブン＝シーナーの説明、人間の霊魂の非物質性とその不死性に対する彼の証明を批判する。しかし、ここで言われていることは、『壁龕』でガザーリーが述べていることと何ら矛盾しない。そこでは、ガザーリーは事実上、イブン＝シーナーの描く宇宙の構造を否定していないし、神は一連の流出を通して自己以外のすべてを生み出す可能性さえ否定していない。彼は単に、イブン＝シーナーによるそのプロセスについての説明を否定しているに過ぎない。彼は事実、人間の霊魂の非物質性・不死性を排除しているのではなく、イブン＝シーナーの証明だけを斥けているだけである。

(*Ibid*., p. 153)

ところで、ガザーリーは『光の壁龕』の中で、スーフィーが神への精神の集中を強める中で、多なる感覚世界から意識が徐々に引き離されていき、さらに人間の知的把握をも超えた所に進み、ついには神の属性の領域も超えて、神そのものに「到達する」様を描いている。「闇のヴェール」で被われている人、「闇と光のヴェール」で被われている人について述べた後、ガザーリーは言う。

A　第三が光のヴェールで被われている人。(1)神の属性の真の意味を理解し、「言葉」「意志」「力」「知」などの語を神に用いても、それらの意味は人間の場合とは異なることを知る。そこで彼らは神を言い表すのに、被造物との創造的関係をもってする。(2)さらに進むと、一なる神が多なる諸天球を動かすのではなく、天使と呼ばれる別の存在であることに気づく。さらにこれらの諸天球は別の天球の中にあり、この天球の運動によって諸天球は一昼夜に一回転する。主はただ諸天球をすべて含むこの最高天球の動者であることがわかってくる。なぜなら、主には多性が認められないから。(3)さらに進むと、人は次のように言う。諸天球を直接に動かすのは、天使と呼ばれる神の僕の、世界の主(rabb al-ʿālamīn)に対する奉仕・崇拝・服従行為でなければならない、と。この天使と純粋な神的な光の関係は、月と感覚的光のそれに等しい。主とは、この動者という点からみれば「服従される者」(al-muṭāʿ)であり、至高なる(taʿālā)主は直接的にではなく命令(amr)によって、すべてを動かす者である。この「命令」の分析や本質には曖昧な点が多い。それはたいていの人には理解できず、本書でも明かすことのできないものである。(4)最後の「到達者」については、次のように言われる。この「服従される者」は、本書で明らかにし得ないある神秘の故に、〔神の〕絶対的唯一性(al-waḥdānīyah al-maḥḍah)と完全性に矛盾する性質をもっていること、この「服従される者」は光に対する太陽の関係のごときものであることが明らかになる。こうして彼らは、諸天球を動かすもの、最高天球を動かすもの、さらに諸天球の運動を命令するものから、諸天球を創った(faṭara)もの、最高天球を創ったもの、さらに諸天球の運動の命令者を創ったものに顔を向ける。そして人間の目が以前に捉えたものすべてを超越した存在に到達する。すると第一者・最高者の荘厳なる御顔が肉体の目、理性で人間が知り得るすべてを焼き尽くし、神はわれわれが以前に述べた事柄をすべて超越していることを知る。(強調は引用者)

(『壁龕』pp. 90-91)

このテクストAは問題の箇所で、ガザーリー思想の哲学性(イブン＝シーナーの宇宙論との近似性)を示すものとして、従来特に注目されてきたものである。中でも、「服従される者」(al-muṭāʿ)の語の意味をめぐって、さまざまな解釈がなされてきたが、これを「第一知性」と解することによって、ガザーリー＝哲学者説の有力な根拠の一つとされてきた。(4)

しかし、詳論の余裕はないが、筆者はこの al-muṭāʿ を、神自身のこと、世界との関係から見た時の神の属性(ことば・命令)であるととりたい。したがって、神の本質、神そのものへといっさいの多性を否定して接近するスーフィーにとっては、そのような神の属性までもが「〔神の〕絶対的唯一性と完全性に矛盾する」として否定されるのである。もっとも、このような主張をワットは、アシュアリー派神学の否定と見るが、むしろそれは、スーフィーの神秘体験における神への接近・上昇の度合いと、神の属性から本質への主観的な視線の変化を述べているものと解すべきであろう。ちなみに、アシュアリー派神学においては、神の属性は神の本質に付加されたもの(zāʾid)で、本質(dhāt)とはまったく別ではないが、同一のものでもないとされており、このような属性(ṣifāt)をガザーリーはそれ自体として(存在論的に)否定しているわけではない。そのことを明確に示すのが、引用文中の筆者が強調した部分である。ここでガザーリーは流出説を否定しているのである。

ところが、デヴィドソンの解釈では、こうなるのである。

ガザーリーは、神が流出によって世界を存在化したと信じたが、神の流出という考えは保守派の間では疑いの目で見られていたので、それを明確に言うことをためらったか、そうでなければ、神は命令によって世界を創ったと信じたか、でなければ、たぶん彼は、流出も創造も結局は同じことだと理解していたのであろう。

(*Alfarabi*, pp. 135-36)

結局、ここでも断定はできないのである。[5] そこで、問題を新しい別の視点から見たらどうなるだろうか、ということである。すなわち、イブン=アラビーの宇宙論との比較でガザーリーのそれをみれば、何か出てくるのではないか、ということである。

ガザーリーの宇宙論における中心的概念は、すでにみたように、ムルク界・ジャバルート界・マラクート界の三つ組である(第二章第3節、図2参照)。また、宇宙の存在様式は、①「天の書板」、真実の存在の次元、②自然的物質的存在の次元、③想像的存在の次元、④知性的存在、の四つの次元よりなる。人間の真理認識の方法は二つあり、一つは、②→③→④であり、これはすべて人間の内部で生起するもので、④は本質的には「天の書板」の世界に対応する。いま一つは、①→③→④である。これは夢や啓示の場合である(第二章第2節、図1参照)。

いまこのガザーリーの宇宙論をイブン=アラビーのそれと対比してみよう[6](図6参照)。

イブン=アラビーにとって、宇宙は実在(al-Ḥaqq)、つまり絶対的一であるアハド(Aḥad)の自己顕現(tajallī)の結果として理解される。まず、アハドがいわば内部的な分節化によって、さまざまな属性をもった人格神に変容する(ワーヒド)。次に、これらの諸属性(イデア)が具体的イメージとして外在化され(ハヤール)、それらを通してアハドは個物として現象世界に自己を顕現する(ムルク)。

これに対してガザーリーの場合、まず現象界であるムルク界と区別されたマラクート界は、「神が永遠なる命令で一挙に(bi-lā tadrīj)存在化した(awjada-hu)」世界であるとして、神(本質と属性)とは明確に区別される。そこで、ガザーリーの「神の本質」はイブン＝アラビーのアハドに対応するとして、後者のワーヒドに対応するのは、ガザーリーの「神の属性」とマラクートということになる。

ところで、先のテクストAの最後の部分は神秘体験を述べたものであるが、その中にもいくつかのランクがある。

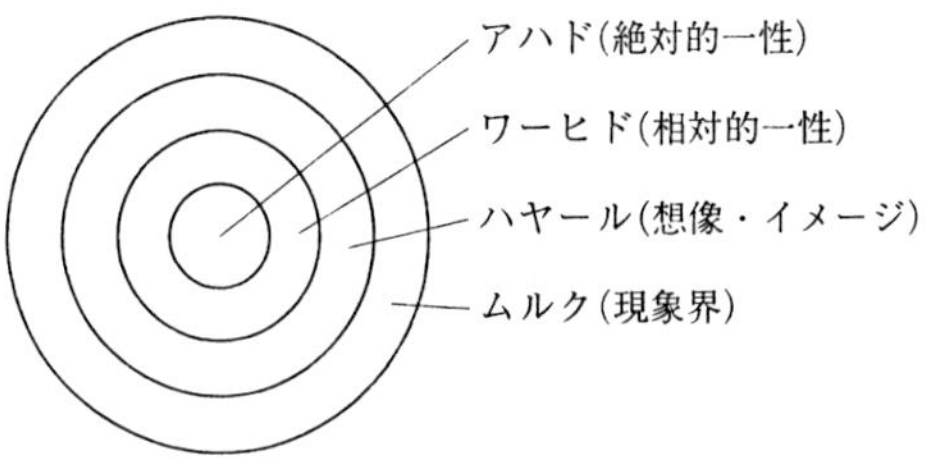

図6　イブン＝アラビーの宇宙論

B　(1)視覚で捉えたものはすべて焼失し消え失せて、跡形もなくなる。彼は美と聖性(quds)を観照するだけであり、神の御前(al-ḥaḍrah al-ilāhīyah)に到達して得た神の美の中で、神そのものを観照するだけである。その中では観る主体を除いて〔ほかに目に〕見えるものはすべて消失している。(2)さらに進んだのがエリートの中のエリート。この人びとは御顔に焼き尽くされ、栄光の力に圧倒され、自己自身まで消失している。自己からの消滅(fanā')の故に、自己を顧みることはない。ただ真実なる一者(al-Wāḥid al-Ḥaqq)のみ残る。「御顔のほかはすべて消滅する」(28:88)という御言葉の意味を彼らは今や体験によって知るのである。

(『壁龕』pp. 91-92)

こうして彼らから多が完全になくなり、純粋一性(al-fardānīyah al-maḥḍah)の中に没入するのである。

(『壁龕』p. 57)

C　上昇(taraqqin)は多によってのみ考えられる。それは上昇の初めと終りを前提とする「関係」だからである。多が去れば、一が真実となる。関係はなくなる。指示も消える。上も下もなくなる。最高の所には高さもなく、一の所には多もない。多が否定されれば、上昇もない。これこそ究極のもので、知る人ぞ知る。それこそ神を知る者が知る秘密の知である。

(『壁龕』p. 61)

その中で人は肉眼では見ることのできない真実の世界を観る。つまり、不可視界であり、スーフィーの言う「見神」(ru'yah Allāh)、至福直観である。

D　最初の第一歩は神への接近であり、次が「神の中に入ること」(al-dhahāb fī Allāh)である。これがファナーであり、神への没入である。このファナーは初めは一瞬の出来事である。しかし、やがて習慣化してくると、より高い世界に上昇し、「より清澄な真実の一者」(al-Wāḥid al-Ḥaqīqī al-Aṣfā)を知り、不可視界の姿が刻印され、聖なる神性(quds al-lāhūt)が現れる。その最初のものが天使のすがたであり、預言者や聖者の霊である。それが美しい姿で現われ、それを通していくつかの真理が注ぎ込まれる。こうしてやがて象徴(mithāl)の段階を越え出る。そして、すべてのことに明澄なむき出しの真実と対面する。次に、再びこの比喩の世界(al-'ālam al-majāzī)に戻って人間たちを見ると、「聖域の美」(jamāl ḥazīrah al-quds)を見ることのできない彼らを哀れみの目で見るようになり、彼らが影に満足しているのに驚くようになる。こうして彼らとは個体としては一緒にいても、心では離れていることになる。

（『四〇の書』pp. 54-55）

いずれにしても、この「純粋一性」(al-fardānīyah al-maḥḍah)とガザーリーが呼ぶ神秘体験(fanāʾ)の中で、スーフィーは神そのものの本質、つまり「神の荘厳なる御顔」にまで突き進み、上昇していく(『壁龕』pp. 60-61, 90-91)。このことを階層構造的に示す文章がある。それは、すでに何度も言及したことであるが、一匹の蟻が紙の表面がペンのインクで黒くなっていく理由を尋ねて、人間の手から手の力、人間の意志、さらに心から知識、そして神的ペンから天使の右手へ、さらに神の力の世界から、ついにその力の所有者(神の本質)にまで到達することを述べたものである(第二章第3節4参照)。

この到達点こそ、まさにイブン＝アラビーが「絶対的一性」(Aḥad)と呼ぶものである。だが、ガザーリーはイブン＝アラビーとこのように共通の立場に立ちながら、後者と違って、その「合一」体験をそのまま存在論的に肯定して、そこからそれを理論化することはしなかった。ガザーリーにとって、それはあくまで体験上のことであり、その体験が終われば、宇宙の階層的構造そのものはそのまま残る。たとえそれが、イブン＝シーナーのそれと同じものであったとしても、それらを支えているものは一者からの流出ではなく、神の創造行為である。

ガザーリーによれば、ハッラージュの「われは真理(神)である」やビスターミーの「われに栄光あれ！」は、純粋一性の神秘体験を存在論的事実と取り違えた誤りの例なのである。むろん彼は、これらの表現(shaṭḥīyāt)の心理的(体験的)意味を理解しているが、それを存在論的に「合一」(ittiḥād)、「受肉」(ḥulūl)と解することは誤りとするのである。

このことをガザーリーは次の詩を引用して説明する。

ガラスは薄く、酒は澄んでいる。
二つの色は相似て、その区別は難しい。
あたかも酒のみありてグラスの無きがごとく、
あたかもグラスのみありて酒の無きがごとし。

（強調は引用者）

この詩のように、酒とグラスはあたかも完全に一体のように見えるが、実際には実体的な合一も一体化もないのだ、とガザーリーは言うのである（『壁龕』pp. 57-58）。

要するに、ガザーリーにとって純粋一性は体験の世界にほかならないのであり、あるがままの現実ではないのである。ひとたび体験が終れば、元の現象世界に戻る。ただ、真に実在するのは創造主なる神のみであり、それ以外のもの、現象世界は常に神により創られて存在するもの、それ自体では無でしかないものとの強い確信をもって戻ってくるのである。これを宇宙論的にみれば、「……こうして彼らは、諸天球を動かすもの、また最高天球を動かすもの、さらに諸天球の運動を命じるもの（天使）から、諸天球を創った（faṭara）もの、最高天球を創ったもの、さらに諸天球の運動の命令者を創ったものに顔を向ける」といって、ガザーリーは流出論を否定し、伝統的な創造神へと帰るのである。もちろん、この部分についても、例によって別の解釈が可能であるが、筆者はこの「創る」（faṭara）を、先の「存在化」（awjada）と共に、素直に文字通りに解したい。

要するに、ガザーリーにとって、「神の本質と属性」は他と区別された不可分の一体として表象されている、つまり人格神としてイメージされているということである。それは、以下のことから言えるのではないか、というのが本稿の狙いなのである。

ガザーリーとイブン＝アラビーの宇宙論における大きな違いは、イメージの世界である。イブン＝アラビーは、それを人間の内部にあるイメージ界（'ālam al-khayāl al-muttaṣil）と外部にあるそれ（'ālam al-khayāl al-munfaṣil）の二つに分ける。これに対してガザーリーには、人間内部のイメージ界はあっても、外在するイメージ界は存在しない。確かに、ガザーリーのジャバルート界は、イブン＝アラビーのイメージ界と同様に「中間に存在する世界」と呼ばれるが、ガザーリーのジャバルートはけっしてイメージ界ではない。それは、第二章第3節で明らかにしたように、トータルな意味での人間の世界のことである。

ではなぜ、ガザーリーの宇宙論には外在的なイメージ界がないのか。答えは、それが必要ではなかったからである。イブン＝アラビーにとっては、宇宙はアハドの自己顕現である。その顕現プロセスには一定の論理的順序があり、神の属性としての抽象的なイデアから、アハドが直接的に具体的個物に顕現することはできず、どうしてもその中間の半ば霊的、半ば物質的なイメージ界を通る必要があったのである。ではなぜ、ガザーリーの場合その必要がなかったのか。それは、神がマラクート界のイデアを見ながら、いわばデミウルゴスのように現象界を創造すればよかったからである。つまり、ガザーリーにとって神はあくまで創造者としてイメージされていたからだ、ということが言えるのではなかろうか。

注

第一章　シャリーアとガザーリー

第1節　イスラム共同体の思想

（1）ムスリムには、おおむねそれはイスラム教には特権的祭司階級（聖職者）がいないとの彼らの考えを、非ムスリムには、イスラム教が特殊宗教集団、「教団」としてではなく、政治集団や国家と常に不可分の形でしか存在しなかったことを意味しているようである。

（2）例えば、祖先崇拝と結びついた家族集団の場合、聖なる〈祖先〉の権威に基づく「イエ」の理念がその成員を規制する。

（3）前者の場合、集団の成員は出生と共に自動的に信仰共同体の中に組み入れられ、個人の自由意志による選択は問題とならない。後者では、集団への参加は本来的には個人の選択による。宗教社会学者は前者を「合致集団」(identical group)、後者を「特殊宗教集団」(specifically religious group)と呼んでいる(J. Wach, *Sociology of Religion*[Chicago, 1944], pp. 56-57)。

（4）この「聖なる共同体」の概念については、J. M. Kitagawa, *Religions of the East*. Enlarged ed. Philadelphia, 1968, Ch. I を参照。

（5）「人格化」の意味については、W. C. Smith, *The Meaning and End of Religion* (A Mentor Book. New York : The New American Library of World Literature, 1964), 特にその第7章を参照。

（6）つまり、論理の問題としてではなく、信仰による決断によって、ということである。

（7）「歴史的・人間的要因」と「あるべき姿」をアウグスチヌス的に言えば、「地上の国」と「神の国」、ガザーリー的に言えば「現世的なもの」と「来世的なもの」となろうか。なお、ここで「俗化」と言ったのは、政治的意味での「世俗化」、つまり政教分離のことではない。

(8) これまでの宗教集団論がややもすれば陥った誤りは、宗教集団が内包する理念的側面を十分評価しなかったこと、したがって聖なる規範に照らして集団の現実態が宗教的主体に対してもつ一定の宗教的意味を見落とした点にある。

(9) A. Jeffery, *The Foreign Vocabulary of the Qur'ān* (Baroda, 1938), p. 69; R. Paret, "Umma," *Shorter Encyclopedia of Islam* (Leiden, 1953), p. 603.

(10) コーランの邦訳については、藤本勝次他訳(中央公論社、一九七〇年)、井筒俊彦訳(岩波文庫改訂版、一九六四年)、三田了一訳(日本ムスリム協会、一九七二年)を参照した。節番号は標準エジプト版によった。

(11) これはまた人間の知り得ない神の予定によるものとされている(10:19)。したがって、神はそれらをまた元の一つのウンマにしようと思えば、いつでもできるのである(5:48; 11:118-19; 42:8)。

(12) 今日では、al-ummah al-ʻarabiyah(アラブ民族)、al-umam al-muttaḥidah(国際連合)のように、「民族」「国家」として用いられている。

(13) 極端な場合として、ummah は人間の単なる「集団」の意に用いられている例が二つある(16:92; 28:23)。

(14) もっとも、ウンマは人間だけではなく、ジン(霊鬼)に対しても、同様のコンテクストで用いられている(7:38; 41:24-25)。

(15) 各章のクロノロジーについては、T. Nöldeke, *Geschichte des Qorans* (Bearbeitet von F. Schwally, G. Bergsträsser u. O. Pretzl. 2 Bde., 2 Aufl., 1909-38) によった。

(16) 「彼[ムハンマド]はもともと、部族的連帯というより古い観念に従って、預言者はその『民族』あるいは『部族』に遣わされると考えていた。しかし、彼の使信がメッカの人びとによって拒否されると、この観念を少し改めることが必要となった。そこでウンマは使徒の遣わされる人びとのうち、彼の使信を受け入れる部分を指すようになる」(W. M. Watt, *Islam and the Integration of Society* [London, 1961], p. 56) とワットは述べているが、用例を詳しく調べた限りでは、そのように結論づけることは困難である。

(17) 以上のほかに、例外的用例として、「(一定の長さの)時間」(11:7-8; 12:45)、特定の個人(アブラハム)を指す「人」(16:120-121)、「行動様式、宗教」(43:22, 23)の意味にも用いられている。

(18) ましてムハンマドの出現がイエスによって予告されているとなれば(61:6)、なおさらのことである。

(19) そのように考えることができるならば、もともと他の啓示宗教との「平行論」(parallelism)に立っていたイスラム教が、(ムハンマドの死後の)状況の変化によって「普遍主義」(universalism)に移行したとみることは(例えば、Watt, *op. cit.*, pp. 273-77)正しくない。

(20) この神の啓示(コーラン)や使徒ムハンマドの範例(スンナ)を基にして後に体系化されたものがシャリーアである。これについては、次節を参照。

(21) 少なくとも、これまでの伝統的イスラム教ではそのように考えられてきた。もちろん、このことはウンマの「世俗的」「現世的」側面がそれ自体で価値をもつということを意味するものではないし、またよく言われるように、「イスラムは本来政教一致である」を意味するものでもない。次注(22)参照。また、W・C・スミス『現代イスラムの歴史』(上下、拙訳、中公文庫、一九九八年)、第一章を参照。

(22) このような使命の具体的遂行は、各人がめいめいやったのでは不可能である。争いを裁決したり、税を徴収したり、警察や軍隊を維持し、指揮して神の定める正義を実現するには、権力の集中とその執行のための機関(政府)が要請される。神の正義が一つである以上、一つの政府が理想とされる。このようにしてイスラム教はこれまで政治権力を志向してきたし、最初期を除いて、実際上ウンマと国家は一つであったが、ウンマはその本性上国家ではない。それは国家と運命を共にするものではないからである。したがって、ウンマの訳語として「教団国家」を当てる例がまま見受けられるが、それは誤りである。

(23) 例えば、神のことばがいかに超歴史的・超人間的であっても、それが人間に啓示されるには、特定の時代の、特定の場所の、特定の人びとに解る人間の言葉でなされる必要がある。

(24) 宗教社会学者はこれを宗教のもつ伝統に対する「挑戦の機能」(to challenge)と呼んでいる(井門富二夫『神殺しの時代』日本経済新聞社、一九七四年、九〇—九六頁)。

(25) W. M. Watt, *Muhammad at Medina* (Oxford, 1956), pp. 238-49 ; *idem*, *Islam and the Integration of Society*, pp. 57-59 などを参照。もっとも、このようなウンマの「部族的」性格は、初期の時代においてそれがとった過渡的性格を示すものではあっても、それの本質的性格とみるべきではない。

(26) 本来、ムスリムは、ザカートを支払えば納税の義務はないが、非アラブ(特にペルシア人)が改宗しても、そのまま納税が義務づけられた。このような経済的不平等の主な原因は、税収入の減少を防ぐことであったと言われる。

(27) シーア派は元来政治運動として出発したが、それが挫折すると宗教運動に転化した、というのがシーア派の起源についての通説であるが(例えば、B. Lewis, *The Origins of Ismā'īlism*[Cambridge, 1940], pp. 23-24)、ウンマについてのわれわれの議論からすれば、この「通説」は再検討の余地があろう。もちろん、この場合、ムフタール個人の動機と彼のスローガンのもつ意味とは分けて考えるべきであろう。

(28) 花田宇秋「第一次内乱とハワーリジュ派」(『イスラム世界』第六号、一九六八年、一一―三三頁)、黒田寿郎「ハワーリジュ派の世界観 I―IV」(『慶応義塾大学言語文化研究所紀要』第一―四号、一九七〇―七二年所収)、などを参照。

第2節　シャリーアと救済

(1) J. Schacht, *An Introduction to Islamic Law* (Oxford: Oxford University Press, 1964), p. 1. Cf. *idem*, "Sharī'a," *Shorter Encyclopedia of Islam* (以下 *SEI* と略記) (Leiden: Brill, 1953), p. 523.

(2) H. A. R. Gibb, *Mohammedanism: An Historical Survey* (New York: Oxford University Press, Rev. ed. Galaxy Book, 1962), p. 88. 邦訳『イスラム入門』(加賀谷寛訳、講談社学術文庫、二〇〇二年)では、一三七頁。

(3) 例えば、現代におけるイスラム改革で最も急進的であったトルコの場合について、しばしばトルコ人の「シャリーアの廃棄」が云々される。具体的には、シャリーアの中心的部分を占める私法的・民法的領域においてスイス民法典を導入し、「政教分離」(laiklik)を断行したと言われるが、これをもって果たしてトルコ人がシャリーアを廃棄した(イスラムを棄てた)と言い得るのか。今一度考えてみる必要があろう。

(4) 体系的研究と歴史的研究に大別すると、まず前者に属するものとして、現実のイスラム法体系の構造についての具体的・理論的研究や紹介があり、西洋によるムスリム世界の植民地的支配という実際目的との関連で、この方面の研究は早くからあった。例えば、T. W. J. Juynboll, *Handbuch des islamischen Gesetzes nach der Lehre der Shafi'itischen Schule* (Leiden & Leipzig, 1910); G. Bergsträsser, *Grundzüge des islamischen Rechts*, bearbeitet und herausgegeben von J. Schacht (Berlin, 1935) などがある。その他の文献については、Schacht, *Introduction*, pp. 261-85 を参照。これに対して、イスラム

法体系や法理論の成立・展開過程についての歴史的研究は、前者に比して著しく立ち遅れている。すなわち、前世紀から今世紀初頭にかけてのゴルトツィーハーやマーゴリウスの先駆的業績を継承し、それを最近ようやく発展させたシャハトやクールソンの研究がある。例えば、I. Goldziher, *Die Ẓāhiriten, ihr Lehrsystem und ihre Geschichte*(Leipzig, 1884); *idem, Muhammedanische Studien*(2 Bde. Halle a. S., 1899-90); *idem, Vorlesungen über den Islam*(Heidelberg, 1910); D. S. Margoliouth, *The Early Development of Mohammedanism*(London, 1914); J. Schacht, *The Origins of Muhammadan Jurisprudence*(Oxford, 1950); N. J. Coulson, *A History of Islamic Law*(Edinburgh, 1964).

このような非ムスリム学者の研究に加えて最近注目すべきことは、これらの研究の影響を受けつつも、特に「スンナ」(Sunnah)の概念を中心として、西洋の学者の実証主義的バイアスを批判する形で出てきたムスリム学者の実証的研究である。例えば、F. Rahman, "Sunnah and Hadith," *Islamic Studies*, I(1962), pp. 1-36; *idem*, "Concepts *Sunnah, Ijtihād*, and *Ijmā*ʿ in the Early Period," *Islamic Studies*, I(1962), pp. 5-21; *idem, Islamic Methodology in History*(Karachi, 1965); *idem, Islam*(New York, 1966), Chs. III, IV, VI; Kemal A. Faruki, "Al-Shāfiʿī's Agreements and Disagreements with the Mālikī and the Hanafī Schools," *Islamic Studies*, X(1971), pp. 129-36, などがある。

日本では、僅かに遠峰四郎、福島小夜子氏らの研究、および税制を中心とした嶋田襄平、森本公誠氏らの法制史的研究、最近では柳橋博之、両角吉晃、堀井聡江氏らの研究が優れている。

(5) このことは、冒頭にその言葉を引用したシャハトについても言えることである。ちなみに、彼の *Introduction* についてみると、それは"Historical Section"と"Systematic Section"に二大別され、数頁の序章で僅かにイスラムの信仰とシャリーアの関係について触れている程度で、他はすべて法としてのシャリーアの歴史的・体系的研究である。終章は「イスラム法の性格」と題されているが、それは信仰の外表としてのシャリーアが法と対比してどのような特性をもっているかではなくて、法としてそれがどのような性格をもっているかを概括的に論じたものである。これに対して、ギブの場合はわれわれがここで企図することときわめて近いが、記述が著しくマクロ的である。

(6) この点で特に参考になったのは、前述のムスリム学者の研究である。それは、ムスリムとしての主体性と自己の実証的研究を両立させようとする、烈しい緊張の中から生まれたものであり、したがって当然ながら、そこには常にシャリーアをムスリムの宗教的営みの所産としてみようという——非ムスリム学者には見落とされがちな——視座がみられるからである。

(7) F. Rahman, *Islam*(New York, 1966), p. 100. Cf. E. W. Lane, *An Arabic-English Lexicon*(8 parts. London, 1863-93), IV, p. 1535. Ibn Manẓūr, *Lisān al-'Arab*(20 vols. Cairo, n. d.), X, pp. 40-41.

(8) 著名なコーラン注釈家バイダーウィーは、コーラン五章四八節の注釈の中で、シャリーアとは「永遠の生命に至る道」であるとしている(al-Bayḍāwī, *Tafsīr al-Qur'ān al-Karīm* [Cairo, n. d.], p. 151.

(9) 正確には、この他にもう一例(shurra'^{an})ある(7 : 163)。この語は魚について、「岸に近づいて」「水面に現れて」の意に用いられており(Lane, *op. cit.*, p. 1536)、当面のわれわれの議論に直接関係しないので省略した。

(10) sirāṭ=1 : 6, 7 ; 2 : 142, etc. sabīl=2 : 108 ; 4 : 167, etc. ṭarīq=4 : 168 ; 46 : 30, etc.

(11) T. Izutsu, *God and Man in the Koran : Semantics of the Koranic Weltanschauung*(Tokyo, 1964), pp. 143-46.

(12) Dīn が約九二回、īmān が約四五回、islām が八回であるが、これに īmān と islām の動詞形や派生形を加えれば、それらの用例は無数といってよい。

(13) Rahman, *Islam*, p. 102. スミスはイスラム史の最初の約七〇〇年間の著名な神学者の著作を分析して、sharī'ah の語の用例が意外に少ないことを指摘している(W. C. Smith, "The Concept of Sharī'a among Some Mutakallimun," *Arabic and Islamic Studies in Honor of Hamilton A. R. Gibb*[Ed. by G. Makdisi. Cambridge, Mass., 1965]. pp. 581-602)。

(14) Rahman, *ibid.*

(15) Rahman, *ibid.*, p. 101. Cf. Goldziher & Schacht, "Fiḳh," *Encyclopedia of Islam*, 2nd ed. (以下 *EI*^{2}), II, pp. 886-91. このように、fiqh(フィクフ)が人間の側の主観的主体的な認識行為を指すのに対して、同じく「知識」「学問」を意味する 'ilm(イルム)は、元来「何か不動のものとして与えられた客観的なもの」(Rahman, *Islam*, p. 101)、神が絶対的なものとして与えた知識、具体的にはコーラン(やスンナ)に示された知識を指していた。しかし、具体的内容に関しては、両者が一致することは後述の dīn と sharī'ah(正確には、shar')の場合と同じである。

(16) 例えば、アブー=ハニーファ(七六七年没)の作とされている *Fiqh Akbar I*(A. J. Wensinck, *The Muslim Creed : Its Genesis and Historical Development*[London, rep. 1965], pp. 103-104)の内容は、そのタイトルから予想されるように、いわゆる法学ではなくて信仰箇条(creed)である。

(17) これに対して、uṣūl al-fiqh(法学の根)と言えば、イスラム法理論であり、furūʿ al-fiqh(法学の枝)がいわば実定法に対応するもの(後のいわゆるシャリーア)を意味する。

(18) この意味で、dīn は islām(「帰依すること」「服従」)と同義である。Dīn の語については、スミスの詳しい研究がある(W. C. Smith, *The Meaning and End of Religion*[NY, 1962], Ch. IV)。彼によれば、少なくともイスラム発生期(七世紀)頃のアラブは、その語の中に三つの意味を見出していたという。第一が、「(体系的)宗教」、第二が、「判断・判定を下すこと」「審判」「宣告」、第三が、「振舞うこと、行動すること」「ある行為をなすこと、伝統的な慣行に従うこと」「同調」「服従」、さらには「慣行」「標準的行為」である(pp. 101-102)。

(19) また初期においては、精々人間が個人的主観的に理解したものを直ちに「神が定めたもの」(sharīʿah)とみなすことに強いためらいがあったとも言われる(Rahman, *Islam*, p. 102)。

(20) このような展開過程をスミスは信仰の「形式化、実体化」(reification)という言葉で呼んでいる(Smith, *Meaning*, pp. 51, 67, *et passim*)。かくして、人間は神について語らなくなればなるほど、ますます「キリスト教」「イスラム教」などについて語るようになり、さらにより一般化されたものとして、「宗教」について語るようになる。その場合、「キリスト教」「イスラム教」などというものは、人間と神との人格的・究極的関わりであるよりも、具体的な制度・教義・集団のことであり、これらを一般化したものとしての「宗教」なのである。

(21) このような言い方に対して、人は次のようなシャハトの言葉を引用して反論するかもしれない。

「外的形式(*forum externum*)としてのシャリーアは人間の神および同胞との外的関係のみを規制するもので、彼の内的意識、内的形式(*forum internum*)への態度は無視する。例えば、多くの宗教的儀礼において要求される niya(意図)〔の表明〕すら心からの衝動を含むものではない。シャリーアは、ただ規定された義務の遂行だけを要求し、それのみに関わるものである。そこで、シャリーア、行為に対するその法的判断(ḥukm)、および外的状況のみに関わる判決(qaḍāʾ)は、個人の良心や責任に対する宗教的感情(diyāna, tanazzuh)、および彼の神との内的関係(mā bainaka wabaina'llāh)とは対照的なものである」("Sharīʿa," *SEI*, p. 525. 強調は原文のまま)。

しかし、この文章の真意は、シャリーアにおいて内的要素がまったく不要だといっているのではない。ただ人間の社会においては、他人の行動を判断する場合、内的側面まで見通すことができない以上、この面はもっぱら当人と神との間の問題として、法学の対象は行為の外的形式的側面に限定せざるを得ない、ということを言っているものと解すべきである（詳しくは、後述）。

(22) 中川秀恭訳『歴史と終末論』（岩波書店、一九五九年）、九頁。

(23) これは、第九章を除くコーランの各章の冒頭にある言葉である（岩波文庫版、井筒俊彦訳『コーラン』では、第九章にもこの言葉があるように訳されているが、これはもちろん誤りである）。

(24) Islām の語については、W. C. Smith, "The Historical Development in Islam of the Concept of Islam as an Historical Development," *Historians of the Middle East* (Ed. by B. Lewis and P. M. Holt. London, 1962), pp. 484-502; J. I. Smith, "Continuity and Change in the Understanding of 'islām'," *Islamic Quarterly*, XVI (1972), pp. 121-39; H. Ringren, *Islam, 'aslama, and Muslim* (Upsala, 1949) などを参照。この語の本来の意味について、スミスはこう言っている――

「Islam とは服従あるいは主体的関与(commitment)、さらに神が宣べ伝えた目的に従って生きる責任を自らに引き受けることである。帰依。理論的にではなく、圧倒的な〔神の〕行為の中で、神の畏怖と威力を前にした自己の卑小さと無価値性の認識。それは動名詞、つまり行為の名称であって、制度の名称ではない。また人格的な決断であって、社会体系の呼称ではない」(Smith, *Meaning*, p. 112)。

「イスラム教徒」を意味する「ムスリム」(muslim)という語は、本来そのように「神に帰依した者」「神と究極的人格的な関わりをもって生きる者」を意味したのであって、形式的にイスラムの信仰告白をした者、単なる出生によるムスリムではなかった。

(25) シャリーア成立史上、「預言者のスンナ」(Sunnah of the Prophet)、預言者の範例という観念がもともと存在していたか否かについては、意見の分かれるところである。まず、ゴルトツィーハーやマーゴリウスの先駆的研究をさらに極端な形で推し進めたのがシャハトである。彼は、少なくとも法的問題に関する限り、預言者の言行を伝えるものとされているハディースは、よほどの根拠がない限り、すべて後代の創作とみなすべきだとして、「預言者のスンナ」なる観念は最初から存在したものではない、と主張した。すなわち、もともと sunnah は「慣行」「伝統」を意味し、イスラム史においては各「前法学派」(ancient schools of law)の中の「生きた伝統」(living tradition)を指す言葉であった。だが、シャーフィイーの学的活動によって「スンナ」とは、ハディースによって伝えられる「預言者のスンナ」のことだということが一般的に承認されるに至って、「前法学派」の「生きた伝統」が偽作されたハディースの形で多く残った、というのである。これに対して、法理論的にも歴史的にも、そのような「預言者のスンナ」の「真空」を認めることはできないとして、偽作と断定すべき相当な理由がない限り、とりあえずハディースを真実と認め、「預言者のスンナ」の最初からの存在を認めるべきだ、としたのがクールソンである(N. J. Coulson, *A History of Islamic Law*, pp. 64-65)。他方、ラフマンは、元来 sunnah とは「慣行」ではなく、「範例」「模範的行為」のことであり、その意味での「預言者のスンナ」の観念は当然最初から存在していた、と主張する。ただ最初期においては、それは各「前法学派」の「生きた伝統」の中に暗々裡に表現されていると考えられていたのだが、シャーフィイーの学的活動によって、それよりもむしろ個々の伝承であるハディースの中に明確に表現されている「預言者のスンナ」の方が正しいという考えが一般化して、ここにようやくスンナ＝ハディースの同一化が実現したのだ、というのである。筆者はこのラフマンの意見に従いたいが、ただ彼が言うように、シャーフィイーの前と後の「預言者のスンナ」の観念が質的に同一であるかのようにみなすことには問題があろう。

(26) 一般に、比較法学において問題になるのは、「意味理解的解釈」と区別された、「意味拡充的解釈」であるが、ここにいう「創造的解釈」とは、まさにこの「意味拡充的解釈」に相当するものである(尾高朝雄『改訂法哲学概論』学生社、一九七四年、三四二頁)。

(27) イスラム法の古典理論では、それはコーラン、スンナ、イジュマー、キヤースを指す。「スンナ」とは前述のごとく、ハディースによって伝えられる「預言者のスンナ(範例)」のことであり、イジュマーとはイスラム共同体の一般的「合意」であり、キヤースとは類推による推論形式を意味する。これらの法源自体アプリオリに定まっていたわけではなく、シャリーアの体系化と共に、このような法理論の整備と平行して進んだのである。

(28) ただイスラム教の場合、仏教やキリスト教などの場合と違って、共同体の現世的(「世俗的」とは異なる!)福祉の問題に宗教が積極的に関わりをもってくる(もっとも、その関わり方が直接的か間接的かで意見が分かれるが)。例えば、「経済性」「近代性」の問題を単純にイスラム教に対立するもの、それと無関係のものと考えることはできない。この点については、スミス『現代イスラムの歴史』(拙訳)、第一章「イスラムと歴史」を参照。

(29) シャリーアの体系化が一度完成すると、人びとはそれを不変のものと考えやすい。そこから既存のシャリーアの改変には常に多大な抵抗が伴う。特に現代においては、改革のイニシアティヴは「世俗的」政府がとっており、それだけに伝統的ウラマーからの抵抗が強い。しかし、たとえ新しい「シャリーア」に反対であっても、ムスリムとしてそれを黙認したり、あるいは消極的に受け入れたりしてそれに従うことは、一つの宗教的決断をしたことになる。したがって、その行為は当然イスラム的に(宗教的に)正当化されなければならない。このように、たとえ「世俗的」政府によるシャリーア「改革」であっても、それは宗教的イスラム的にはきわめて重要な意義をもつものである。

(30) そのような個々の人間の個人的「解釈」の結果が直ちに「神意」とされるのではなく、古典理論ではイスラム共同体の一般的承認を得て、つまりイジュマーとして確立して、初めてそうなるのである(Rahman, "Concepts *Sunnah, Ijtihād* and *ijmā'*"; G. F. Hourani, "The Basis of Authority of Consensus in Sunnite Islam," *Studia Islamica*, XXI (1964), pp. 13-60などを参照)。

(31) 例えば、かりにそのような人間の努力が誤っていても、報いは受けるし、もし正しければ、その倍の報いを受ける、という主旨のことが預言者の言葉(ハディース)として伝えられている。また、「動機によって人間の行為は判断され、各人はその意図したものに応じて報いを受ける。誰であれ、現世の財を目当てに、それを得ようとして、あるいは女を目当てに、女をめとろうとして移住(ヒジュラ)した者は、その目指した意図に応じて報いを分かち与えられるであろう」と預言者は語ったと言われる(Gibb, *Mohammedanism*, p. 80. 加賀谷訳では、一二六頁)。

(32) シャーフィイー(八二〇年没)以後、法学派が成立し、シャリーアの古典理論がほぼ確立すると、確かに「法源」にまでもさかのぼっての「学的努力」(イジュティハード)によって独自の法体系を作り出すことは事実上不可能とみなされ、いわゆる「イジュティハードの門」は閉ざされたと考えられるようになったのは事実である。これには、今述べた個人の能力の問題の外に、社会的混乱、専制化した政治権力の介入に対して、法的統一とその権威を保持しようとするウラマーの側の主体的要請があったことを見落としてはならない。したがって、状況の変化によって主体的要請が変われば、また「イジュティハードの門」を開けようとする運動が出てくる。イブン=タイミーヤの流れをひく一八世紀のワッハーブ派の復古主義運動、およびそれに触発された改革運動がそれである。

(33) くり返しになるが、ここに言う「シャリーア」とは、けっして現実の具体的な法的規定だけを指しているのではない。これに関連して注目されることは、前述のスミスの論文(Smith, "The Concept of Sharī'a," p. 602)の中で、著者が提起した次のような仮説である。

「……神学者にとって、調査の対象となった時期(最初の七世紀)では、特定の法(あるいは、一つの法)が正邪を決定するのではない。ただ神のみがそれをなし得るし、また神のみがそれをするのである(より多く意識にあるのは神、あるいは神の命令(aḥkām)であり、法(sharī'a)がそれほど意識されたり、関心をもたれたりするのではない)。……宗教としてのイスラムの中心的事実は法の観念であるという見解は、宗教的にみて中心的なイスラム的事実は道徳的責任の観念であった、という言い方にたぶん修正されるべきであろう。法はその責任の結果であって、その原因ではない。法は社会学的ないしは地上的産物であって、その宇宙的基礎ではない」

したがって、「シャリーアが人間と共にある」ということは、非人格的な法としてのシャリーアが社会で守られているということではなくて、まさに人間と神の間に、既存の「シャリーア」をも否定していくような生き生きとした人格的な関係があるということにほかならない。したがって、シャリーアを改変するということは、それを否定するということとまったく別物である。後者は神と人間との内的交わりの拒否であり、それらはまさに「不信仰」(クフル)を意味する。

(34) 法については、田中耕太郎『法律学概論』(学生社、一九五八年)、尾高朝雄『改訂法哲学概論』(学生社、一九七四年)、同『法学概論』(有斐閣、一九四九年)、碧海純一『新版法哲学概論』(弘文堂、一九七三年)、ハンス・ケルゼン『神と国家〈イデオロギー批判論文集〉』(長尾龍一訳、有斐閣、一九七一年)、A・P・ダントレーヴ『自然法』(久保正幡訳、岩波書店、一九五二年)、A・フェルドロース『自然法』(原秀男訳・栗田睦雄訳、成文堂、一九七四年)などを参照。

(35) 碧海純一『新版法哲学概論』三八—四三頁。

(36) 尾高朝雄『改訂法哲学概論』一八頁。

(37) 同、八—一九頁。

(38) 同、二一—二二頁。

(39) これは、法を道徳規範と実定法とを共に含めて考えようとする自然法主義と、両者をまったく切り離して考えようとする法実証主義の中間をいく立場と言える。

(40) ケルゼンの法段階説では、これは「根本規範」(Grundnorm)に相当する(尾高、前掲書、二四三頁)。

(41) もとよりここにいう「民意」とは、民主的選挙により表明されたものから、消極的承認をも含めた広義の民意を指す。

(42) もっとも、政治権力がその必要上公布する法としてカーヌーン(qānūn)と呼ばれるものや、「慣習法」('ādat)があるが、これらは理論的にはいずれもシャリーアに対立したり、それと独立のものではなく、あくまでそれを「補うもの」であった。

(43) イスラムにおいて、この立場を代表するのがムータジラ派であるが、これは後に異端とされた。

(44) したがって、法が信仰のいかんにかかわらず、等しく市民に適用されるのに対し、シャリーアは、原則としてムスリムのみに適用されるものである。

(45) 前注(30)参照。

(46) 前掲、尾高『改訂法哲学概論』五八頁。

(47) 同、二〇五頁。

(48) したがって、最近にいたるまでシャリーアは「法典化」されることはなかったのである。

第3節　ガザーリーの法学観

(1) Ghazālī, *Iḥyā'*, III, pp. 15-17. 以下、本書への言及は本文中に示す。なお、知識の究極的起源については、次章を参照。

(2) 例えば、バグダーディー(一〇三七年没)は次のように分類している(Baghdādī, *Uṣūl al-Dīn*[Istanbul, 1928], pp.8-9)。

- (1) 必然的(ḍarūrī)
  - (a) 直観的(badīhī)
  - (b) 感覚的(ḥissī)
- (2) 獲得的(muktasab)
  - (a) 理性的('aqlī)
    - ① 経験的(tajārib, 'ādāt)
    - ② 演繹的(istidlāl)
  - (b) 啓示的(shar'ī)

また、ナサフィー(第三章第1節参照)は次のように分類している。

- ① 啓示(shar')
- ② 霊感(ilhām)

- (1) 健全な感覚――五感
- (2) 真実なる伝承
  - (a) ムタワーティルの(無数の人による)伝承
  - (b) 預言者の伝える伝承
- (3) 理性
  - (a) 直観的
  - (b) 演繹的

(3) Cf. Ghazālī, *Mīzān al-'Amal*(Ed. by S. Dunyā. Cairo, 1964), p. 359.

(4) ガザーリーは別の箇所で、医学・天文学と啓示(nubuwwah)の関係について、次のように言っている。「啓示の可能性の証明は、啓示が実際に存在するということである。また、啓示が実際に存在するという証拠は、医学や天文学のような、理性だけではとうていとらえることが可能とは思われない知識が世界に存在しているということである。医学や天文学を研究すれば、それらは神からの霊感と神助がなければ得られないということが、必然的にわかるようになる。それらは経験によっては知り得ないのである。例えば、一〇〇〇年に一回しか起こらないような天文学上の法則などは、どうして経験だけで発見することができようか。医学上の特性についても同じことが言える」(Ghazālī, *al-Munqidh min al-Ḍalāl*[Ed. by 'Iyād & Ṣalībā. Damascus, 1939^{3}], pp. 139-40)。これで見ると、医学も啓示によるとして、本文と矛盾するようであるが、医学的知識のすべてが啓示によると言っているわけではない。

(5) 法学に対する態度と関連して、正義よりも秩序維持を強調するのは、ガザーリーの政治観の特徴の一つと言えよう。その結果は、次の引用にみるごとく、秩序の維持のためには、暴君をさえ許容するようになる――

「カリフとしての条件は、イスラムへの帰依と宗教的義務の実行の外に五つある。すなわち、男性、遵法精神、知識、勇気、『イマーム(カリフ)はクライシュ族から』という使徒の言葉に基づくクライシュ族出身者、である。これらの属性をもった人が多くいる場合、カリフには大多数の人びとが忠誠を表明した人がなる。……次に、カリフの職務を遂行する人に知識と遵法精神が見出し難く、かといって彼を排除することに耐え難い混乱が予想される時は、われわれは彼のカリフ位を認める。なぜなら、われわれは彼を代えることによって内乱を生み出し、福利のために定められた、これらの条件の欠如から生じる害よりも大きな害を選ぶか、それともカリフ無しとして、すべての法的問題を無効とするのを選ぶか、を迫られている。後者は不可能である。そこでわれわれは、不正なる人間の判決を必要上有効とするように、必要やむを得ない時には、〔そのような人びとの〕カリフ位をどうして有効と判断しないであろうか」(I, pp. 114-115)。

(6) 第一章第2節の注(21)参照。

(7) F. Rahman, *Islam*(New York *et al.*, 1966), pp. 100-109. なお、前節も参照。

(8) もっとも、法学に携わる学者がすべて「現世の学者」になったということではない。原理的には、法学者であっても、正義の追求の中に神との交わりを見出す「来世の学者」は存在し得るのである。問題は、そのような学者の存在が、ガザーリーにとって皆無に等しくなったと思われたことである。そして客観的にも少なくなったことは事実であろうということは、シャリーアと法学に代表される古典イスラムの在り方が現実性をもち得なくなったということである。その背景には、前注(5)のガザーリーの政治論にみられるような政治状況があったと思われる。

(9) ガザーリーの自伝の表題が「誤りから(人を)救い、力と威厳をもてるお方(神)に導くもの」(つまり、スーフィズム)であるのは、示唆的である。

第二章　スーフィズムとガザーリー

第1節　スーフィーとしてのガザーリー

(1) ガザーリーのこの側面については、拙著『ガザーリーの祈禱論』(大明堂、一九八二年)で論じた。

(2) 第三章第7節1参照。

(3) 第二章第3節4参照。

(4) この点について、詳しくは前掲拙著『ガザーリーの祈禱論』第三章を参照。

（5） 第一章第3節2参照。

第2節　マッキーとガザーリーの修行論

（1） L. Massignon, “Abū Ṭālib al-Makkī,” *EI*[2], I, p. 153 ; F. Sezgin, *Geschichte des arabischen Schrifttums*(Leiden, 1967–), I, p. 667 ; A. Schimmel, *Mystical Dimensions of Islam*, pp. 25, 120, *et al.*

（2） W. M. Watt, *The Faith and Practice of al-Ghazali*(London, 1953), p. 54.

（3） H. Lazarus-Yafeh, *Studies in al-Ghazzālī*(Jerusalem, 1975), pp. 34-35.

（4） A. J. Wensinck, “On the Relation between Ghazali's Cosmology and His Mysticism,” *Mededeelingen der Koninklijke Akademie van Wetenschappen*, Afdeeling Letterkunde, Ser. A, LXXV(1933), pp. 191-92.

（5） L. Gardet, “ʻĀlam,” *EI*[2], I, p. 351. しかし、この解釈に完全には同意できない。次節参照。

（6） al-Makkī, *Qūt al-Qulūb*(2 vols. Cairo, 1961), I, p. 498 ; Wensinck, *ibid.*, p. 192 を見よ。

（7） al-Makkī, *ibid.*, I, p. 117.

（8） J. S. Trimingham, *The Sufi Order in Islam*(London, 1973), p. 214.

（9） マッキーによれば、アナス・イブン＝シーリーンは毎夜、七つのウィルドを実行し、夜の間にできなかったことを昼間に行うようにし、定められた行(al-ʻamal al-muwaẓẓaf al-muwaqqat)を wird と呼んだという。また、ムータミル・イブン＝スライマーンは、特定の時に読誦するコーランの部分を wird と呼び、ある信徒はコーランの部分をもって wird を構成し、ある信徒は跪拝(rukūʻ)をもってそうしたと言い、またこの他に学者たちは昼夜の時間をもって wird とした、とも言っている。マッキーの言によれば、コーランの章句、ラクア、瞑想、シャハーダ(信仰告白)をもって一日の時間を区切ること、それがムータミルの wird であった(*Qūt*, I, p. 168)。

これらの報告は三つのことを伝えている。第一に、wird は元々、夜に行なわれるお勤めであったであろうということ。第二に、wird はさまざまな勤行を意味し、それが後に勤行を含む時間の区分を意味するようになったこと。第三に、一日の区分の仕方は人によって区々であったということ、である。

（10） ガザーリーはウィルドの問題を主に *Iḥyā'*, I, pp. 333-67 で扱っている。

(11) *Iḥyā'*, I, pp. 353-56. これは、明白にスーフィズムの一種の民衆化を示している点で、きわめて重要である。ガザーリーは何らかの形で、すべてのムスリムがスーフィーの実践に従事することを期待していたのである。

(12) 事実、『再興』の第九書「ズィクルとドゥアーの書」の第五章の表題は「アブー＝ターリブ・マッキー、イブン＝フザイマ、イブン＝ムンズィルのコレクションから、イスナードを省略して選び出した、預言者と教友から伝えられた祈禱文」となっている。

(13) このほか、拙著、*Ghazali and Prayer* (Kuala Lumpur, 2001)、および *Ghazālī on Invocations and Supplications* (Cambridge, 1990)、拙稿、"A Structural Analysis of *Dhikr* and *Nembutsu*," *Orient*, VII (1971), pp. 75-96, などを参照。この問題は、『再興』の第一部、第九書(pp. 295-333)で扱われている。

(14) 瞑想の行は、規則的にくり返される時に、より効果的になる。確かに、この「くり返し」の意味は dhikr (ないしは tadhakkur) の語に含意されている。それは、ある観念を想起するだけではなく、その思念をくり返すことによって、それを記憶の中に確立することをも意味する。これに対して、今一つ観念的な行である瞑想(fikr)は、既知の二つの知識を結合することによって、新しい観念ないしは知識を生み出すことを意味する。

(15) この瞑想的側面を第一義とする考えは、ズィクルの実践が他の同様の行(「四行」)と結合して、方法的かつ体系的に組織化されることにも見られる。これらの実践を通して、スーフィー入門者は恒常的に神の思念を続けることができるのである。

(16) F. Heiler, *Das Gebet* (Munich, 1923^5), p. 352.

(17) そこでガザーリーは、旅行(*Iḥyā*, II, pp. 243-302)、結婚(II, pp. 21-62)、葬儀(I, p. 205)、干ばつ(I, pp. 204-205)、日月食(I, p. 204)、雨、雷、風、体の痛み、怒り、人間への恐れ、悲しみ、その他のさまざまな機会に用いられるように、ズィクルとドゥアーのテクストを提示している。こうして、日常生活の一瞬一瞬がズィクルとドゥアーの実践によって区切られるのである。

第3節　ガザーリーの宇宙論

(1) これらの用語については、R. C. Zaehner, *Mysticism Sacred and Profane* (London, *et al.*, 1961)を参照。また、それに関

連して、N. Smart, "Interpretation and Mystical Experience," *Religious Studies*, I(1965), pp. 75-87; P. G. Moore, "Recent Studies of Mysticism: A Critical Survey," *Religion*, III(1973), pp. 146-56なども参照。

（2）ガザーリーにおける大宇宙・小宇宙のモチーフについては、本稿では扱わない。これについては、そのイスラム史的展開の中で竹下政孝氏が触れている(M. Takeshita, *Ibn 'Arabī's Theory of the Perfect Man and Its Place in the History of Islamic Thought*(Tokyo, 1987), pp. 92-108)。

（3）前節、注(4)参照。

（4）'Affīfī, "Taṣdīr 'Āmm" in his edition of Ghazali, *Mishkāt*, pp. 1-35.

（5）Wensinck, "On the Relation," p. 3; A. Jeffery, *The Foreign Vocabulary of the Qur'ān*(Baroda, 1938), pp. 270-71.

（6）Wensinck, *ibid.*, p. 9. ただし、前節で述べたように、マッキーにおいては、マラクートとジャバルートの位置が逆転している。しかも、彼の『心の糧』の断片的記述の中に、ガザーリーの「ジャバルート」概念の明確化に役立つものはない。

（7）このkhalqとamrについての議論は、霊(rūḥ)について(預言者が)尋ねられたら、それは「わが主のamrに属する(min amr Rabbī)」と答えよ、というコーランの一節(17:85)と、「khalqとamrは神のものではないか」という一節(7:54)を前提にしている。ガザーリーはここで、amrを「もの」(sha'n)ないしは「命令」とし、khalqを「創造・被造物」とする通常の解釈と異なる解釈をとっている。すなわち、後者を「計量」(taqdīr)とし、したがって前者を計量のできないもの、つまり被造物ではあるが、非物体的で不変のものとしている(Cf. *Arba'īn*, pp. 53-54; D. B. Macdonald, "The Development of the Idea of Spirit in Islam," *Acta Orientalia*, IX(1931), pp. 307-51)。

（8）コーランに言う「〔天に〕護持されている書板」(al-lawḥ al-maḥfūẓ)のことで(85:22-23)、コーランの原本を意味する。それはまた、世界に生起するあらゆることを記録している「明白な原簿」(imām mubīn)をも意味する(36:12)。ガザーリーはこの後者の意味を強調している。

（9）啓示(預言)が理性を超えた世界であるとガザーリーが言う場合、二つの意味が考えられる。すなわち、一つは、神の本質や属性のごとく、対象そのものが理性の把握を超えた、いわゆる「超合理的世界」。他は、対象そのものは知らされれば理解可能だが、それを獲得することが理性にはできない、とガザーリーが言うもの。例えば、未来の予言や阿片の特殊な性質、礼拝の回数の意味など(*Munqidh*, pp. 140, 145-46, 157)。他方、後述のように、不可視界を事物の本質の世界とし、本質を個物からの理性による抽象の結果としている点では、不可視界は部分的には理性の世界を完全に超えているわけではない(理性のこの側面を最も強調したのが*Mīzān al-'Amal*である)。不可視界と現象界をそれぞれ「理性的」と「感覚的」としているのは、この意味においてである(*Mishkāt*, p. 66)。ワットは*Iḥyā'*の特徴を、理性と宗教的体験を同一のレベルに置く平行説とし、それが*Munqidh*において理性に対する「宗教的直観」の優位を説く考えに変わったとしているが、これはあまりにも単純な見方と言えよう(W. M. Watt, "The Authenticity of the Works Attributed to al-Ghazālī," *JRAS*, 1952. p. 27)。

(10) もっとも、「神の道のために殺された者」(殉教者)は主の御許で生きていると言われている(3:169-70)。

(11) 不可視界から想像の中に生起する形象(ṣūrah)は本来、そのものの性質に一致する。したがって、悪しき意味(ma'nā)は必ず悪い姿をとって現れる。例えば、サタンは犬や蛙や豚として、天使は美しい姿で現れる。ところが、現世では形象が意味を支配しているために、形象がその意味に一致しないことがある(*Iḥyā'*, I, p. 49; III, p. 39)。したがって、夢でも誠実な行ない正しい人の夢だけが真実の夢であり、嘘つきや不義の人の夢は妄想となる(*Iḥyā'*, IV, pp. 488-89)。

(12) ガザーリーは存在のレベルをさまざまに区分している。例えば、(1)感覚世界(maḥsūsāt)、想像世界(mutakhayyilāt)、評価世界(mawhūmāt)、知的世界(ma'qūlāt)(*Kīmiyā*, p. 99)。(2)現実世界(ḥaqīqah)ないし個物(a'yān)の世界、心におけるイメージと知識の世界、それらの音による表現の世界、それらの書写の世界(*Miḥakk*, pp. 119-20; *Iljām*, p. 290; *Mustaṣfā*, I, pp. 21-22; *Maqṣad*, pp. 18-19)。(2)の区分は明らかに、人間の言語活動から見た分類である。

(13) そこから「スーフィーたちは、学習的知識(al-'ulūm al-ta'līmīyah)よりも、霊感的知識(al-ilhāmīyah)を得ようとする。このために、彼らは知識を学び、著書を読み、理論や提示された証明を研究しようとは思わない」と言う(*Iḥyā'*, III, p. 18)。

(14) すなわち、一方は、感覚器官を通して現象界を知覚し、さらに理性によってそれらを抽象し、推論や演繹によって知識を獲得・学習する方法。他は、心の鏡に直接不可視界の真実を映し出させる方法。これを「イルハーム」(ilhām)、すなわち、神秘直観、霊感と呼ぶ。それは観察や読書によらず、心を磨くことによる。ガザーリーはこれらを、それぞれ水に映った太陽を見るのと、直接に太陽を見ること、水を貯えるのに川から水を引く方法と、地面を掘り進んで清い水を直接湧き出させる方法、に対比させている。前述のように、いずれの場合も神の予定と完全な強制の中で起こるものである。また、いずれの場合でも、得られる知識そのもの、それが生まれる場所や原因において違いはない。あるのはただヴェールを除く方向においての違いだけである。イルハームについては、人間の選択の余地はない。その点では預言者に与えられる啓示(waḥy)も同じである。両者の違いは、知をもたらす天使を見るか否かである。したがって、聖者や預言者は学習を要しない。しかし、凡人がそのようにして知識を期待することは木によって魚を求めるに等しい(*Iḥyā'*, III, pp. 18-19)。このイルハームはまた、サタンの囁き(waswās)に対して天使からのよき「想念」(khāṭir)の意にも用いられている(*Iḥyā'*, III, p. 25)。

(15) このようにガザーリーは、外的意味と内的意味の両方を認め、一方に片寄るべきでないとする。それは前者を民衆のもの、後者をエリートのものとすることによっているが、エリート自身にとっては前者は無用であるから、その点では哲学の立場に近いと言えよう。また、象徴解釈についてガザーリーは、「目に見えない微妙なものは、伝統的権威によってではなく、神的光(nūr ilāhī)により事物を把握できるまでに神の恩寵を享受した人びとによってのみ、理解される。彼らはひとたび事物の神秘が己にありのままに開示されると、伝統や伝承された言葉を見ても、もしそれらが確信の光(nūr al-yaqīn)によって観照したものと一致する場合、これを受け入れる。そうでなければ、彼らはこれを比喩的に解釈してしまう」(*Iḥyā'*, I, p. 104)と言っているだけで、その具体的方法については何も述べてはいない。

(16) ここでガザーリーの聖典解釈の方法(ta'wīl)について、簡単に説明する必要があろう。筆者の知る限り、彼には二つの大きな原則がある。一つは、不可視界(ghayb)のことを現世(shāhid)のことから証明することは不可能、とすることである。これは、両世界の連続性を主張するムータジラ派と対立する。したがって、たとえ異常で不合理に思えても、論理的矛盾がない限り、不可視界のことは文字通りに肯定されなければならない。こうして、コーランやハディースに述べられている肉体の復活、来世における感覚的喜びや苦しみのような終末論的出来事はすべて文字通り真実であり、比喩として解釈してはならない(これは、伝統的アシュアリー派神学の立場でもある)。しかし、例えば、神は天の玉座に坐しているとか、現世において肉眼で神を見ることができる、と考えることは不可能である。なぜなら、神に空間、方向、形態、移行などを認めることは、神の本質に反する論理矛盾だからである。したがって、これらの表現は(比喩として）解釈（タァウィール）されなければならない（*Tahāfut*, p. 293）。このような限定を設けたことがガザーリーの新しい点である。今一つの原則は、エリートのためにわれわれがこれまで論じてきた解釈である。彼らは、来世において肉体的感覚的喜びよりももっと大きい霊的知的喜びを享受する（*Ibid.*, p. 287）。

（17） F. Jabre, *Essai sur le lexique de Ghazali*(Beirut, 1970), p. 46.

（18） ここでは、人格化された知性（'aql）が蟻に語っていると思われる（本文二一〇―二一一頁参照）。

（19） この二人については、次の文献を参照。H. Corbin, *En Islam iranien.* 4 vols. Paris, 1971-72 ; *idem, Histoire de la philosophie islamique.* Paris, 1986 ; *idem, Creative Imagination in the Sufism of Ibn 'Arabī.* Tr. by R. Manheim. Princeton, 1969 ; T. Izutsu, *A Comparative Study of the Key Philosophical Concepts in Sufism and Taoism.* 2 vols. Tokyo, 1966-67 ; W. C. Chittick, *The Sufi Path of Knowledge.* Albany, 1989 ; A. A. Affifi, *The Mystical Philosophy of Muhyid Din Ibnul Arabi.* Rep. Lahore, 1964.

（20） L. Gardet, "'Ālam," *EI*², I, p. 351.

（21） A. A. 'Affīfī, "Taṣdīr 'Āmm," p. 14.

（22） A. A. 'Affīfī, *ibid.*, p. 15.

第三章　ガザーリーの神学思想と哲学

第1節　イスラムの正統信条

（1） A. J. Wensinck, "al-Nasafī," *Shorter Encyclopedia of Islam*(以下 *SEI* と略記), p. 439.

（2） C. Brockelmann, *Geschichte der Arabischen Litteratur*(以下 *GAL* と略記) (2 vols. 2nd ed., Leiden, 1943-49), I, pp. 548-50 ; Supplementbände zur *GAL*(以下 *GALS* と略記) (3 vols., 1937-42), I, pp. 758-62.

（3） *GAL*, II, pp. 278-80 ; *GALS*, II, pp. 301-304.

（4） D. B. Macdonald, "al-Māturīdī," *SEI*, pp. 362-63.

（5） D. B. Macdonald, *Development of Muslim Theology, Jurisprudence and Constitutional Theory*(New York, 1903) Appendix I-5, pp. 308-15.

(6) E. C. Elder, *Commentary on the Creed of Islam.* New York, 1950, rep. 1980. (*EC* と略記)

(7) もちろん、この語はギリシア語の“sophisteia”に由来するが、これには三つのグループが含まれるという。すなわち、事物の本質は想像・妄想の産物とする「頑迷な者」('inādīyah)、それは人の信念に従って変わるとする「相対主義者」('indīyah)、それを知ることは不可能とする「不可知論者」(lā-adrīyah)である(*Sharḥ*, p. 5；*EC*, p. 13)。

(8) 「必然的な」(ḍarūrī)知識とは、例えば、「人間は動物である」という命題のように、推論や一定の努力によらなくても、誰にでも直ちに納得されるほど明白な知識をいう(Jurjānī, *Kitāb al-Ta'rīfāt*[Beirut, 1969], pp. 142-43；*Sharḥ*, pp. 8-9)。この語は、通常はこのように理性的なアプリオリな知識に用いられるが、この語の本来の意味(「強制的な、有無を言わせない」)から、腹痛などの知覚やあまりにも広く知られた過去の出来事の知識などにも用いられる。

(9) 「預言者の奇蹟」とは、預言者の使命を証明するために神が与える奇蹟のことで、単なる恩恵として聖者に与えられる「奇蹟」(karāmāt)とは区別される。

(10) 「演繹的知識」とは、元来、理性によるものである。したがって、使徒のもたらす使信が「演繹的」だというのは矛盾である。しかし、ここで「演繹的」(istidlālī)というのは、神が奇蹟によってその真実性を確証した者は、その主張の内容もまた正しい、という意味において用いられていると言われている(*Sharḥ*, p. 9)。

(11) この場合「霊感」とは、スーフィーのいう「直接知」(ma'rifah)を指すものと思われる。ガザーリーはこれを「啓示」(waḥy)に通じるものとして積極的に評価する。両者の違いを出所が明確であるか否かにみている(啓示の場合は天使によるものとして明確である)。スーフィーの心が浄化されると、神の慈悲が溢れ、神的事物の本質が心に照り輝くという(*Iḥyā'*, III, p. 18)。

(12) ここでは、運動・静止・結合・分離という偶有の基本的「状態」をさす。

(13) 神のみが創造者としてこれら諸部分を創り、それらを結合・分離させて事物を創り、性質を与え、消滅させる。

(14) このようにして伝統主義的保守派に見られる擬人神観的立場は否定される。

(15) 神の本質と属性の関係はイスラム神学上の最大の争点の一つである。哲学者やムータジラ派は、神の本質も属性も共に永遠だとするならば、永遠なるもの(神)を複数認めることになるとして、「永遠なる属性」の実在を否定して、神の「人格性」を除去しようとする。

(16) 伝統主義的保守派はコーランの内容・意味から言葉、文字、音声、紙、インクまですべてをひっくるめて「創造されざるコーラン」を主張するのに対して、ムータジラ派は、コーランの内容(理念)と表現とを分け、前者の永遠性、後者の被造性を主張する(次節を参照)。

(17) 「創造」は神の力によるものとして、ガザーリーはこれを独立の属性とはみなしていない。

(18) 理性だけではそれを否定し得ない。したがって、それを不可能とする者は、自らそのことを証明しなければならない、という意味である(*Sharh*, p. 34)。

(19) 例えば、コーラン七五章二二―二五節や「汝らは満月を見るように、主を仰ぎ見るだろう」とのハディースを指す(*Sharh*, p. 36 ; *EC*, pp. 77-78)。

(20) ガザーリーはこれを、スーフィーが神秘体験(ファナー)の中で「神を見ること」のより完成された形と解釈している。こうして彼は、スーフィーの体験に終末論的意味を付与する。

(21) 「意志」は全体的な大枠の決定に関わり、「欲求」はそれの時間的実現に関わる神の意志として区別されるが、注釈者タフターザーニーは区別しないと言っている(*Sharh*, p. 27 ; *EC*, p. 82)。

(22) ナサフィーは、「能力」(istiṭā'ah)を、行為の潜在的条件としての肉体的・生理的能力と、現実に行為とともにあり、それを生む「力」(qudrah)とに区別している(*Sharh*, pp. 42-43 ; *EC*, pp. 91-92)。アシュアリー派のガザーリーはこの区別を認めず、瞬間的に行為と共に神によって創られる後者の「力」のみを認め、神が創った行為をその「力」で「獲得」(kasb)すると説明する。したがって、道徳的責任の有無はこの「獲得」の有無にあるとする(この問題については、本章第3節を参照)。

(23) この点、アシュアリー派は肯定的である。例えば、ガザーリーは「神は人間に不可能な義務を課すことができる」との一章を設けて、この問題を論じている(拙訳、ガザーリー『イスラム神学綱要』〔上智大学中世思想研究所編『中世思想原典集成11』平凡社、二〇〇〇、五九四―六六三頁〕、五六六―七〇頁)。

(24) ムータジラ派はこれを肯定する。

(25) コーランにはこれについての直接的言及はないが、四七章二七節、六章九八節、八章五〇節などの節がそのように解釈されている(A. J. Wensinck, "Munkar wa-Nakīr," *SEI*, pp. 411-12)。ハディースについては、al-Baghawī, *Mishkāt al-*

Maṣābīḥ[tr. by J. Robson. 4 vols. Lahore, 1963-65], I, pp. 34-38を参照。

(26) 復活の日に、ここでムハンマドが同信の徒に会うと言われる。ムスリムたちは水飲み場に案内され、その水を飲んで永遠の至福を得ると言われる(A. J. Wensinck, "Ḥawḍ," *Encyclopedia of Islam*[以下 *EI* と略記], 2nd ed., III, p. 286)。コーランには直接的言及はないが、一〇八章一節がそれだと言われている(*Sharḥ*, p. 49 ; *EC*, p. 104)。

(27) コーランではもっぱら「(真直ぐな)道」(ṣirāṭ mustaqīm)として一般的に用いられているが、ハディースその他では、地獄の劫火の上にかけられ、毛髪や剣の刃よりも狭い橋のことで、悪人はそこから足を滑らせて下へ落ちると言われる(T. P. Hughes, *A Dictionary of Islam*[1885. rep. New Jersey, 1965], p. 596)。

(28) 「大罪」が具体的に何であるかについては諸説があって一定しない。ある人は、多神崇拝(shirk)、殺人、処女に対する(性的)中傷、密通、敵前逃亡、魔術、孤児の財産横領、両親への反抗、不法行為のくり返し、の九項目をあげるし、さらに盗み、飲酒などを加える者もある。あるいは一般的にコーランやハディースに明記されている罪、またはいかなる罪でもくり返し犯す場合、これを「大罪」とする見方もある。要するに、それは「不信仰」以外の罪のことだという(*Sharḥ*, p. 50)。

(29) その他に、同じ罪をくり返し犯す場合、それは「信仰」の欠如によるとされる。

(30) 「イスラーム」の本来の意味は「(神の意志・命令に)絶対帰依・服従すること」であるが、神学史においては、救われる者としての「信仰者」(mu'min)と「ムスリム」(muslim)の定義をめぐって、さらにまた信仰と行為の関係をめぐって、両者の問題が論議された(L. Gardet, "Īmān," *EI*^{2}, III, pp. 1170-74 ; W. Arnold, "Islām," *SEI*, pp. 176-78 ; T. Izutsu, *The Concept of Belief in Islamic Theology*. Tokyo, 1965 を参照)。

(31) 後者の立場をとるのがアシュアリー派であることは前述した(本節一三二頁)。ガザーリーは四つの理由をあげてそれを擁護している。第一に、条件文を付すことによって、自らを正しく清浄とする態度を避けるため。第二は、何ごとであれ、すべてを神に結びつけるのはよいことである。第三に、自らの信仰の完全性に疑念を表し、謙虚な態度を示すため。第四に、人が信仰者として一生を終えるか否かは、最後の瞬間までわからないから、と(*Iḥyā'*, III, pp. 121-24)。

(32) ガザーリーも同じ立場であるが、彼の説明では、神は一度に世界に起こるすべての出来事を決定し(それを「天の書板」に記録しており)、それが時間の流れと共に実現されていくので、神の属性に時間的変化はない。かりに神が絵巻物を一気に描き上げ、それを人間が端から見ていく場合を想像すればよいであろう。

(33) 「預言者の派遣は可能なことであり、不可能なことでも、義務でもない」として、この問題についてのガザーリーの態度はそっけない印象を与える。それは、彼（およびアシュアリー派）にとって何よりも重要なことは、神の絶対性、絶対的自由である、との考えに由来すると思われる（ガザーリー『イスラム神学綱要』（拙訳）、五八〇—八四頁）。

(34) 「〔神の〕慣行」（'ādah Allāh）とすべきであるが、わかり易く「〔自然の〕運行」とした。

(35) イスラムにおいては、預言者（nabī）と使徒（rasūl）は一般には区別されない。しかし、時には預言者は、単に神からの啓示を受け伝えるだけであるのに対して、使徒はさらに啓示を広め、社会に生かすように努力する人に用いられる。

(36) モーセのトーラー（律法の書）、ダビデの詩篇、イエスの福音書、ムハンマドのコーランがあげられる。

(37) 「聖なる礼拝堂から、われらが徴を示すために周囲を祝福した遠隔の礼拝堂まで、夜の間にその僕を連れて旅し給うたお方に栄光あれ！」（17：1）というコーランの一節に関連して言われる。「遠隔の礼拝堂」（al-Masjid al-Aqṣā）とは、一般にエルサレムの神殿を指すものと解され、ここへ「夜旅」（isrā'）したというのである。伝承では、さらにその後、翼のある天馬（Burāq）に乗って第七天まで到り、そこで神から一日五回の「礼拝」（ṣalāt）の義務を授かって帰って来たと言われる。これが「昇天」（mi'rāj）であるが、それはムハンマドへの神の特別な恩寵を示す奇蹟として信じられている（al-Baghawī, *Mishkāt*, IV, pp. 1264-70; J. Horovitz, "Mi'rādj," *SEI*, pp. 381-84; B. Schrieke, "Isrā'," *SEI*, pp. 183-84; Hughes, *Dictionary*, pp. 351-52）。

(38) ムハンマドの二人の娘と結婚したことからこの名が出たといわれる。NY の dhī al-nūrayn は dhū al-nūrayn の誤りである。

(39) シーア派はアリーの前の三人のカリフを認めない。

(40) カリフ制をこのように「正統カリフ」（六三二—六六一年）の時代に限定するのは、きわめて特異な立場である。しかし、これは、政治に道徳的純粋性を求めるというよりも、むしろ後述のような役割を果たしていれば、名称にこだわらないという極めて現実的な態度を示すものといえよう。

(41) シーア・一二イマーム派においては、「お隠れのイマーム」（ghiyābah）が認められ、その帰還・再臨（raj'ah）が待望される。

(42) シーア・一二イマーム派はイマームの不可謬性（ʿiṣmah）を主張する。

(43) STではdār al-Islām（「イスラムの地」）とある。そうなれば、意味は「イスラムの地」の国境を守護すること、となる。

(44) 四人の「正統カリフ」のほかに、タルハ、ズバイル、アブドル＝ラフマーン・イブン＝アウフ、サァド・イブン＝アビー＝ワッカース、サイード・イブン＝ザイド、アブー＝ウバイダ・イブン＝ジャッラーフの六名がそうだといわれている（*Sharh*, p. 74）。

(45) これが礼拝（サラート）の儀礼において、スンニー派とシーア派が異なる主要な点の一つである。

(46) ナツメヤシの実を醱酵させて作った酒の一種である。これが最初に禁止されたのは、その容器がコーランで禁止されている「酒」（khamr）のそれと同じであったからで、したがって後にこの禁止は改められたといわれる。しかし、スンニー派の多くの者はそれをも違法とみなしているという（*Sharh*, p. 75；*EC*, p. 156）。

(47) シーア派、哲学者（faylasūf）、および一部のスーフィーのように、テクストを秘儀的・比喩的に解釈して事実上規範を無効にすることを言っているのである。ちなみに、ガザーリーは比喩的解釈を認めるが、それが許されるための条件を厳密に規定している。

(48) 「もの」とは「存在するもの」（mawjūd）とするならば、これは明らかにトートロジーである。この一文は、「可能的な非存在」（maʿdūm mumkin）を「もの」として外界にそれを認めるムータジラ派に向けられたものである（*Sharh*, p. 78；*EC*, p. 163）。

(49) ガザーリーによれば、祈りの成就は神の意志の変更ではなく、それもすでに神の決定済みの予定に属するものである。

(50) 世の末に現れて、欺瞞によって四〇日ないしは四〇年間世界を支配し、やがて再臨のイエスによって殺されるといわれる。al-Masīḥ al-Dajjāl とも言われ、一説には"masīḥ"には「メシア」のほかに、「一つ目」の意味があり、この偽メシアは一つ目であるとも言われる（A. Abel, "Dadjdjāl," *EI*², II, pp. 76-77；Hughes, *Dictionary*, pp. 328-29）。

(51) ゴグ（Yājūj）とマゴグ（Mājūj）は凶暴な巨人の種族で、地上を荒らし回っていたのを、アレキサンダー大王（「二本角」Dhū al-Qarnayn）によって鉄の壁に閉じこめられてしまったが、終末の時に解き放たれて、地上に姿を現すとされる(18:93-97, 21:95)。

(52) 「ムジュタヒド」とは、信仰上、聖法上の問題の解決に「努力する人」のことで、結論の正否にかかわらず——正しければ二倍の——報いを受けるという。

(53) ガザーリーにとって天使は、様々に変化するが、その本質は肉体性を超越した知性的存在であり、それだけ人間より神に近い存在である。

第2節　コーランの被造性

(1) ジァド・イブン＝ディルハムがコーランの被造性を主張した最初の人だといわれている。彼は、ジャフミー派の祖ジャフム・イブン＝サフワーンの師であり、またカリフ、ヒシャーム(在位七二四—四三年)によって殺されたといわれる(W. M. Watt, "Early Discussions about the Qur'ān," *The Muslim World*, XL, 1950, p. 28)。

(2) I. Goldziher, *Le dogme et la loi de l'Islam*(tr. by F. Arin. Paris, 1920), p. 92.

(3) アシュアリー(九三五年没)に至るまでの初期の議論については、前掲ワットの論文を参照。また現代に至るまでを簡単に概観したものとしては、最近の論文 A. S. Tritton, "The Speech of God," *Studia Islamica*, XXXVI(1972), pp. 5-22, および J. R. T. M. Peters, *God's Created Speech*. Leiden, 1976 を参照。

(4) 例えば、イスラムにおける「心のことば」(後述)に及ぼしたキリスト教のロゴス思想の影響については、A. J. Wensinck, *The Muslim Creed*(Cambridge, 1932), p. 150; L. Gardet & M. M. Anawati, *Introduction à la théologie musulmane*(Paris, 1948), p. 38 を参照。

(5) これは今一つの争点である「廃棄」(al-nāsikh wa'l-mansūkh)の問題に関係する。これは、矛盾するような二つの節がある場合、時代的に後の節が前のものを「廃棄」したとするもので、アシュアリーはそれをコーランをめぐる論点の一つとして述べている(al-Ash'arī, *Maqālāt al-Islāmīyīn wa'khtilāf al-Muṣallīn*[ed. by H. Ritter. Wiesbaden, 1963²], pp. 607-11)。しかし、この問題はむしろ、イスラム法理論(uṣūl al-fiqh)の領域でより盛んに論じられているもので、ここでは取り上げないことにする。

(6) 「コーランの先在性の観念は、天の書板の観念と結びつけられて、民衆の間に広く支持されてきたものであろう」

ともいわれている(Wensinck, *The Muslim Creed*, p. 151)。

(7) コーランの被造性の最初の唱道者はジャフミー派であり、イブン＝ハンバルはジャフミー派を論破するために *Kitāb al-Radd ʿalā al-Zanādiqah waʾl-Jahmīyah*(ed. by M. F. Shaqafah. Hama, n. d. 英訳としてはM. S. Seale, *Muslim Theology* [London, 1964], pp. 96-125)を著し、その三分の一以上の分量をジャフミー派のコーランに関する教説の批判に当てている。しかし、「創造されたコーラン」の主張を含めて神の唯一性に関する限り、ジャフミー派とムータジラ派の間には大きな相違はないので(Watt, "Early Discussions," pp. 30, 33)、本書では両者を区別して論じることはしない。

(8) ムータジラ派の祖とみなされているワーシル・イブン＝アター(七四八年没)はすでに神の属性を否定する教義を打ち出していた。ナーデルによれば、「彼は、ことばおよび聖書が神と共に永遠であるという主張は、非常に危険な、一種の多神崇拝であると考えた。神の中にそれとは別の一つないしいくつかの永遠なる属性を認めることは、彼にとってはそれだけの数の神を認めることであった。このようにして彼は、神の属性は神の本質そのものである、という結論に到達するのである」(A. N. Nader, *Le système philosophique des Muʿtazila*[Beyrouth, 1956], p. 49)。後に彼の理論から全ムータジラ派に共通する五つのテーゼ、すなわち神の唯一性、神の正義(ʿadl)、約束と威嚇(al-waʿd waʾl-waʿīd)、中間の位置(al-manzilah bayn al-manzilatayn)、および善の勧めと悪の禁止(amr biʾl-maʿrūf waʾl-nahy ʿan al-munkar)が展開する。これらのうち、最後の三つのテーゼは他の二つ――神の唯一性と正義――に論理的には還元できるものである。

(9) W. M. Watt, *Free Will and Predestination in Early Islam*(London, 1948), p. 64.

(10) W. M. Patton, *Aḥmed b. Ḥanbal and the Miḥnah*(Leiden, 1897), p. 58.

(11) 長い論争の後、彼らはおおむね次の点で一致した。すなわち、神の諸属性は神の本質に内在する永遠なるもので、それらは神そのものではないが、さりとて神とは別のものではない、と。

(12) 彼らは属性の永遠性を否定することにおいては一致しているが、その神の「属性」をいかに説明するかについては、互いに意見を異にする。例えば、アブー＝フザイル(八四〇年頃没)は「神は自己の本質である知によって知り、自己の本質である力によって全能であり、また自己の本質に他ならない生命・永遠・栄光によって、神は生命に満ちたものであり、永遠なものであり、栄光あるものである」(Nader, *Le système*, p. 56)という。ジュッバーイー(九一五／一六年没)は、属性を「神の本質の『様態』('modes')と考えて、まったく別の存在」とはしなかった(Nader, *ibid.*, p. 57)、等々。

(13) このような態度は、初期のムスリムの間に多く共通してみられた。例えば、マーリキー派の祖マーリク・イブン＝アナス(七九六年没)はかつて、「慈悲深きお方は玉座に座し給う」(20：5)というコーランの一節について、「いかに『座し給う』(istawā)のか」と尋ねられたことがあった。彼はしばらく頭を垂れて沈黙していたが、やがてその額は玉の汗でおおわれた。そこで彼は顔を上げて言った。「『座し給う』という属性は知られていないわけではないが、その様態はわからない。だがそれを信じることは義務であり、それについて詮索することは異端的革新(ビドア)である」と(Ibn Qudāmah, *Taḥrīm al-Naẓar fī Kutub Ahl al-Kalām*[tr. by G. Makdisi. London, 1962], p. 30)。

(14) ʻAbd al-Jabbār, *Mughnī fī Abwāb al-Tawḥīd wa'l-ʻAdl*, Vol. VII(Cairo, 1961), p. 3.

(15) al-Shahrastānī, *Kitāb Nihāyah al-Iqdām fī ʻIlm al-Kalām*[tr. by A. Guillaume. London, 1934), p. 97 ; Imām al-Ḥaramayn, *Kitāb al-Irshād fī Uṣūl al-Iʻtiqād*(tr. by J. D. Luciani. Paris, 1938), p. 102.

(16) しかし、その議論の仕方はあくまでも人間とのアナロジーによるものである。本節、「むすび」を参照。

(17) カリフ、ムタワッキルに答えてイブン＝ハンバルは、次のようなハディースを引用している。「コーランについて議論することは不信仰である」「コーランについて議論することなかれ。それについての議論は不信仰を意味するが故に」(Patton, *ibid.*, p, 159)。

(18) 「アブー＝ハニーファ(七六七年没)とアフマド・イブン＝ハンバルの間の時期に書かれた」(Wensinck, *Muslim Creed*, p. 187)といわれ、アブー＝ハニーファに帰せられている『アブー＝ハニーファの遺言』(*Waṣīyah Abī Ḥanīfah*)の第九項では、目に触れる形でのコーランと神の永遠なることばとしてのコーランが明確に区別されている。さらにパットンによれば、「アフマドの時代の正統派は、コーランについての教義の中で次の三つの要素を考えていた。すなわち、第一に、可視的なコーラン、第二に、天にあるコーラン、第三に、神の永遠なることば、である」(*Ibid.*, p. 185)。したがって、イブン＝ハンバルがコーランについて二つの相異なる観念をもっていても驚くべきことではない。

(19) Abū Yaʻlā, *Kitāb al-Muʻtamad fī Uṣūl al-Dīn*, MS. fol. 33a. なお、写本はダマスカスのザーヒリーヤ図書館所蔵のもの(No. 46)を用いた。

(20) Ibn Taymīyah, "al-Munāẓarah fi'l-ʻAqīdah al-Wāsiṭīyah," *Majmūʻah Rasā'il al-Kubrā*(2 vols. Beirut, 1972^{2}), I, p. 419.

(21) E. Laoust, *Essai sur les doctrines sociales et politiques d'Ibn Taimīya*(Cairo, 1938), p. 171.

(22) 文法学者によれば、ことばとは、「……単独の語ではなく、語の複合よりなり、本性(ṭab')によってではなく、慣習(waḍ')として——感嘆詞と違って——意味をもっている発話(lafẓ)である」(Macdonald, "Kalām," *SEI*, p. 210)。

(23) 彼の説明によれば、「それは神より出たもの」(min-hu bada'a)の意味は、神がそれを語るということであり、神が語るものは何か空間の中に創造されたようなものではなく、また何か別のものから生じてくるようなものでもない、ということである。「そして神に回帰する」(wa-ilay-hi ya'ūdu)ということは、終末において神がコーランの頁や人間の心の中からそれを消してしまい、もはやいかなることばも残らないようにすること、である(Ibn Taymīyah, *ibid.*, p. 419)。

(24) Patton, *op. cit.*, p. 119. この主張は、イブン＝ハンバルと共に投獄されていたシャーフィイー派の一人の言葉として伝えられている。

(25) al-Rāzī, *Kitāb al-Arba'īn fī Uṣūl al-Dīn*(Hydarabad, 1358 AH), pp. 180-81.

(26) Watt, "Ash'arīyah," *EI*², I, p. 696.

(27) Wensinck, *Muslim Creed*, pp. 87ff. 参照。これがまた彼の著作の真偽の問題に絡んでくる。アシュアリーについての最近の研究としては、次を参照—— G. Makdisi, "Ash'arī and the Ash'arites in the Islamic Religious History," *Studia Islamica*, XVII(1962), pp. 37-80 ; XIX(1963), pp. 19-39 ; M. Allard, *Le problème des attributs divins dans la doctrine d'al-Aš'arī et de ses premières grands disciples.* Beirut, 1965 ; D. Gimaret, *La doctrine d'al-Ash'arī.* Paris, 1990.

(28) *Kitāb al-Ibānah 'an Uṣūl al-Diyānah.* Haydarabad, 1321 AH ; English tr. by W. C. Klein. New Haven, 1940.

(29) *Kitāb al-Luma' fī al-Radd 'alā Ahl al-Zaygh wa'l-Bida'.* Ed. & tr. by R. J. McCarthy in *The Theology of al-Ash'arī.* Beirut, 1953.

(30) 例えば、神の名がコーランにある。したがって、それは永遠なものである(*Ibānah*[Klein], p. 70)、のような議論。

(31) Watt, "Ash'arīyah," *EI*², p. 696.

(32) Macdonald, "Kalām," *SEI.*

(33) イマーム＝ハラマインによれば、アシュアリーは「ことばとは、それがある所を話者とするものである」と言ったという(*Irshād*[Luciani], p. 101)。この箇所はマッカーシーも引用している(*Theology*[trans.], p. 24, n. 8)。

(34) *Ibānah*[Klein], p. 81, n. 298.

(35) *Ibid.*, p. 66. この議論はすでにイブン＝ハンバルが用いたものである(本節一四九頁参照)。

(36) *Ibānah*[Klein], p. 68. 他の類似の議論は省略する。

(37) *Ibid.*, p. 71. この物語は、「預言者は喜捨(ṣadaqah)として差し出されたものを食べることには慣れておらず、贈り物として与えられたものをよく食していた。あるユダヤ教徒の女が預言者に羊の丸焼きを差し出した。……しかし、その羊は『私には毒が盛られています』と言った」(*Ibid.*, p. 71, n. 219)という意味のハディースを指している。

(38) シャハラスターニーによれば、イスファラーイニー(一〇七八／九年没)は次のように言ったといわれる、「……宇宙の秩序は神の知の証である。神はあることを知り、そしてそれを伝達しないことはあり得ない。なぜなら、知と伝達は必然的に相関するものであるから」と(*Nihāyah*[Guillaume], p. 92)。彼もまたそのような区別を設けていない。

(39) al-Bāqillānī, *al-Tamhīd fi'l-Radd 'alā al-Mulḥidah al-Mu'aṭṭilah wa'l-Rāfiḍah wa'l-Khawārij wa'l-Mu'tazilah*(Cairo, 1947), p. 47.

(40) *Luma'*[McCarthy], p. 23. 人間とのアナロジーに基づくこの種の議論は、哲学者たちによって、次のように批判されている。「生きた人間には五感がある。しかし、誰も神には嗅覚があるとかないとか敢えて言わないだろう」(*Nihāyah*[Guillaume], p. 92)。ガザーリーもそのような行き過ぎたアナロジカルな議論には警告を発している(ガザーリー『イスラム神学綱要』(拙訳)、五一四—一五頁)。

(41) *Luma'*[McCarthy], pp. 30-31. Cf. *Ibānah*[Klein], pp. 74-75.

(42) al-Baghdādī, *Uṣūl al-Dīn*(Istanbul, 1928), pp. 106-107.

(43) Ibn Taymīyah, *Minhāj al-Sunnah*(4 vols. Cairo, 1904-05), II, p. 124.

(44) Macdonald, "Ṣifa," *SEI*, p. 545.

(45) その一つの表れが、アシュアリー派にみられた「様態の如何を問わず」がアシュアリー派の間で徐々に放棄されてきたことである(W. M. Watt, "Some Muslim Discussions of Anthropomorphism," *Transactions of the Glasgow University Oriental Society*, XIII[1947-49], p. 6)。

(46) 前掲『イスラム神学綱要』五一五—一六頁。

(47) Cf. 'Abd al-Jabbār, *Mughnī*, VII, p. 13.

(48) al-Taftāzānī, *Sharḥ ʻAqā'id Najm al-Dīn al-Nasafī*(tr. by E. E. Elder. NY, 1950), p. 58.

(49) *Arbaʻīn*, p. 174. Cf. *Irshād*[Luciani], p. 102; 前掲『イスラム神学綱要』五一八—一九頁。

(50) *Irshād*[Luciani], p. 124; *Uṣūl al-Dīn*, p. 108.

(51) *Uṣūl al-Dīn*, p. 107. Cf. *Irshād*[Luciani], pp. 105-106.

(52) *Ibid.*, p. 175. Cf. *Irshād*[Luciani], p. 106.

(53) *Arbaʻīn*, pp. 174-75. Cf. *Irshād*[Luciano], p. 119.

(54) *Ibid.*, p. 175. Cf. *Irshād*[Luciano], p. 119.

(55) *Nihāyah*[Guillaume], p. 97; *Arbaʻīn*, p. 178.

(56) このようなアシュアリー派の「心のことば」としてのコーランを、われわれはプラトンの善のイデア、キリスト教のロゴス思想と比較したくなるであろう。事実、あるキリスト教徒がキリストについて聞かれた時、それはスンニー派ムスリムが(創造されざる永遠な)コーランに対して懐く観念と同じだ、と言ったということが伝えられている(Nader, *Système*, p. 99, n. 1; p. 105)。しかも、キリストの神性はコーランにおいてくり返し否定されている事実を考えると(4:171, 5:72-73)、これは興味ある展開である。

(57) W. C. Smith, *Islam in Modern History*(New Jersey, 1957), p. 17, n. 13(拙訳『現代イスラムの歴史』中公文庫、上下、一九九八年、上、四三頁、注(13)); Allard, *Problème*, p. 16.

(58) もちろん、ムータジラ派からみれば、ハンバリー派を初めとして保守的神学者はすべて擬人神観主義者となる。

(59) Ibn Qudāmah, *Taḥrīm*[Makdisi], pp. 28-29.

(60) 皮肉にも、このことを理論的に表明したのはアシュアリー派のガザーリーである(*al-Maqṣad al-Asnā fī Sharḥ Maʻānī Asmā' Allāh al-Ḥusnā*[ed. by F. A. Shehadi. Beirut, 1971], pp. 54, 56)。

第3節　ガザーリーの偶因論

(1) Ghazālī, *Tahāfut al-Falāsifah*(ed. by S. Dunyā. Cairo, 1961), pp. 239-51.

(2) ガザーリー自身は「原因」(sabab)と異なる特別な用語を「偶因」として用いているわけではないが、時として「条件」(shart)という語を用いている(例えば、*Iḥyā'*, IV, pp. 6, 87)。

(3) Ghazālī, *Ibid.*, pp. 243-44.

(4) Moses Maimonides, *The Guide of the Perplexed* (tr. by Shlomo Pines. Chicago, 1964²), pp. 195-205. このほか、原子論については、次を参照—— Salamon Pines, *Beiträge zur islamischen Atomenlehre* (Berlin, 1936); D. B. Macdonald, "Continuous Re-creation and Atomic Time in Moslem Scholastic Theology," *The Moslem World*, XVIII (1928), pp. 6-28; H. A. Wolfson, *The Philosophy of Kalām* (Cambridge, Mass., 1976), pp. 488-558; H. Daiber, *Das theologisch-philosophische System des Mu'ammar Ibn 'Abbād As-Sulamī* (Beirut, 1975), pp. 57-111, 322-334; S van den Bergh, "Djawhar," *EI²*, II, pp. 493-94; M. Fakhry, *Islamic Occasionalism and Its Critique by Averroës and Aquinas* (London, 1958); F. Rahman, "'Araḍ," *EI²*, I, p. 603; R. Frank, *The Metaphysics of Created Being, According to Abū 'l-Hudhayl al-'Allāf* (Istanbul, 1966); A. Dhanani, *The Physical Theory of Kalām* (Leiden, 1994); L. E. Goodman, "Did al-Ghazālī Deny Causality?" *Studia Islamica*, 47 (1978), pp. 83-120.

(5) こうして神以外の存在はすべて原子と偶有に還元して説明される。神以外の存在に関する限り、これは徹底した唯物論であると言えよう。

(6) カラーム(イスラム神学)における原子論の起源については、古代哲学のデモクリトスらの原子論、初期仏教の説一切有部に見られる極微論など諸説があるが、定説はまだない。いずれにしても、古代の原子論と違って、カラームの原子論は自然界を説明するためではなく、神の全能性を現実世界において説明することに主眼が置かれていた。

(7) このようなガザーリーの偶因論に対して、哲学者のアヴェロエスは次のように反論し、批判する。すなわち、事物には本質と、その固有の働きを決定し、それによって事物の本質や名称を分化させる属性があることは自明である。もし事物に固有の性質がなくなれば、それは固有の名前も定義もないことになり、すべての事物は一つとなる。いや実際には、一つでもなくなるのである。また、すべての存在物に反対のことが等しく可能であり、それは神についてもそうであり、これらの対立物の一方が選ばれるのは、神の意志によるのだと神学者たちが認める時、神の意志には事物が常に、また大抵の場合、それに従って起こる一定の基準というものがないことになる。真の知識とは、現実にあるがままの事物についての知識である。しかるに、現実には基体と神の双方について、二つの対立することが可能であるとなれば、一瞬の間においてさえもはや事物についてのいかなる恒常的な知識も存在しないことになる。なぜなら、そのような行為者は、その支配領域の中では誰も代行することができない最高の権力をもち、しかもそれには拠り所となるべき判断の基準も慣行もない暴君のようなものと考えられるからである、と。以上がアヴェロエスの批判の要旨であるが、要するに、因果律の否定は事物の本質を不確定なものにし、それについての知識を不可能にするだけではなく、人間の神認識をも不可能にするというのである(Ibn Rushd, *Tahāfut al-Tahāfut*[ed. by S. Dunyā. 2 vols. Cairo, 1964-65], II, pp. 781-97 ; *Averroes' Tahāfut al-Tahāfut*[tr. by van den Bergh. 2 vols. London, 1969], II, pp. 318-25)。なお、このような問題をめぐる哲学史的議論については、Fakhry, *Islamic Occasionalism* を参照。

(8) コーランには "ʿādah Allāh" の語はないが、"sunnah Allāh" は数回用いられている(17 : 77, 33 : 38, 62 など)。その意味は、いずれも過去の不正なる人びとに対して厳しい罰をもって臨むことが神の慣行であり、それは現代の人びとに対しても同じであるとして、神の慣行の不変性が強調されている。

(9) Ghazālī, *Iḥyā'*, IV, p. 238.

(10) 例えば、*Iḥyā'*, IV, pp. 6, 248 などを参照。また、ガザーリーは、「神の慣行に変更(tabdīl)はない」(*Ibid.*, IV, p. 46)とまで言っている。

(11) Ghazālī, *Iḥyā'*, IV, p. 249.

(12) *Ibid.*, III, p. 19.

(13) この「予定」と「自由意志」の問題については、W. M. Watt, *Free Will and Predestination in Early Islam*(London, 1948)を参照。

(14) こうしてスンニー派の「六信」の中に、「予定」が取り入れられ、「自由意志説」(正義)はさけられた。

(15) 大方の意見では、神の創った行為の獲得を拒否することはできないとされる。神の創った力とは、神の創った行為を獲得することも、しないこともできる力ではなく、正にその行為を獲得するだけの力である。だとすれば、かりに人間が神の創った行為を拒否したとすれば、それは人間が「拒否」を自由に選択したというのではなく、その「拒否」という神の創った行為を、そのために神が創った力で獲得したにすぎない、ということになるであろうか。

(16) Ghazālī, *Iḥyā'*, IV, p. 250.

(17) *Ibid.*, IV, p. 249, および pp. 5-7.

(1) Ibn Sīnā, *Kitāb al-Najāt* (ed. by M. Fakhry. Beirut, 1985)（以下 *Najāt* と略記）, p. 261.「可能的存在者」は時に広義に、必然的存在者をも含めて、存在が正当なものすべてを表わす語としても用いられることがある。

(2) ネットンはイブン＝シーナーによる神の存在証明のヴァリエイションを、次の四つに分ける——必然性からの証明、運動からの証明、因果律からの証明、存在論的証明（I. R. Netton, *Allāh Transcendent* [Richmond : Curzon Press, 1994], pp. 172-74）。

(3) Ibn Sīnā, *Kitāb al-Shifā' : al-Ilāhīyāt* (ed. by S. Dunyā *et al.*, Cairo, 1960)（*Shifā'* と略記）, p. 347 ; *Do., al-Ishārāt wa'l-Tanbīhāt ma'a-Sharḥ Naṣīr al-Dīn al-Ṭūsī wa-Sharḥ Quṭb al-Dīn al-Rāzī*（*Ishārāt* と略記）(Vol. VIII, Tehran, 1398 AH), p. 61.

(4)「ものには本質（māhīyah, ḥaqīqah）において、また存在において原因がある（ma'lūl）」(*Ishārāt*, p. 11)。

(5) P. Morewedge (tr.), *The Metaphysica of Avicenna(Ibn Sīnā) : A Critical Translation-Commentary and Analysis of……the Dānish-Nāma-i 'Alā'ī* Part I（*Dānish* と略記）(NY, 1973), pp. 54-55.

(6) 神の個物知については、哲学的にさまざまな問題がある。例えば、個物の生成消滅に対応して神の知は変化しないのか。個物の多性は神の知の多性を意味しないのか、など。イブン＝シーナーは、神は「芥子粒一つの重さすら知悉している」(10 : 61) とコーランにいうごとく、神の個物知を認める (*Shifā'*, II, p. 359)。しかし、神の知に変化はないという。「必然的存在者はその普遍的知によってすべてを知る。何もそれから隠されていない」(*Dānish*, p. 66) からである。むろん、神の知は対象から来る「受動的知」('ilm-i infi'ālī) ではなく、対象を生み出す「能動的知」('ilm-i fi'lī) であるが (*Dānish*, pp. 61-62 ; *Shifā'*, II, p. 363)、その「普遍的知」とは何か。イブン＝シーナーは天体の諸現象や運動を例に引いて説明しているが (*Shifā'*, II, pp. 360-61)、それは「個々のものを普遍的なものとして知ること」(*Shifā'*, II, p. 360)、つまり個物としての個物ではなく、普遍概念を担ったものとしての個物、およびそれらの間の一般的関係についての知といってよさそうである。

しかし、普遍概念は多であり、それらの知は神の知の多性 (bisyārī) を意味しないか。むろん、イブン＝シーナーはこれを否定する。それは、ある人が論争の相手から多くの質問を受け、それらすべてに対する回答として「一つの思想」(yak khāṭir)が心に浮かぶとし、最初、それは心の中で個別に定式化されていないが、やがて反省の結果、後に言語によってさまざまに表現されるようなものだ、と説明する(*Dānish*, p. 62)。わかりにくい説明であるが、神は第一原理として、直接的・間接的にあらゆる存在の原因であり、原因を知ることによってすべてを知るということであるのか。いずれにしても、この問題はガザーリーの『自己矛盾』の第一三章、「神は個物を知らぬとする哲学説の批判」でも扱われている。この問題をめぐる研究としては、次を参照――I. R. Netton, *op. cit.*, pp. 161-62; P. Morewedge (tr.), *Dānish*, pp. 225-26; M. E. Marmura, "Some Aspects of Avicenna's Theory of God's Knowledge of Particulars," *JAOS*, 82 (1962), pp. 299-312; *Do.*, "Divine Omniscience and Future Contingents in Al-Farabi and Avicenna," T. Rudavsky (ed.), *Divine Omniscience and Omnipotence in Medieval Philosophy* (Dortrecht: D. Reidel Publishing Co., 1985), pp. 81-94; O・リーマン『イスラム哲学への扉――理性と啓示をめぐって』(拙訳、ちくま学芸文庫、二〇〇二年)、二四七―七三頁。

(7) このように必然的存在者は、存在(annīyah)をのぞけば、他の存在者との類似性はすべて否定され、ただ他との関係性においてしか肯定的に語り得ない点で、ネットンはプロティノスの一者(to hen)との対応をみるが(Netton, *op. cit.*, p. 160)、モレウェッジはプロティノスの一者は存在をも超え、言説不能で自己思惟すらないことから、両者の違いを強調する(*Dānish*, pp. 240-41)。

(8) Cf. S. H. Nasr, *An Introduction to Islamic Cosmological Doctrines* (Cambridge, Mass., 1964), pp. 177-274; L. Gardet, *La pensée religieuse d'Avicenne* (*Ibn Sīnā*) (Paris, 1951), pp. 35-68; S. M. Afnan, *Avicenna: His Life and Works* (London, 1958), pp. 126-35.

(9) S. van den Bergh (tr. & ann.), *Averroes' Tahāfut al-Tahāfut* (2 vols. London, 1969) (*Bergh* と略記), II, pp. 63, 71.

(10) 天球は他の物体と同様、形相と質料から成っているという見解は、イブン＝シーナーが誤って逍遥学派に帰したものである、とイブン＝ルシュドはいう(*Bergh*, I, p. 142)。しかし、ファン＝デン＝ベルグによれば、アリストテレスの定義に従って、質料を生成消滅の基体とすれば、天体にはそのようなものはないが、運動の基体ととれば、天的実体(アイテール)が質料となる(*Bergh*, II, p. 94)。

(11) Netton, *op. cit.*, p. 167.

(12) *Ibid.*, p. 213.

(13) Ibn Rushd, *Kitāb Faṣl al-Maqāl*(tr. by G. F. Hourani. London, 1967), pp. 56-57. この問題については、リーマン、前掲書、六四—六六頁参照。

(14) 原子論については、前節、注(6)を参照。

(15) Shahrastānī, *Nihāyah al-Iqdām fī 'Ilm al-Kalām*(Baghdad, n. d.), p. 5.

(16) Ghazālī, *Tahāfut al-Falāsifah*(ed. by S. Dunyā. Cairo, n. d.), p. 110.

(17) Ibrāhīm Madkūr, "Introduction," *Shifā'*, I, p. 22. 確かに、アリストテレスは時間の永遠性を説いたが、それは世界の永遠性と、時間を運動の量とする定義に対応するものであった。いまこの時間の定義に従い、かつ神学者の言うように、時間は神の被造物であるとすれば、神の世界創造以前には時間は無かったのであるから、「神はあったが、世界は無かった」時の時間は無いわけである。したがって、神学者のいう「神は存在していた。次に創造した」と、哲学者のいう「神は存在し、(同時に)創造した」の違いは微妙である。

(18) A. M. Goichon, *Lexique de la langue philosophique d'Ibn Sīnā*(Paris, 1938), pp. 18-19; Gardet, *op. cit.*, pp. 64-65.

(19) Nasr, *op. cit.*, pp. 212-13; Gardet, *op. cit.*, pp. 64-65.

(20) Ghazālī, *Tahāfut*, p. 137.

(21) *Ibid.*, p. 135.

(22) *Ibid.*, pp. 101-107; *Do., al-Iqtiṣād fi'l-I'tiqād*(Ankara, 1962), pp. 101-108 (『イスラム神学綱要』拙訳、平凡社、二〇〇〇年、五〇三—一〇頁)。

(23) リーマン、前掲書、一〇九頁。いずれにしても、ガザーリーにとっては、神は思い直すことのできる自由をもっているということが重要なのである。イブン＝シーナーにとっては、原理的に神は世界を創造するか否かを決定する自由をもたないことは確かである(Gardet, *op. cit.*, p. 42)。

(24) Ibn Rushd, *Tahāfut al-Tahāfut*(以下 *IR* と略記) (2 vols. Cairo, 1964-65), I, pp. 251-53; *Bergh*, I, pp. 87-88.

(25) Ghazālī, *Tahāfut*, pp. 146-52.

(26) 井筒俊彦『神秘哲学』井筒俊彦著作集、第一巻、中央公論社、一九九一年、四三三頁。

第5節　ガザーリーの哲学批判

（1）Ed. by S. Dunyā. Cairo: Dār al-Ma'ārif, 1961.（以下 *MF* と略記）

（2）これには、ブイジュ神父の校訂したもの（Beirut: Catholic Press, 1962）とスライマーン・ドゥンヤーの校訂したもの（Cairo: Dār al-Ma'ārif, 1966）の二種の刊本がある。両刊本の間に多少のテクストの違いが見える。特に、前者には誤植が多いので、引用は後者による（以下 *TF* と略記）。最近、アラビア語のテクストと共に、新しい英訳が刊行された（M. E. Marmura [tr.], *Al-Ghazālī: The Incoherence of the Philosophers*. Provo: Brigham Young University Press, 1997）。

（3）テクストにはジャミール・サリーバーとカーミル・イヤードが校訂したものを用いる（Damascus: Maktab al-Nashr al-'Arabī, 1934）（以下 *MD* と略記）。

（4）拙稿「伝統と革新――ガザーリーの精神遍歴」『思想』第六五一号、一九七八年九月、四二―五七頁参照。

（5）M. Bouyges, *Essai de chronologie des œuvres de al-Ghazali* (ed. by M. Allard. Beirut, 1959), pp. 23-24.

（6）Ibn Rushd, *Tahāfut al-Tahāfut* (ed. by S. Dunyā. 2 vols. Cairo, 1964-65). これにはファン＝デン＝ベルグの英訳がある（*Averroes' Tahafut al-Tahafut*. 2 vols. London, 1969）。ガザーリーのこの『自己矛盾』の後、クトゥブッディーン・アブー＝ハサン（一一七七年没）、ムハッキク・ハワージャ・ナシールッディーン・トゥーシー（一二七四年没）、ハワージャ・ザーデ（一四八七年没）らによって、同名の著作による哲学批判が続けられてきた。

（7）K. Nakamura, "A Bibliography on Imām al-Ghazālī," *Orient*, XIII (1977), pp. 119-34 を参照。

（8）もちろん、イスラム世界に伝えられたアリストテレスはすでに新プラトン主義的に解釈されたものであった。

（9）ガザーリー自身の神学的立場を明確に表明したとされるのが *al-Iqtiṣād fi'l-I'tiqād*（『イスラム神学綱要』）である。

（10）この他に、「純粋実体」(jawhar mujarrad)、「第一知性」(al-'aql al-awwal) とも呼ばれるが、イスラムの伝統的用語では天使と言われるものだという。

（11）これが哲学者の第一の証明とその批判であるが、第二は時間の無限性から運動の無限性、さらにそれから運動するものとしての世界の永遠性を証明する問題である。第三と第四は、世界の存在可能性が無限であることから存在可能性という属性の基体としての世界の永遠性を証明する問題である。

（12）この部分の訳については、A. Kamal (tr.), *al-Ghazali's Tahafut al-Falasifah* (Lahore, 1963), p. 110 に従った。

(13) 神の属性を認めるか否かは、神の唯一性を相対的なものと考えるか、絶対的なものと考えるかに帰着し、後者の考え方は歴史的にはアレキサンドリアのフィロにまでたどり得るという(H. A. Wolfson, *The Philososphy of the Kalam* [Cambridge, Mass., 1976], pp. 132-143)。

第6節 ガザーリーと論理学

(1) V. Chelhot, "《Al-Qisṭās al-Mustaqīm》 et la connaissance rationnelle chez Ġazālī," *Bulletin d'Études Orientales*, XV (1955-57), pp. 7-98.

(2) R. Brunschvig, "Pour et contre la logique grecque chez les théologiens-juristes de l'Islam," *Convegno Internazionale 9-15 Aprile 1961* (Roma : Accademia Nazionale dei Lincei, 1971), pp. 185-209.

(3) *Do.*, "Valeur et fondement du raisonnement juridique par analogie d'après Al-Ġazālī," *Studia Islamica*, XXXIV (1971), pp. 57-88.

(4) I. Goldziher, "Die Stellung der alten islamischen Orthodoxie zu den antiken Wissenschaften," *Abhandlungen der Königlich-Preußischen Akademie der Wissenschaften* (Philosophisch-Historische Klasse, 1915), pp. 1-46.

(5) イスラムにおける論理学史については、N. Rescher, *The Development of Arabic Logic* (Pittsburgh : University of Pittsburgh, 1964)がある。その他、G. E. von Grunebaum (ed.), *Logic in Classical Culture* (Wiesbaden : Otto Harrassowitz, 1970) ; Kwame Gyekye (tr.), *Arabic Logic : Ibn al-Tayyib's Commentary on Porphyry's Eisagoge* (Albany : SUNY Press, 1979)がある。このうち、二番目の論文集に集録されている R. Brunschvig, "Logic and Law in Classical Islam," *Ibid.*, pp. 9-20 ; Josef van Ess, "The Logical Structure of Islamic Theology," *ibid.*, pp. 21-50 が有益である。

(6) ガザーリーの著作については、'Abd al-Raḥmān Badawī, *Mu'allafāt al-Ghazālī* (Cairo, 1961)を参照。

(7) I. Goldziher, *Streitschrift des Ġazālī gegen die Bāṭinijja-Sekte* (Leiden, rep. 1956), p. 31.

(8) *Maqāṣid al-Falāsifah* (ed. by S. Dunyā. Cairo, 1961), pp. 32, 385.

(9) *Tahāfut al-Falāsifah* (ed. by S. Dunyā. Cairo, 1966[3]), p. 87. ただし、ベイルートのブイジュ校訂版では、書名は "Mi'yār al-'Aql" (理性の試金石)となっているが(p. 47)、"Mi'yār al-'Ilm" のことであることは明白である。

(10) *Mi'yār al-'Ilm*(ed. by S. Dunyā. Cairo, 1961), pp. 191, 284, 307, 334, 336.

(11) *Miḥakk al-Naẓar fi'l-Manṭiq*(ed. by M. Badr al-Dīn al-Nu'mānī. Beirut, 1966), p. 145. ただし、この言及箇所(本書、二三八頁)でガザーリーは、『試金石』がまだあまり人に見せられない未完成の作品であり、機会があれば改訂したいと言っており、もし現存の『試金石』が改訂後のものであれば、順序は『基準』→『試金石』と逆になるであろうが、後述のような理由で筆者はそうではないと考えている。

(12) *al-Qisṭās al-Mustaqīm*(ed. by V. Chelhot. Beirut, 1959), pp. 72, 75.

(13) *Fayṣal al-Tafriqah bayn al-Islām wa'l-Zandaqah*(ed. by S. Dunyā. Cairo, 1961), pp. 181, 201.

(14) *al-Mustaṣfā min 'Ilm al-Uṣūl*(2 vols. Cairo, 1322-24 AH), I, p. 185.

(15) *al-Munqidh min al-Ḍalāl*(*MD*), p. 85.

(16) *Mustaṣfā*, I, p. 4.

(17) 拙稿「ガザーリーのバーティニー派批判覚え書」『小口偉一教授古稀記念論文集——宗教と社会』春秋社、一九八一年、三七一—八三頁。

(18) *al-Iqtiṣād fi'l-I'tiqād*(Ankara, 1962), p. 15.(ガザーリー『イスラム神学綱要』拙訳、四三頁)

(19) M. Bouyges, *Essai de chronologie des œuvres de al-Ghazali*(ed. by M. Allard. Beirut, 1959), p. 34.

(20) V. Chelhot, "《Al-Qisṭās al-Mustaqīm》," p. 93.

(21) L. Massignon, *Recueil de textes inédits concernant l'histoire de la mystique en pays de l'Islam*(Paris, 1929), p. 93.

(22) ゴルトツィーハーは、具体的な成立時期は確定できないとしながらも、後述(本書、二二九頁)の『基準』の序文に述べられている論理学に対するガザーリーの否定的言辞から推して、「いずれにしても、それ(『基準』)は彼の高齢期に属する」としている(Goldziher, "Die Stellung," p. 31, n. 3)。筆者にも、後述の『基準』の跋文(本書、二二八頁)の言い回し、特に『試金石』について、それを修正する必要があったが、「これまで運命によってそれができずにいる……」という表現を考えると、『試金石』と『基準』の間にかなりの期間があったようにも受け取れるが、それはあくまでも相対的な期間であって、引退以前の成立と矛盾するものではない。筆者はむしろゴルトツィーハーの指摘する論理学に対するガザーリーの不満を引退に至る前の内的危機と結びつけて考えたい。

(23) 本書はいち早くラテン語に翻訳され、中世ヨーロッパでは哲学の入門書として広く読まれた。ところが、写本が流布する過程で本書執筆のガザーリーの意図を記した序文と跋文がいつの間にか脱落してしまったため、ラテン・キリスト教世界ではガザーリーは一般に哲学者とみなされたのである（本書、序を参照）。

(24) 第四格は省略されている。他の著作においても同様である。これは、媒概念が大前提の述語となり、小前提の主語となる形式であるが、容易に第一格に変格しうるので不用としたのであろうか。

(25) これは三段論法の一種である。したがって、多くの場合、証明法としては三段論法・帰納法・類推の三つがあげられる。

(26) 本書、二三五—二三六頁を参照。

(27) I. Goldziher, "Die Stellung," p. 31.

(28) 『意図』では、語をその意味内容から〈同類語〉〈同義語〉〈異語異義語〉〈多義語〉〈共通語〉の五つに分けている（本書、二二〇頁参照）。『試金石』では、最後の〈共通語〉が〈類似語〉(ism mutashābih) と呼び替えられ、これがそのまま『基準』(pp. 19-20)、『精要』(p. 32) に引き継がれていくが、そのほかに〈曖昧語〉(ism mushakkak) が付加されている。これは「それ自体では同一の意味をもつ二つのものを指すが、別の観点からはその意味が両者の間で異なる語」(p. 82) と規定され、例えば、〈存在〉(wujūd) が〈存在するもの〉(mawjūd) を表わすものとされる。『試金石』(p. 85-88) では、このほかにさらに一節を設けて別の基準による語の区分として、〈借用語〉(mustaʻār)・〈移行語〉(manqūl)・〈多義語〉(mushtarak) の三つをあげている。〈借用語〉とは、"umm"(母) の語が大地や四原素にそれぞれ "umm al-bashar"(人類の母)、"ummahāt"(umm の複数) として借用されるような語をいう。〈移行語〉とは、"ṣalāt"(礼拝) と "ḥajj"(巡礼)、"kāfir"(不信仰者) と "fāsiq"(罪人) のように、「本来の意味から別の意味に移行し、恒常的にそれを表す語となり」、しかも元の意味も保持している語を指す。

(29) もちろん、この書名は *Kitāb Miʻyār al-ʻIlm* をガザーリー——ないしは、コピイスト——が書き誤ったものである。

(30) これは他の著作においても同様である（『基準』pp. 75-78;『精要』pp. 52-54）。

(31) 『意図』では、概念の説明に〈定義〉と〈記述〉をあげているが（本書、二二一頁）、『基準』(p. 103) と『精要』(p. 12) では、定義を〈釈義的定義〉(ḥadd lafẓī)・〈記述的定義〉(ḥadd rasmī)・〈真の定義〉(ḥadd ḥaqīqī) の三つに区分している。また、真の定義が「類概念と種差」であるとすれば、〈存在するもの〉や〈実体〉のような単一概念には真の定義はない。その場合可能なことは、語の説明や類似のものとの対比による記述的定義であるとして、これを具体的に説明し、その効用を積極的に評価している(『基準』pp. 114-18;『精要』pp. 19-21, 24-27)。

(32) 例えば、個物から類概念の認識に至る〈知〉の認識論的説明(pp. 27-30)、ものの存在のさまざまなレベルとして、実在としてのものそのもの(ḥaqīqah)、脳の中に映じた像(mithāl)としての本質(知識)、その像を言葉で表現したもの(lafẓ)、それを文字で記したもの(kitābah)、の四つを定義との関連であげている(pp. 119-20)。これらは後の著作にも述べられているが(『精要』pp. 21-23)、これがガザーリー自身の考えによるのか、あるいは『意図』の中に本来記述されるべきであったものを省略していただけのことであったのか、筆者にはまだ判断できない。

(33) N. Rescher, *The Development*, pp. 61-63.

(34) Goldziher, "Die Stellung," p. 7.

(35) 本書、二三七—二三八頁参照。

(36) Goldziher, *op. cit.*, p. 24.

(37) 『試金石』p. 200.

(38) C. A. Qadir, "An Early Islamic Critic of Aristotelian Logic: Ibn Taimiyyah," *International Philosophical Quarterly*, VIII (1968), pp. 508, 511-12. ガザーリー自身もこのような批判を予想して、三段論法はまったく新しい知識を生むわけではないが、潜在的な知識を顕在化させるものである、と反論している(『試金石』pp. 236-40;『基準』pp. 75-78;『精要』pp. 52-54)。

(39) R. Brunschvig, "Pour et contre la logique greque," pp. 186-95.

(40) J. van Ess, "The Logical Structure of Islamic Theology," p. 47.

(41) 拙稿「ガザーリーのバーティニー派批判覚え書」(前出)参照。

(42) その批判の基準として書いたのが *Faysal al-Tafriqah* である。

(43) 神学者はこれを「未知のことを既知のことに帰着させること」("Radd al-ghā'ib ilā al-shāhid)と呼ぶと言っている。

(44) 『意図』のこの部分の記述は、ガザーリー自身のオリジナルな考えではないかとも思われるが、今の段階では断定できない。いずれにしても、彼の他の論理学書にもくり返されているので、彼の思想とみなしてもいいであろう(『試金石』pp. 165-70；『秤』pp. 95-99)。

(45) その一つの具体例が『神学綱要』である。この書では、論証の詳細については『試金石』と『基準』で述べたとして、「探究と分割」(選言的三段論法)と定言的三段論法と帰謬法(もっとも、最後の二つをこの名称で呼んでいるわけではないが)の三つをあげている(pp. 15-17；拙訳、四三二―三四頁)。

(46) van Ess, "The Logical Structure," p. 50.

(47) Ibn Khaldūn, *al-Muqaddimah* (ed. by Quatremère. 3 vols. Paris, 1858), III, p. 113 ; F. Rosenthal (tr.), *The Muqaddimah* (3 vols. Princeton, 2nd ed., 1958), III, pp. 143-44.

(48) Ibn Khaldūn, *ibid.*, III, pp. 114-16 ; Rosenthal, III, pp. 143-46. Cf. pp. 51-54.

(49) ちなみに、ファン＝エスはこのイブン＝ハルドゥーンの記述には何の言及もしていない。

(50) 『誤り』pp. 12-14.

(51) われわれは先に(本書、一二九頁)、『基準』の序文でガザーリーが論理学に対して嫌悪の感情を懐き、それから一時離れたと述べていることを紹介したが、それは具体的には彼が陥ったこのような懐疑論とそれからの回復のことを指しているのではないだろうか。筆者はそのように考えたい。だとすれば、このいわゆる「第一の危機」の時期は『基準』執筆の直前だったことになる。

(52) 『誤り』pp. 13-14.

(53) 本書、一三二頁における『精要』の神学論への言及を参照。もっとも神学(理性)は啓示の具体的内容についてそれを受け入れるだけだとされているが。そのような神学の具体的成果が『神学綱要』である。このような点を考えると、『自己矛盾』におけるガザーリーの哲学批判を、例えば、バーティニー派批判などとは異なる理性批判、すなわち真理認識の能力としての理性の否定ととらえ、爾来広く受け入れられてきたマクドナルドの見解(Macdonald, "The Life of al-Ghazzālī," p. 103)は再考の必要がありそうである。

第7節　神の予定と正義

(1) アシュアリー派では、神の予定を一般にカダル(qadar)とカダー(qaḍā')の二つに分けている。後者が全体的一般的な神の決定であるとすれば、前者はそれを時空の中で具体化していく神の決定である。ガザーリーは人間に対する神のカダーを(神への)「服従」・「不服従」、「幸運」・「不運」の四つに分けている(Ghazālī, *Kitāb al-Arbaʻīn fī Uṣūl al-Dīn* [Cairo, 1925], pp, 10-11)。ここでは、カダルとカダーを含めて「予定」としている。

(2) *Arbaʻīn*, pp. 9-13.

(3) *Ibid.*, pp. 14-16.

(4) al-Baghdādī, *Kitāb Uṣūl al-Dīn*(Istanbul, 1928), pp. 133-34.

(5) A. L. Tibawi, "Al-Ghazālī's Tract on Dogmatic Theology, Edited, Translated, Annotated, and Introduced," *The Islamic Quarterly*, IX(1965), pp. 87-88(text), p. 109(trans.).

(6) E. L. Ormsby, *Theodicy in Islamic Thought : The Dispute over al-Ghazālī's "Best of All Possible Worlds"* (Princeton, 1984), p. 21.

(7) G. F. Hourani, *Islamic Rationalism : The Ethics of ʻAbd al-Jabbār*(Oxford, 1971), pp. 10-12.

(8) D. B. Macdonald, *Development of Muslim Theology, Jurisprudence and Constitutional Theory*(rep. Beirut : Khayats, 1965), pp. 189-90.

(9) al-Ashʻarī, *Kitāb al-Lumaʻ fī al-Radd ʻalā Ahl al-Zaygh wa'l-Bidaʻ*(ed. by R. J. McCarthy in *The Theology of al-Ashʻarī* [Beirut, 1953]), p. 189.

(10) al-Ghazālī, *Iḥyā' ʻUlūm al-Dīn*, I, p. 90.

(11) al-Ghazālī, *al-Iqtiṣād fi'l-Iʻtiqād*, p. 163(『神学綱要』、五五五―五六頁)。

(12) Tibawi, *ibid.*, p. 90(text), p. 115 (trans.).

(13) al-Ghazālī, *Iqtiṣād*, p. 165(『神学綱要』五五六―五七頁)。

(14) *Ibid.*, p. 176(『神学綱要』五六五頁)。

(15) *Iḥyā'*, I, p. 90.

(16) *Ibid.*, IV, pp. 252-53. Cf. *Arbaʻīn*, pp. 242-43.

(17) al-Ghazālī, *Kitāb al-Imlā' fī Ishkālāt al-Iḥyā'*(*Iḥyā'*, I, pp. 55-203[on the margin]), pp. 171-72.
(18) *Arba'īn*, p. 270.
(19) al-Zabīdī, *Itḥāf al-Sādat al-Muttaqīn bi-Sharḥ Asrār Iḥyā' 'Ulūm al-Dīn*. 10 vols. Cairo : al-Maṭba'ah al-Maymunīyah, 1311 AH/1894.
(20) *Arba'īn*, p. 268.
(21) *Ibid.*, p. 269.
(22) 鈴木大拙が禅における悟りの意識の特徴の一つとして「肯定」(Affirmation)をあげているが(拙著『ガザーリーの祈禱論』五五頁、注(36)参照)、現実のあるがままの肯定は総じて神秘体験の特徴の一つとみてよいであろう。

終章　神学と哲学の間

第1節　ガザーリーとアシュアリー派神学

(1) 本書は *Risālah al-Nafkh wa'l-Taswiyah* とも、*al-Ajwibah al-Ghazālīyah fi'l-Masā'il al-Ukhrawīyah* とも呼ばれ、幾つかの写本が現存する。筆者は目下そのテクストを校訂中である。
(2) M. Bouyges によれば、W. H. T. Gairdner, D. B. Macdonald, M. Asín Palacios, Carra de Vaux はこれを真作としているが、L. Massignon や後述の Watt はそれを否定している(*Essai de chronologie des œuvres de al-Ghazali*[Beirut, 1959], pp. 53-56)。また、H. Lazarus-Yafeh もそれを否定している(*Studies in al-Ghazzali*[Jerusalem, 1975], pp. 251, 256 *et al.*)。
(3) D. B. Macdonald, "The Development of the Idea of Spirit in Islam," *Acta Orientalia*, IX(1931), pp. 333-37.
(4) W. M. Watt, "The Authenticity of the Works Attributed to al-Ghazāli," *JRAS*, 1952, pp. 24-25.
(5) *al-Maḍnūn al-Ṣaghīr*(in *Quṣūr al-'Awālī*[Cairo, n. d.], pp. 347-62), pp. 352-53.
(6) 最近の論文 "The Non-Ash'arite Shafi'ism of Abū Ḥāmid al-Ghazzālī"(*REI*, 54[1986], pp. 239-57); "Al-Ghazālī, disciple de Shāfi'ī en droit et en théologie"(*Ghazālī, la raison et le miracle. Table Ronde Unesco*, 9-10 Décembre 1985[Paris, 1987], pp. 45-55)で、G. Makdisi はガザーリーは元々アシュアリー派ではなかったことを論証しようとしている。しかし、それは

ガザーリー自身の著作の思想分析によるものではなく、もっぱら内外の伝聞に依拠するものであり、説得力を欠く。例えば、ガザーリーはマグレブのあるアシュアリー派から攻撃を受けており、一〇〇パーセントのアシュアリー派ではない、とのGoldziherの言葉を引用しているが("Al-Ghazālī, disciple de Shāfi'ī," p. 47)、Goldziherがそこで意図していたことは、文脈からみてガザーリーがスーフィズムの影響を受けて、もはや「徹頭徹尾明白なアシュアリー派ではない」ということであって、まったくアシュアリー派ではない、あるいはなかった、と言っているのではなく、むしろわれわれの立場を強化するものである(I. Goldziher, *Le livre de Muhammad Ibn Tumart, Mohdi des Almohades*[Alger, 1903], pp.37-38)。また、ガザーリーの*Mishkāt al-Anwār*の第三部の詳細な分析によって、それにイスマーイール派思想の影響を見ようとしたH. Landolt, "Ghazālī and 'Religionswissenschaft'"(*Asiatische Studien*, XLV/1[1991], pp. 19-72)も、ガザーリーをユニークなアシュアリー派とする、われわれの立場を支持するものである。

(7) Macdonald, "The Life of al-Ghazzālī," p. 105.

(8) このことは、"taqlīd"に対するガザーリーの厳しい態度に通じるものである(Cf. H. Lazarus-Yafeh, "Some Notes on the Term 'Taqlīd' in the Writings of Al-Ghazzālī," *Israel Oriental Studies*, I[1971], pp. 249-56)。

(9) Ibn Khaldūn, *al-Muqaddimah*(Ed. Quatremère. 3 vols. Paris, 1858), III, pp. 113(『歴史序説』森本公誠訳、一〇四八頁)。

(10) Ibn Khaldūn, *ibid.*, pp. 114-16(同訳、一〇四九―五一頁)。

(11) G. F. Hourani, "The Revised Chronology of Ghazālī's Writings," *JAOS*, 104/2(1984), p. 294.

(12) A. L. Tibawi, "Al-Ghazālī's Tract on Dogmatic Theology," p. 90(Arabic); pp. 114-15(trans.).

(13) *Ibid.*

(14) 初期のムータジラ派、特にバスラ派には原子に大きさを認める人がいたが、少なくとも後のアシュアリー派では、それは大きさのない幾何学的な点とみなされた。むろんその他に、Abū al-Hudhaylのように霊魂を偶有としたり、またそれを「生命」に限定する者などもいた。その場合、人間は死後は純粋無となる(Ibn Qayyim, *Kitāb al-Rūḥ*[Beirut, 1979], pp. 93, 110. なお、本書については、F. T. Cooke, "Ibn al-Qayyim's Kitāb al-Rūḥ," *The Muslim World*, 25(1935), pp. 129-44を参照)。

(15) H. Stieglecker, *Die Glaubenslehren des Islam*(Paderborn, 1962), p. 661. Cf. J. I. Smith & Y. Y. Haddad, *The Islamic*

Understanding of Death and Resurrection (Albany, 1981), pp. 18-21.

(16) Cf. Macdonald, "The Development of the Idea of Spirit," p. 323. ちなみに、ガザーリーの師イマーム＝ハラマインはこう言っている。「霊魂(rūḥ)は微細な物体(ajsām laṭīfah)で、知覚される肉体と絡み合っていて、この関係が続く限り、神はその肉体の生命を慣行(ʿādah)として維持する。両者が分離すると、慣行によって死が生命に取って代わる」と(Imām al-Ḥaramayn, *Kitāb al-Irshād* [Cairo, 1950], p. 377)。

(17) 前述の *al-Risālah al-Qudsīyah* もこのカテゴリーの著作に入れることができよう。M. E. Marmura はこの引用文をそのまま受け取り、*Tahāfut* の記述はガザーリーの真意を示すものではないとしている("Al-Ghazālī's Second Causal Theory in the 17th Discussion of His Tahāfut," P. Morewedge (ed.), *Islamic Philosophy and Mysticism* [N. Y., 1981], p. 101)。他方、B. Abrahamov は、ガザーリーは *Iqtiṣād* の見解を後の *Iḥyā'* において変更したとし、後者の記述に矛盾が見られるのは、その変更をカムフラージュするためとしている("Al-Ghazālī's Theory of Causality," *Studia Islamica*, 67 [1988], p. 91)。

(18) Hourani, "The Revised Chronology," p. 294.

(19) 例えば、*Iḥyā'*, IV, p. 483 などを参照。

(20) 言うまでもないことであるが、ガザーリーは哲学者の説をすべて否定したわけではない。むしろ、論理学や自然学のように彼が真実と考え、利用できるものはこれを積極的に受け入れているのである(Cf. *Munqidh*, pp. 84-107)。

(21) O・リーマン『イスラム哲学への扉』(拙訳、ちくま学芸文庫、二〇〇二年)、一二三頁参照。

(22) ガザーリーは、人間が何かを愛する根拠として、直接的間接的に自己の存続に益するもの、善・美そのもののほかに、相互の間の内的関係(munāsabah)・共通性(mushākalah)をあげ、これらの根拠をすべて完全に備えているのが神であるとし、神への愛の必然性を説き、特に神と人間の内的関係・共通性を強調している(*Iḥyā'*, IV, pp. 285-99)。また、旧約に由来する有名なハディース、「神はその姿に似せて('alā ṣūrati-hi)アダムを創った」について、アシュアリー派を含めて大方の神学者が神の超越性を強調する余り、「その姿」を神の姿ではなく、アダムの姿と解釈してきたのに対して、ガザーリーはこれをそのまま「神の姿」と解した(Cf. W. M. Watt, "Created in His Image: A Study in Islamic Theology," *Glasgow University Oriental Society Transactions*, 18 [1959-60], pp. 38-49)。また、ほぼ一〇〇年後の、同じアシユアリー派の神学者ファフルッディーン・ラーズィー（一二〇九年没）の存在論では、「自体的に可能的なもの」として、「空間を占めるもの」(原子、物体)、「空間を占めるものに内在するもの」(偶有)と並んで「空間を占めず、空間を占めるものに内在しないもの」が明確に、存在の別のカテゴリーとして設定されている(青柳かおる「ファフルッディーン・ラーズィーの宇宙論」東京大学大学院人文社会系研究科博士論文、二〇〇〇年、四四―五一頁)。これらの事実もこの際想起すべきであろう。なお、筆者の立場を支持する最近の注目すべき研究として、T. J. Gianotti, *Al-Ghazālī's Unspeakable Doctrine of the Soul: Unveiling the Esoteric Psychology and Eschatology of the Iḥyā'* (Leiden: Brill, 2001)を参照。

(23) また、最近の研究では、ガザーリーの因果律の考えは、伝統的アシュアリー派の立場を離れ、哲学に接近していることが言われている。次の研究を参照――W. J. Courtenay, "The Critique of Natural Causality in the Mutakallimun and Nominalism," *The Harvard Theological Review*, 66 (1973), pp. 77-94; L. E. Goodman, "Did Al-Ghazālī Deny Causality?" *Studia Islamica*, 47 (1978), pp. 83-120; I. Alon, "Al-Ghazālī on Causality," *JAOS*, 100 (1980), pp. 397-405; B. Abrahamov, *op. cit.*

第2節　ガザーリーは哲学者か？

(1) R. M. Frank, *Creation and the Cosmic System: al-Ghazâlî & Avicenna*, Heidelberg: Carl Winter Universitätsverlag, 1992; *Al-Ghazālī and the Ash'arite School*. Durham & London: Duke University Press, 1994.

(2) M. E. Marmura, "Al-Ghazālī's Second Causal Theory in the 17th Discussion of His Tahāfut," *Islamic Philosophy and Mysticism* (ed. by P. Morewedge. New York: Delmar, 1981), pp. 85-112; "Ghazālī's Chapter on Divine Power in the Iqtiṣād," *Arabic Sciences and Philosophy*, IV (1994), pp. 279-315; "Ghazālian Causes and Intermediaries," *JAOS*, 115. 1 (1995), pp. 89-100.

(3) H. A. Davidson, *Alfarabi, Avicenna, & Averroes on Intellect*. New York & Oxford: Oxford University Press, 1992.

(4) 詳しくは、拙稿「ガザーリー研究の回顧と展望――秘説の問題を中心として」『オリエント』第二二巻第一号、一九七九年を参照。

(5) ここでデヴィドソンの議論の一例を紹介しておこう。「神の御顔のほかすべては消滅する」(28: 88)というコーランの一節に対して、ガザーリーは次のようにコメントしている――それは、「すべてが特定の時点で消滅するということではなく、永遠にかつ未来永劫にわたって(azalan, abadan)、消滅しているということである」と。このガザーリーのコメントに対して、デヴィドソンは次のように述べるのである。「そのコメントは驚くべきことである。アヴィセンナ哲学の批判の中で彼は、『世界の無始性(qidam)』の信仰を異端と断罪している。ところが今彼は、世界は永遠であり、無限に続くと言っている。おそらく彼の意図は、世界は未来永劫にわたって続くであろうということであって、それが永遠の過去から存在していた、ということではないであろう」と(*Op. cit.*, p. 133)。ところが、デヴィドソンはその数行前のガザーリーの次のような言葉を無視しているのである。「霊知者たちは、『王国は誰のものか』との創造主の御言葉を聞くのに、復活の日まで〔待つ〕必要はないのである」と。このことは、明白にガザーリーの復活の日、つまり彼の言う「第二の復活」の信仰を示している。また、「永遠にかつ未来永劫にわたって」の表現は、ここではデヴィドソンが言うように、無限にわたる時間の広がりを意味するのではなく、一瞬たりとも何事も自ら存在することはあり得ないということを強調的に表しているのである。しかも、デヴィドソンが「永遠にかつ未来永劫にわたって」と訳した"azalan"と"abadan"は正確には「永遠の過去から」と「未来永劫にわたって」であるが、それが何故、ガザーリーの意図は、「それが永遠の過去から存在していた、ということではないであろう」となるのであろうか。

(6) T. Izutsu, *A Comparative Study of the Key Philosophical Concepts in Sufism and Taoism* (2 vols. Tokyo : The Keio Institute of Cultural and Linguistic Studies, 1966-67), Vol. I.

あとがき

本書の中心テーマとなっているガザーリーという人は、イスラム世界内部のみならず、西洋の研究者の間でも最も人気があり、したがってまた最も多く研究され、書かれてきた中世イスラムの思想家である。筆者がこの魅力的な思想家とつき合い始めてから、もう三〇年余りになる。

既刊の『ガザーリーの祈禱論——イスラム神秘主義における修行』(大明堂、一九八二年)、*Al-Ghazālī on Invocations & Supplications* (translation and annotations. Cambridge, 1991)、*Ghazali and Prayer* (Kuala Lumpur, 2002)を除き、本書は、筆者がこれまでガザーリーについて書いてきた主な論文を集録したものである。公刊に際しては、ガザーリー周辺の思想や潮流についての論文も加えることにした。そうすることで、より広い層の読者にガザーリー思想がより理解し易いものとなり、同時にイスラム思想史における彼の位置が明らかになる、と考えたからである。

しかし、振り返ってみれば、筆者のこれまでのイスラム思想史研究はそのようになされてきたような気がする。ガザーリーというイスラム思想史のピークに登り、そこから連なる山々を鳥瞰し、同時に思想史の中に彼を位置づけ、相対化することによってその独自性を明らかにする。考えてみれば、このようなことは思想研究においては当たり前のことであるが、昨今のイスラム研究ではこのイロハすら守られず、対象とする特定の思想家や運動の思想をそのまま受け取り、それを直ちにイスラムそのものへと一般化して議論する者が多い。特に現代イスラムの研究では、このような傾向が著しい。

とはいえ、これまでの筆者の研究は、膨大な量の研究史に目を通し、ガザーリーの数ある著作を読み通し、ノートを取り、ようやく独自の研究に踏み出したという段階である。もちろん、筆者の怠惰の故であるが、はや日暮れて道なお遠し、の感は否めない。したがって、本書は本来ならば「ガザーリー研究序説」と題すべきかもしれない。
以下に、必要な改訂を加えながら、本書に集録した論文の初出掲載誌を示す。これら掲載誌の性格によって各論文にスタイルの違いが見られるが、それらをあえて完全に統一することはしなかった。

序　ガザーリーの生涯について　「伝統と革新——ガザーリーの精神遍歴」『思想』第六五一号(一九七八年九月); "An Approach to Ghazālī's Conversion," *Orient*, XXI (1985).

第一章　シャリーアとガザーリー

第1節　イスラム共同体の思想　「ウンマの概念とその展開」慶應義塾大学東洋史研究室編『西と東と——前嶋信次先生追悼論文集』汲古書院、一九八五年

第2節　シャリーアと救済　「イスラムの信仰とシャリーア」前嶋信次編『アラビア研究論叢——民族と文化』日本サウディアラビア協会・日本クウエイト協会、一九七六年

第3節　ガザーリーの法学観　「ガザーリーの法学(Fiqh)観」日本オリエント学会編『三笠宮殿下古稀記念オリエント学論集』小学館、一九八五年

第4節　ガザーリーの政治思想　「イスラムの政治思想」岩波講座・東洋思想第三巻『イスラーム思想1』岩波書店、一九八九年

第二章　スーフィズムとガザーリー

第1節　スーフィーとしてのガザーリー　「スーフィズムの確立——ガザーリーの生涯と思想を中心として」

中村廣治郎編『講座イスラム1 思想の営み』一九八五年
第2節 マッキーとガザーリーの修行論 "Makkī and Ghazālī on Mystical Practices," *Orient*, XX (1984).
第3節 ガザーリーの宇宙論 「ガザーリーの宇宙論とその神秘主義的位相」、脇本平也・柳川啓一編『現代宗教学2』東京大学出版会、一九九二年; "Imām Ghazālī's Cosmology Reconsidered: with Special Reference to the Concept of *Jabarūt*," *Studia Islamica*, LXXX (1994).
第4節 ガザーリーの来世観 「イスラムの来世観――ガザーリーの場合」『創文』一九八三年六月(二二三号)

第三章 ガザーリーの神学思想と哲学
第1節 イスラムの正統信条 「ナサフィーによるイスラムの正統信条」脇本平也編『宗教と歴史』山本書店、一九七七年
第2節 コーランの被造性 「コーランの被造性をめぐる論争について」『東洋文化』第五四号(一九七四年)
第3節 ガザーリーの偶因論 「イスラムの偶因論――ガザーリーの場合」『東京大学文学部文化交流施設研究紀要』第六号(一九八三年)
第4節 イブン=シーナーの創造論 「イブン=シーナーの創造論」『東京大学宗教学年報』XVI(一九九九年)
第5節 ガザーリーの哲学批判 「ガザーリーの哲学批判」『日本オリエント学会創立二五周年記念オリエント学論集』刀水書房、一九七九年
第6節 ガザーリーと論理学 「ガザーリーと論理学」『東洋文化研究所紀要』第八七冊(一九八二年)
第7節 神の予定と正義 「ガザーリーにおける神の予定と正義」『アッサラーム』第二九号(一九八三年)

終章　神学と哲学の間

第1節　ガザーリーとアシュアリー派神学　「ガザーリーとアシュアリー派神学」『イスラム世界』第四一号（一九九三年）；"Was Ghazālī an Ash'arite ?" *Memoirs of the Research Department of the Toyo Bunko*, No. 51 (1993).

第2節　ガザーリーは哲学者か？　"Ghazālī's Cosmology and Ibn 'Arabī." Paper Read at the International Conference on al-Ghazālī's Legacy : Its Contemporary Relevance, 23-29 October, 2001, Sponsored by International Institute of Islamic Thought and Civilization, Kuala Lumpur, Malaysia.

岩波書店編集部の中川和夫氏とは、本書の構成、分量などについて、たびたび意見を交換した。本書が少しでも読みやすくなったとすれば、それはひとえに氏の慧眼と英断の賜である。記してお礼を申し上げたい。最後に、心からの感謝をこめて本書を母に捧げる。

二〇〇二年盛夏

中村廣治郎

マ 行

ヤ 行

ラ 行

ワ 行

サ行

タ行

ナ行

ハ行

人名索引

本書に出る人名を，五十音順に掲げる．名前の読み，
およびカタカナ表記は，基本的に慣用に従っている．

ア 行

カ 行

■岩波オンデマンドブックス■

イスラムの宗教思想——ガザーリーとその周辺

2002年10月25日　第1刷発行
2017年8月9日　オンデマンド版発行

著　者　中村廣治郎《なかむらこうじろう》

発行者　岡本　厚

発行所　株式会社　岩波書店
〒101-8002　東京都千代田区一ツ橋2-5-5
電話案内　03-5210-4000
http://www.iwanami.co.jp/

印刷／製本・法令印刷

ISBN 978-4-00-730642-6　　Printed in Japan